网络借贷平台退出风险与管控研究：理论与实证

李先玲　著

科学出版社
北京

内 容 简 介

本书从当前中国网络借贷平台退出风险集中爆发的现状入手，综合运用金融、企业组织、实物期权、委托代理和激励等方面的理论，分析平台退出风险形成机理，并采用单因素方差分析、Logistic 模型、Cox 回归生存分析、典型相关分析等方法，从不同角度对网络借贷平台退出风险影响因素进行实证分析，从而有针对性地提出符合中国国情的防范网络借贷平台退出风险的建议和对策。本书具有如下三个特点：一是网络借贷平台退出风险的理论分析和实证研究相辅相成；二是充分考虑了网络借贷平台退出风险形成原因的综合性及差异性；三是实证研究方法多样化。因此，本书的实证研究具有深厚理论基础，实证结论对防范网络借贷风险具有丰富的理论指导和现实借鉴意义。

本书适合关注互联网金融发展、网络借贷风险控制的相关研究人员、学生及实务工作者阅读。

图书在版编目（CIP）数据

网络借贷平台退出风险与管控研究：理论与实证 / 李先玲著. —北京：科学出版社，2022.5

ISBN 978-7-03-070440-5

Ⅰ. ①网… Ⅱ. ①李… Ⅲ. ①互联网络－应用－借贷－风险管理－研究－中国 Ⅳ. ①F832.4-39

中国版本图书馆 CIP 数据核字（2021）第 223121 号

责任编辑：郝 悦 / 责任校对：贾娜娜
责任印制：张 伟 / 封面设计：无极书装

科 学 出 版 社 出版
北京东黄城根北街 16 号
邮政编码：100717
http://www.sciencep.com

北京盛通商印快线网络科技有限公司 印刷
科学出版社发行 各地新华书店经销
*
2022 年 5 月第 一 版 开本：720 × 1000 1/16
2022 年 5 月第一次印刷 印张：11 1/4
字数：227 000

定价：116.00 元

（如有印装质量问题，我社负责调换）

前　言

在金融业与互联网深度融合前，传统金融机构提供的服务通常存在显性或隐性门槛，难以满足中低收入人群的金融服务需求。以网络借贷为代表的互联网金融，通过技术创新降低金融服务门槛、缩短业务办理时间、节省交易成本，为中低收入的长尾人群提供了普惠性金融服务。因此，近年来网络借贷的迅速崛起与发展，在某种程度上，既是现代信息技术不断进步的结果，更是借贷需求多样化的产物。

然而，伴随着网络借贷的迅猛发展，其潜在风险逐渐暴露，并引起广泛的社会关注。作为网络借贷发展最为迅速、交易规模最为庞大的国家之一，中国已逐渐暴露出信用风险、操作风险、信息泄露和金融欺诈等多种类型的风险。在已出现的网络借贷风险中，平台退出风险尤其引人注目。因此，研究网络借贷平台退出风险及形成机理，有针对性地提出符合中国国情的网络借贷风险防范建议和对策，具有重要的现实意义。

本书首先从当前中国网络借贷平台退出风险集中爆发的现状入手，综合运用金融、企业组织、实物期权、委托代理等多种理论，探寻网络借贷平台退出风险形成机理；其次通过电话咨询、网络手工搜索、网络下载等方式采集中国网络借贷行业及平台数据，使用单因素方差分析、Logistic 模型、Cox 回归生存分析和典型相关分析等方法，对网络借贷平台退出风险形成因素进行实证分析，力求多角度、多层次地剖析平台退出风险背后的成因；最后从吸引外部融资、改善内部治理、完善外部监管、优化地区经济发展政策、设计网络借贷交易契约机制、监管政策国际借鉴等视角提出防范平台退出风险的建议和对策。

本书是在笔者主持的中南民族大学中央高校基本科研业务费专项资金项目“网络借贷平台退出风险与管控研究：理论、实证与中国选择”、湖北省社会科学基金一般项目“P2P 网络借贷平台运营效果及影响因素研究——以中国平台为例”的最终研究成果，以及笔者的博士论文基础上扩展而来的。相对于国内现有研究而言，本书具有如下三个方面特点。

一是理论分析和实证研究相辅相成。一方面，本书应用激励理论和实物期权理论，构建网络借贷平台退出决策及风险分析的相关数理模型，从理论上探寻平台退出风险形成机理；另一方面，本书不仅采用数值模拟方法验证模型的理论结果，而且结合中国网络借贷行业数据，使用单因素方差分析、Logistic 模型等方法，从不同角度对理论结果进行了实证检验。严谨的理论分析和充分的实证研究使本书内容更加丰满和充实。

二是创新研究视角。既与国外学者仅重视网络借贷中的信用风险不同，又与国内学者研究孤立地看待各类型网络借贷风险不同，本书抓住中国当前网络借贷风险集中表现为平台退出风险的特点，注重梳理各类型网络借贷风险之间的联系及其动态转化关系，揭示网络借贷退出风险的综合性，为后面理论和实证研究奠定整体性基础。

三是实证研究方法多样化。与现有网络借贷相关研究主要使用一种方法不同，本书将单因素方差分析、Logistic 模型、Cox 回归生存分析和典型相关分析等多种方法，应用于网络借贷平台退出风险成因的实证研究，这样不仅能够避免研究方法单一可能导致的研究结果片面性，而且多角度、多层次的实证分析结果可相互验证，增强研究结论的可靠性。

这些特点不仅使本书实证研究具有较深厚的理论基础，而且增强了本书研究结论的可靠性，对防范网络借贷风险具有理论指导和现实借鉴意义。

笔者从与所在学校的老师、同事及朋友的日常交流中受益颇多。特别感谢笔者的博士生导师童光荣教授，童光荣教授不仅对本书结构框架提出诸多建设性意见，还让笔者真正体会到如何严谨地做学问，让笔者终身受益匪浅。特别感谢王彦副教授和康海媛博士，她们的指导和帮助保证了本书实物期权建模和网络借贷平台效率测算部分的顺利进展。

特别感谢中南民族大学经济学院领导，本书的顺利完成得益于他们的鼓励和支持。感谢中南民族大学经济学院已故院长成艾华教授，正是得益于他的鼓励和督促，笔者更坚定了整理前期相关研究出版书籍的决心。感谢中南民族大学经济学院副院长熊芳，她对本书提出了许多宝贵的修改意见。

最后，感谢中南民族大学中央高校基本科研业务费专项资金（项目编号：CSH19003）和湖北省社会科学基金（项目编号：BSY15007）的资助。

李先玲

2020 年 12 月 10 日

目　　录

第一章　导　　言

第一节　网络借贷相关概念及界定

随着网络借贷迅猛发展，许多国家对其进行了界定，不同国家对网络借贷的定义大同小异。在2014年英国发布的“The FCA’s regulatory approach to crowdfunding over the Internet and the promotion of non-readily realisable securities by other media”（《关于网络众筹和通过其他方式发行不易变现证券的监管规则》，简称《监管规则》）中，网络借贷被界定为贷款式众筹[①]，是消费者通过网络平台对个人或企业的借贷，包括个人对个人借贷（peer to peer lending，P2P）、个人对企业借贷（peer to business lending）。在中国政府2016年颁布的《网络借贷信息中介机构业务活动管理暂行办法》（简称《管理暂行办法》）中，网络借贷被定义为个体和个体之间通过互联网平台实现的直接借贷，其中个体既包括自然人，也包括法人及其他组织。在美国2016年发布的“Opportunities and challenges in online marketplace lending”（《在线借贷市场的机遇和挑战》）中将网络借贷定义为利用投资资金和数据驱动的在线平台直接或间接地借款给消费者和小微企业。

虽然各国关于网络借贷的定义都强调其通过在线平台为个人和企业提供融资的特性，但是其具体内涵仍然存在较大差异。一是网络借贷业务性质认定不同。在国际证监会组织（International Organization of Securities Commissions，IOSCO）于2014年初发布的年度工作报告中，网络借贷被归为金融回报型众筹（financial return crowd-funding）的形式之一[②]。英国、法国和美国都将网络借贷视为金融服务，注重其金融本质，而中国在《管理暂行办法》中将网络借贷定位为信息中介。二是定义涉及的投资者基础不同。从网络借贷出借人主体来看，英国强调个人投资者，中国则包括个人、企业和其他组织，美国涉及个人、机构投资者、对冲基金和金融机构。

本书涉及的网络借贷遵从中国《管理暂行办法》中的界定，主要是基于如下

---

① 在英国金融行为监管局（Financial Conduct Authority）2014年发布的《监管规则》中，贷款式众筹是个人通过网络借贷平台借钱给其他的个人或企业，以期在未来获得本金和利息作为回报。《监管规则》中明确指出贷款式众筹不包含企业对企业的借贷。

② 在国际证监会组织发布的2014年年度报告“Crowd-funding：an infant industry growing fast”（《众筹：快速成长的新生产业》）中，将众筹分为4种类型：捐赠型众筹、物品回报型众筹、P2P借贷型众筹和股权式众筹。前两类可划归为社区众筹，后两类归为金融回报型众筹。

三个方面考虑。一是与英国相比，中国关于网络借贷定义涵盖的范围更宽广，既包括P2P，又包括个人对企业借贷，还可能包括企业组织对企业组织的借贷。二是与英国和美国依据网络借贷业务的金融属性将平台界定为金融中介不同，中国将网络借贷平台界定为提供借贷信息的信息中介。三是与其他国家相比，中国网络借贷虽然发展迅猛，但是发展中暴露出来的问题更加突出，因此中国网络借贷行业中存在的问题既有网络借贷的共性问题，也有中国的特殊性问题。

第二节　网络借贷兴起与发展

自2005年第一家P2P网络借贷平台Zopa在英国成立，世界上许多国家的网络借贷进入了高速发展时期，其中中国、美国、英国的网络借贷发展引人注目。据统计，2015年中国、美国、英国网络借贷的成交量分别达到9823.04亿元、334.92亿美元和32亿英镑。而且，中国、美国和英国网络借贷成交量在2014年、2015年都保持了惊人的增长速度，特别是2015年中国和美国的增长率约为288.57%和318%，英国的增长率略有下降但也有84%。网络借贷迅速崛起与发展，在某种程度上，既是现代信息技术不断进步的结果，也是借贷需求多样化的必然产物。

首先，与传统金融机构相比，网络借贷拥有成本优势和技术优势。互联网信息技术的广泛应用，既提高了信息传播的速度，又扩大了信息覆盖人群范围，还降低了信息传播成本。与传统银行相比，网络借贷能够将借贷业务转移到互联网上，一方面能够减少对办公场所和业务人员的需求，节省办公场所租赁费用和人工成本；另一方面能够充分利用现代信息技术，为借贷双方提供便捷的信息交流平台，缩短借贷双方的搜寻和匹配时间，降低借贷交易成本，使小额的借款需求有可能被满足（Allen et al.，2002）。另外，与传统银行面对面的贷款审核相比，网络借贷平台能够利用数据驱动的信贷审核技术，简化贷款手续，缩短贷款评审核查时间。以小额借贷为例，传统银行办理线下小额贷款的周期一般为7～14天，其中效率最高的中国民生银行也需要5天。而阿里小贷、京东金融等平台办理小额贷款只需几分钟。而且，与传统银行贷款业务相比，网络借贷对参与者没有地域限制，能够为个人投资和融资提供极大的便利。

其次，网络借贷能够在一定程度上缓解个人和中小企业的信贷配给问题。传统银行信贷往往存在信贷配给问题，对贷款者有诸多限制条件（如抵押和担保品、信用记录、经营规模等），导致许多中小企业被排除在银行信贷服务之外。在传统银行体系下，信贷配给问题导致资金难以顺利流向中小企业，形成了中小企业融资难问题，资金配置效率低下。网络借贷一方面能够通过拆分借款人的借款，将其分散贷给众多投资者，分散网络借贷风险，增加中小企业获得融资的可能性，另一方面能够缩短中小企业贷款办理的时间周期。虽然从融资成本角度来看，目前中国网络借贷利率远高于银行小额贷款利率，导致中小企业通过网络借贷筹集资金的成本明显偏高，但是，对于难以从银行获得低成本贷款的中小企业而言，能否及时获得所需资金可能关系企业存亡及发展机遇，其价值并非简单的融资成本能够衡量的。而且，近年来中国主要的网络借贷平台借款利率都呈现下降趋势。国外网络借贷平台则能够以更低的利率为中小企业提供融资机会（Schenone，2010；Freedman and Jin，2008）。例如，法国《参与性融资法令》旨在鼓励青年人创业，为小微企业发展提供融资。因此，网络借贷在引导资金流向中小企业、缓解中小企业资金瓶颈问题、提高资金配置效率等方面，有较大的发展空间。

最后，网络借贷能够克服信息不对称和理性行为决策的不足，向更广阔的人群放开借贷，满足消费者个性化的金融服务需求。传统银行按照“二八定律”提供金融服务，主要面向能够为其带来高收益的高端客户，经常设置其服务和金融产品的资金门槛，将大量小散客户排斥在其金融服务之外。与传统金融机构相比，网络借贷平台提供服务的门槛较低，能够服务的人群更广泛。Slattery（2013）认为网络借贷平台的最大价值就在于能够有效评估借款人的信用可靠程度，并将该信息扩散给大量潜在的投资人。因此，网络借贷平台提供低门槛金融服务，不仅能够满足中低端客户长期被抑制的投资需求，还拓宽了金融服务对象范围，对实现普惠金融具有重要意义。因此，网络借贷在推动传统金融发展、弥补传统金融服务不足方面发挥着关键作用。

第三节 网络借贷平台退出风险现状

随着网络借贷行业高速发展，欧美各国网络借贷平台的潜在风险问题逐渐暴露。2016 年美国 Lending Club 承认其存在违规出售两笔总额为 2200 万美元的贷款行为，该事件引发了机构投资者对 Lending Club 的信任危机。在 2016 年美国网络借贷白皮书《在线网络借贷市场的机遇与挑战》中，美国财政部指出美国网络借贷平台消费贷款的坏账率及拖欠率在 2015 年 6 月后呈现上升趋势。类似地，由于挪用客户资金、发虚假标、把旧的坏账卖给新的投资人等内部欺诈问题，TrustBuddy——全球第一家上市交易的 P2P 平台，于 2015 年 10 月宣布破产倒闭。在中国，近年来网络借贷发展中蕴含的风险同样不容忽视，并且呈现如下特征。

一是网络借贷平台倒闭引发的平台退出风险最为引人注目。从表 1-1 中退出平台数量来看，2011 年仅为 10 家，2016 年高达 1722 家，虽然 2017 年下降为 721 家，但是 2018 年又重新上升至 1408 家，2019 年仍有 728 家。而且 2019 年互联网金融风险专项整治工作领导小组办公室、P2P 网络借贷风险专项整治工作领导小组办公室发布的《关于做好网贷机构分类处置和风险防范工作的意见》明确提出：坚持以机构退出为主要工作方向，推动大多数机构良性退出[①]，引导部分机构转型。这表明当前及未来中国网络借贷行业的平台退出数量仍会处于较高水平。从退出平台结构来看，2012 年以跑路欺诈方式退出的平台占比最高为 66.67%，2011 年、2014 年和 2015 年以跑路欺诈方式退出的平台占比都超过 40%；2013 年以提现困难方式退出的平台占比高达 84.62%；而 2012 年至 2015 年以停业转型方式退出的平台占比都低于 35%。其原因在于：在 2016 年之前，缺乏外部监管和行业自律，在一定程度上助长了平台以跑路欺诈方式退出的不正之风。2016 年以后，以停业转型方式退出的平台占比都超过 50%，而以跑路欺诈方式退出的平台占比下降趋势明显，2019 年仅为 0.27%。2016 年后，以停业转型等良性方式退出的平台占比增加，而以跑路欺诈等非良性方式退出的平台占比下降，其原因可能是：2016 年后政府出台了一系列网络借贷监管政策，这些政策在引导平台以停业转型等良性方式退出上发挥了重要作用[②]。但是，一方面当前平台退出数量仍然处于较高的水平，另一方面在监管层以清退为主的管理思路下，许多大规模或超大规模平台都可能面临退出问题。因此，当前网络借贷平台退出所蕴含的风险仍然值得重视。

表 1-1 中国网络借贷行业退出平台数量及构成

年份	退出平台数/家	停业转型	跑路欺诈	经侦介入	延期兑付	提现困难	网站关闭
2011	10	50.00%	50.00%	—	—	—	—
2012	6	33.33%	66.67%	—	—	—	—
2013	78	7.69%	7.69%	—	—	84.62%	—
2014	302	12.25%	45.70%	1.66%	—	40.39%	—
2015	1286	32.66%	44.09%	1.17%	—	22.08%	—
2016	1722	67.13%	22.76%	0.35%	—	9.70%	0.06%
2017	721	68.93%	9.02%	1.25%	—	20.80%	—
2018	1408	50.50%	2.91%	21.88%	7.09%	13.00%	4.62%
2019	728	69.37%	0.27%	6.46%	10.58%	1.37%	11.95%

数据来源：根据网贷之家联合上海盈灿商务咨询有限公司发布的 2011～2019 年《中国网络借贷行业年报》，以及网贷之家退出平台信息相关数据整理

注：本表的停业转型数据是停业、转型和暂停发标三种类型退出平台的汇总数据；经侦介入是指公安经济犯罪侦查部门介入，对 P2P 网络借贷平台进行调查

① P2P 平台良性退出是指 P2P 平台停业或转型时，能够做好尚未到期的借贷项目后续管理、处置办法等工作，而非选择跑路等不负责任的做法。

② 良性退出方式主要指平台按照规范退出程序选择停业、转型或暂停发标的三种退出行为。非良性退出方式主要是指跑路欺诈和经侦介入两类退出方式。

二是倒闭 P2P 平台涉及人群越来越广，后果也越来越严重。据网贷之家的统计，倒闭平台涉及的投资者人数在 2013 年及以前仅为 1.6 万人，2018 年已高达 215.4 万人，其年均增长率约为 166.6%；倒闭平台涉及的贷款金额在 2013 年及以前仅为 16.2 亿元，2018 达到 1766.5 亿元，其年均增长率接近 115.6%。除了网络借贷行业倒闭平台涉及的投资者人数和涉案金额快速增长外，许多成交量规模较大的平台出现倒闭，其社会危害更广更深。例如，2016 年 e 租宝的涉案金额高达 762 亿元，涉及投资者约为 115 万人；2016 年 e 速贷的涉案资金约为 70 亿元，涉及的投资人数超过 4 万人；2017 年钱宝网的涉案金额也超过 500 亿元；2018 年一些成交量规模较大的平台倒闭退出，如善林财富、唐小僧和意隆财富的涉案金额分别为 600 亿元、750 亿元和 350 亿元，这些平台的投资者数量可能上千万。因此，在中国网络借贷平台蕴含巨大退出风险的现实背景下，探寻平台退出风险形成机理及影响因素具有重要的现实意义。

三是网络借贷平台信用风险和操作风险问题严重，会增加平台退出风险。目前，中国多数网络借贷平台尚未公开披露过其违约率和坏账数量，仅少数平台如红岭创投、拍拍贷、人人贷等公开披露过坏账率。例如，红岭创投披露截至 2015 年 12 月其坏账约为 5 亿元，坏账率约为 3%。虽然拍拍贷在 2014 年披露其 7 年综合坏账率仅为 1.52%，但是 2015 年新增坏账约 950 万元。而且，这些已经披露违约率的平台，其数据的真实性也值得怀疑。例如，2018 年 11 月拍拍贷被其股票购买者集体诉讼，指控其发布错误或具有误导性的声明，平台用户以贷还贷使公司营收虚高，掩盖违约率不断上升的事实。因此，当前网络借贷平台自身业务蕴含较高的风险，如何防范其退出风险，避免伤害平台投资者，值得深入研究。

四是未来政策不确定性带来的政策风险，可能转化为平台退出风险。首先，虽然长期来看严格监管有利于平台可持续发展，但是短期来看严格监管会增加平台运营成本，如果平台经营管理不善，其短期收入和利润很可能会出现大幅度下降。例如，2018 年第三季度季报，宜人贷在 2018 年第三季度的净利润为人民币 1.516 亿元，较去年同期的 3.03 亿元下降 50%，较第二季度的 2.047 亿元环比下降 25.95%；拍拍贷的营业收入仅为 11.04 亿元，同比下降 11.7%。其次，在严格监管下网络借贷平台原来游离于监管边缘的业务难以为继，因此平台业务可能面临转型问题。最后，如果平台未达不到合规要求，必然面临退出问题。因此，如何引导不合格的平台良性退出，将风险和影响降至最低，同样是值得深入探讨的问题。

第四节 网络借贷平台风险管控的紧迫性

首先，近十年来网络借贷在中国的长足发展，防范其风险已经演变为一个社会问题。中国金融领域的金融抑制现象、金融行业同质化竞争，以及对互联网相关金融活动监管的准真空状态，都为金融创新提供了“肥沃”的土壤（李真，2014）。在某种程度上，近几年网络借贷在中国的迅猛发展，是金融创新和规避金融规制的共同结果。金融市场存在较大的负外部性（Tirole，1994，2012），陈志武（2014）认为如果网络借贷交易涉及的人数和地理范围非常有限，那么政府应该可以不监管，但是当网络借贷交易人数达百万、几千万甚至几亿时，如果政府不监管，交易中出现的风险问题很容易演变成一个大的社会问题和政治问题。随着网络借贷交易涉及人群、地域和交易数额的日益增加，网络借贷平台倒闭和跑路欺诈波及的范围可能越来越广，造成损失也会越来越大，对社会正常秩序和金融系统的冲击也可能越来越严重。因此，为防范网络借贷风险，需要规范网络借贷平台退出行为。

其次，规范网络借贷平台退出行为，控制网络借贷风险，有助于完善中国金融体系，缓解中国中小企业融资难问题。在过度规制下，中国传统金融体系信贷配给现象普遍，信贷供给严重不足，中小企业融资渠道单一、资金匮乏、融资成本高昂。因此，中国金融系统效率存在较大的提升空间，而且提升金融系统效率不仅有助于中小企业发展，还能抵御中国经济未来向下运行的风险。网络借贷能够打破传统金融市场中资金流动的行业、时间与空间限制，极大地降低了贷款及投资门槛，更好地满足了消费者个性化金融需求，拓宽了中小企业融资渠道，实现了多元化、深层次的资金供求匹配。如果能够正确使用网络借贷方式，无疑将极大提升中国金融系统效率。尽管目前中国网络借贷风险问题突出，但网络借贷在推动金融创新、改善资金供求、提升金融体系效率方面的积极作用是不容忽视的。因此，研究管控网络借贷平台退出风险，规范网络借贷行业市场秩序，对于解决中国中小企业融资难这一紧迫的现实问题具有非凡意义。

第二章　网络借贷平台退出风险分析的理论依据

在中国政府大力提倡"互联网+"的背景下，互联网金融作为一个融合了互联网、信息技术和金融业务的新生行业，其发展备受政府和社会关注。网络借贷作为互联网金融的生力军，其发展一方面吸引着国有、风险投资及其他各类民营资本的广泛参与，各种类型的网络借贷平台如同雨后春笋般涌现出来，另一方面网络借贷平台存在退出混乱的问题，许多平台退出往往伴随着跑路欺诈、"庞氏骗局"等问题。因此，透过中国网络借贷行业的退出混乱现象，探寻其形成的理论根源，是根治网络借贷行业乱象的根本。

第一节　网络借贷平台运营的核心机制

在金融抑制的背景下，中低收入人群的金融服务需求长期得不到满足。网络借贷的出现，既为无法申请到传统金融机构贷款的群体提供了一种解决方案，也为投资者提供了低门槛的投资理财服务，这是其快速发展的主要原因。在网络借贷的运行中，逐步形成小额分散、债权转让、风险准备金、信息披露等核心机制。

一、小额分散

小额分散是指网络借贷金额应当以小额为主，风险足够分散。一般政府的监管文件会对网络借贷金额进行一定限制，以保证网络借贷平台不会偏离小额分散的原则。具体而言，网络借贷小额分散的相关规定主要涉及如下三个方面：一是单个借款项目最高借款额的限制；二是投资人在单个借款项目上最高投资额的限制；三是单个借款人最高借款额的限制。小额分散原则的提出主要是基于如下原因。

首先，小额分散的定位，能确保网络借贷平台专注于为长尾客户提供服务。正规金融机构专注为20%的高端客户提供服务，而网络借贷之类的非正规金融的服务对象是80%的中低收入群体和中小企业，属于长尾客户。这类长尾客户资金供求恰恰具有小额且分散的特点，因此网络借贷平台聚集社会中小额资金的供给者和需求者，能够为小额金融服务提供可行的解决方法。其次，小额分散的定位能够有效降低网络借贷平台风险。长尾客户通常缺乏有效抵押物或资产，难以满足交易型借贷条件，属于高风险的借贷群体。因此，网络借贷平台一方面需要应用更多金融科技，综合利用长尾客户各类行为的大数据进行风险控制；另一方面小额分散能够有效避免平台因大额借款违约而出现倒闭的问题，降低平台借款项目违约比例。最后，小额分散不仅能够将某个借款人违约带给投资人的潜在损失控制在一定范围，还可分散投资人的资金出借风险。

二、债权转让

债权转让是指合同债权人将其债权全部或者部分转让给第三人的行为。在网络借贷中，投资者持有的借款标的本质为借贷合同，属于债权产品，但是缺乏流动性。为解决网络借贷长期借款标的缺乏流动性问题，满足投资者借款标的变现需求，许多平台提供了债权转让业务。从债权转让主体角度来看，网络借贷行业的债权转让模式可分为如下几种。

一是投资者自行债权转让模式，这一模式是指网络借贷平台上的投资者将其持有的未到期的债权产品，全部或部分转让给该平台上其他投资者。网络借贷平台投资者可通过债权转让实现其债权变现，满足其临时资金需求。二是跨平台的债权转让模式，某个平台的投资者将其持有的该平台债权，通过另一平台全部或部分转让给其他投资者。该模式往往需要平台之间签署同意合作协议，也需要获得债务人的同意。跨平台转让债权模式，存在类资产证券化、类金融行为，其合理性仍需商榷。三是专业放贷人债权转让模式，也称为超级放贷人债权转让模式，平台在线下以某个固定自然人作为超级放贷人，向借款人发放贷款，取得债权，然后网络借贷平台将超级放贷人的债权转让给投资者。该模型由于可能出现拆标、期限错配及潜藏资金池的情况，已被明确禁止。四是类活期产品的债权转让模式，指网络借贷平台向投资者提供各种定期理财及活期产品，在合同协议中约定通过债权转让方式到期退出。该模式往往采用智能理财、智能投标、自动投标等手段，存在利用债权转让实现资金池之嫌，合理性仍需商榷。

三、风险准备金

风险准备金制度是指网络借贷平台设立一个资金账户，当其平台的借款人出现逾期或者违约时，平台将会动用该资金账户资金对出借人的损失进行部分补偿，从而保护平台投资者利益。一般而言，风险准备金的来源主要有网络借贷平台自有资金、借款管理费、追讨回来的违约借贷的资金、出借人收益的分成提取等。

当风险准备金主要来源于平台自有资金或其利润时，该制度是平台与投资者共同负担投资风险的一种制度安排，不仅能够保护平台投资人利益，增加平台对投资者的吸引力，而且还能激励平台尽责做好信贷项目甄选工作。网络借贷平台为尽可能减少对借款项目逾期提供的垫付，有寻找高质量的借款人和项目的动力，这将促使平台自发规范对借款项目的贷前审查行为。

在风险准备金制度下，平台不对其发布的借款项目提供收益担保，投资人仍然是其投资风险承担的主体。当平台出现大规模违约时，平台风险准备金可能出现余额不足的情况，投资人的投资资金仍有潜在的亏损可能性。但是，风险准备金制度可能给投资者带来投资安全性错觉，让投资者误以为平台会为其投资收益提供担保，将网络借贷投资等同于固定利率的储蓄①。

在《管理暂行办法》出台前，中国多数平台都设立了风险准备金，甚至承诺担保投资者的本金和利息。该制度虽然在一定程度上保护了投资人的利益，维护了平台公司的声誉，减少了利益纠纷，但是也引发了非理性的投资者参与网络借贷的狂热，为后期大规模投资者群体事件的发生埋下了隐患。在中国的《管理暂行办法》出台后，风险准备金制度有“直接或变相向出借人提供担保或者承诺保本保息”之嫌。因此，改革现有风险准备金制度既能满足现有网络借贷业务的规范化要求，也能使平台与投资者风险共担，从而激励平台尽责工作。

四、信息披露

信息披露是指网络借贷信息中介机构及其分支机构通过其官方网站及其他互联网渠道向社会公众公示网络借贷信息中介机构基本信息、运营信息、项目信息、重大风险信息、消费者咨询投诉渠道信息等相关信息的行为。

在网络借贷中，网络借贷平台在网络上发布借款人及借款项目的相关信息，为资金供给者和需求者提供了信息交流的平台，能够在一定程度上缓解资金出借人与借款人之间存在的信息不对称。但是，因为借贷双方都是匿名的，出借人只能了解借款人的有限信息，所以网络借贷不可能完全消除出借人和借款人之间的信息不对称。因此，在网络借贷中，不仅存在借款人与出借人之间的信息不对称，还存在平台与借款人、平台与出借人之间的信息不对称。

尽管不同国家网络借贷平台的模式多样，但是对借款人及借款项目进行尽职调查是平台的核心职能。无论将平台职能定位为信息渠道，还是贷款定价，平台出借人选择都严重依赖于平台的调查信息。因此，为有效防控网络借贷风险，许多国家都对网络借贷业务制定了严格的信息披露制度。另外，网络借贷平台披露

① 内容来自英国金融行为监管局 2019 年发布的《PS19-14：基于信贷（P2P）和投资的众筹平台：CP18-20的反馈和最终规则》。

信息的真实性、准确性、完整性、及时性对借贷双方进行理性决策、公众合法监督、监管部门动态监管均具有重要的意义。

第二节 基于企业组织理论的网络借贷平台退出风险分析

一、基于企业生命有机体类比假说

按照 Bruton 和 Rubanik（2002）提出的企业生命有机体类比假说，企业的生存取决于企业的年龄、规模和生命周期三个因素。结合这一理论，可以分析平台运营时间、规模等因素对网络借贷平台进入和退出的影响机理。

网络借贷平台运营时间对其生存的影响机理如下：①随着平台运营时间不断增加，平台内部工作人员的业务熟练程度得到提升，平台内部各部门工作人员之间互相合作和配合程度提高，进而提高平台工作效率和平台的存活率，降低退出风险；②平台能够积累更多营销、经营管理、风险控制等方面的经验，降低平台因高违约率或扩张过快，出现资金周转困难而退出的风险；③平台能够逐步形成稳定的客户群体，避免其业务出现大幅度波动，降低平台退出风险；④平台能够与小额贷款公司、担保公司等建立良好的合作关系，既可增加其客户来源，又能够帮助其分担风险，提高平台抗风险能力。因此，平台运营时间越长，其退出的可能性越低。

根据 Kale 和 Arditi（1998）、Stokes 和 Blackburn（2002）的研究，小微企业的规模与其倒闭率之间存在联系，企业规模越小，其倒闭的可能性越大。网络借贷平台作为小微企业，其规模对其生存同样会存在影响，其影响机理如下：平台规模越大，其业务规模也越大，平台运营更具有成本优势，利润率更高，平台生存能力更强；更容易吸引高素质的管理人才和专业技术人才加入，同时还能够为高素质人才提供较为优越的施展其才能的空间和机会，避免高素质人才的流失；获得风险投资的可能性大，使其获得成本低廉的融资，降低其负债率，增加其流动性，避免由流动性缺乏导致平台倒闭的风险。因此，网络借贷平台规模越大，其退出可能性越小。

二、基于企业治理的多因素假说

Razi 等（2004）认为企业的经营管理能力、组织生产能力和环境等因素至关重要，这些因素失衡，将导致企业资源和机会不能发挥应有的作用，从而使企业倒闭。Honjo（2000）和 Sullivan（2000）都认为，企业经营者的管理能力在小微企业经营中发挥着关键作用。对于网络借贷平台而言，其监管和风险控制水平能够在一定程度上反映平台经营者的管理能力。如果平台经营者的经营管理能力强，设置了完善的监管和风险控制制度，平台将在长期发展目标和短期利益之间进行较好的权衡，否则急功近利的短视行为将不可避免地出现，其必将导致平台倒闭退出。高管从业背景同样是企业经营者的管理能力的表现之一，如果平台高级管理人员具有金融背景，一方面具有金融从业经验的高管深谙投资、借贷、理财等方面的业务流程及潜在风险，有利于平台适度控制其风险，保障平台相关金融业务的顺利开展；另一方面高管前期从业经历，能够为其积累相关人脉，为平台后期业务拓展、与其他机构展开合作奠定基础。因此，平台高管能力越强，平台退出风险越低。

三、基于外部环境影响的假说

Anderson 和 Tushman（2001）认为政府政策、宏观经济环境和行业竞争环境等对企业日常决策是至关重要的，甚至在一定程度上关系到中小企业存亡。对网络借贷平台而言，政府政策扶持力度越强，平台面临的生存环境越宽松，其退出的可能性越小；政府监管政策越严格，平台面临的生存环境越恶劣，其退出的可能性也越大。平台所在地区的民营经济越发达，有资金需求的中小企业越多，平台越有生存的沃土，其优质的资金借款人会越多，对平台投资者的吸引力会越大，平台业务开展越顺利，退出风险也越低。平台所在地区行业竞争力越强，一方面平台之间业务竞争程度提高，可能导致部分平台客户流失，平台运营难以为继，增加平台退出风险；另一方面平台竞争激烈，更可能推动平台进行创新，拓展其业务，使平台生存能力更强，退出风险更低。

四、基于风险投资影响的相关理论

由于风险投资能够为创业企业提供资金、后续管理及增值服务支持（Croce et al.，2013；Dimov et al.，2007），理论上普遍认为风险投资有利于提高新生企业的生存率，促进其成长和创新，从而降低平台退出风险。对于网络借贷平台而言，如果获得风险投资，一方面能够增加资金流动性，提高其资金状况；另一方面能够对平台经营管理形成监督和指导，提高其管理水平。资金和人力资本水平的提高，会促进平台效率提高，反过来进一步提高平台对风险投资的吸引力，帮助其获得更多风险投资。

与上述关于风险投资可通过提高初创企业效率，降低平台退出风险的观点不同，Amit 等（1990）认为由于企业和风险投资机构之间存在信息不对称，可能产生逆向选择问题，即高盈利性、高成长性企业大都不选择风险投资融资，而低盈利性和低成长性企业往往选择风险投资来获得资金。对于网络借贷而言，如果平台技术实力雄厚，而且资金状况良好，已经形成较为成熟的业务模式，拥有稳定的客户群体，接受风险投资反而可能束缚其经营管理，扰乱其正常发展步伐，此时这类平台更希望通过股票上市来进行直接融资；反之，那些完全没有希望通过股票上市来融资的平台，唯有积极与风险投资机构合作来融通资金。

因此，对于网络借贷平台而言，获得风险投资可能对其产生两个截然相反的效应，如何协调与风险投资等外部资金来源机构的关系，利用并充分发挥外部资金效用，将是决定平台生存的关键。

第三节 基于金融理论的网络借贷平台退出风险分析

一、基于金融脆弱性理论

海曼·P.明斯基（Hyman P. Minsky）于1963年提出的“金融不稳定假说”奠定了金融脆弱性理论研究的基础（孙国茂，2012）。Diamond（1993）、Kregel（1997）进一步结合企业和银行运营决策，从借贷行为特征来解释金融机构决策错误或失误时发生的现象，认为金融中介机构具有内在的天然脆弱性。网络借贷以互联网为媒介来实现借贷，虽然互联网改变了借贷交易方式和组织形式，但并未改变借贷业务的金融本质属性——实现跨期价值与信用交换。因此，实践中网络借贷平台往往并非纯粹的信息中介，往往还承担了部分信用中介的职能（王倩和吴承礼，2016），具有天然的脆弱性。

网络借贷业务的金融属性决定了网络借贷平台的脆弱性，这也是网络借贷退出风险形成的理论基础。目前多数网络借贷交易都缺乏抵押担保物，一旦借款人出现大面积违约，单个平台的风险承担能力有限，很容易出现挤兑或破产问题。许荣等（2014）认为网络借贷平台实际发挥着类似商业银行的中介机构作用，一方面它们面临着与商业银行类似的风险，另一方面网络借贷资金供求双方面临的不确定因素比传统商业银行更多，网络借贷平台蕴含着更大的风险。叶茜茜（2016）认为早期网络借贷中介有诱导民间资本进入投机性领域之嫌，其蕴含着天然的脆弱性，另外这些中介的投机性融资和庞氏融资也加剧了其脆弱性。艾金娣（2012）认为中国的网络借贷平台为增加普通投资者对其的信任度，常常采用投资者收益担保机制，这种机制容易触发平台的流动性风险。谢平等（2015）认为网络借贷具有两大核心金融属性，一是实现不确定环境下资金的时间和空间配置，服务实体经济，二是签订未来不确定情景下明确各方权利义务的金融契约。网络借贷的金融属性，使网络借贷参与人的未来收益必然受到各种不确定性因素，如社会经济环境的影响。当经济环境较为宽松时，平台的借款人赚钱很容易，偿还借款也很轻松，网络借贷平台可能会极力促成网络借贷交易，诱导借款人借入更多的钱并承担更大的风险。但是宽松的经济环境一旦发生变化，平台借款人就可能发生大范围违约情况，直接导致网络借贷平台破产。

二、基于借贷信息不对称理论

Stiglitz 和 Weiss（1981）将信息不对称理论应用于信贷市场分析，提出了信贷配给理论。他们认为信贷市场上，逆向选择和激励不当问题总是存在的。借贷市场的信息不对称，会产生贷前的逆向选择和贷后的道德风险问题，是后期借贷风险形成的基础。在美国、英国等西方发达国家，普遍重视网络借贷平台业务的金融属性，对平台资质和信息披露等都有较明确的规定。因此，多数国外学者特别重视借款人和出借人之间存在的信息不对称，他们认为虽然网络借贷能够在一定程度上缓解借款人和出借人之间的信息不对称，但是不可能完全消除信息不对称，这就是网络借贷风险产生的根源。Freedman 和 Jin（2008）、Berger 和 Gleisner（2009）、Weiss 等（2010）认为在网络借贷中，借贷双方都是匿名的，而且出借人只能了解借款人的有限信息，这种严重的信息不对称必然产生逆向选择和道德风险问题，增加借款人违约的可能性。Godlewski 和 Weill（2011）指出网络借贷中交易双方的匿名性导致的严重信息不对称问题和网络借贷交易缺乏抵押担保物，都会加剧借款人违约风险。Emekter 等（2015）认为如果网络借贷平台像传统金融机构那样充当借贷双方的信用中介，为借贷交易提供信用担保，将急剧增加网络借贷的交易成本，使其成本优势消失，因此他认为尽管网络借贷平台已经采取各种措施缓解借贷信息不对称，但是网络借贷仍然面临比传统借贷更大的风险。

网络借贷的投资人数量多但基本都缺乏专业借贷知识（Guo et al.，2016），而且网络借贷数额较小，所以出借人在缺少借款人有效信息的情况下，投标往往会出现跟风盲从等非理性行为（Lee E and Lee B，2012；Herzenstein et al.，2010；Luo and Lin，2013），从而产生羊群效应，这无疑会增加网络借贷信用风险。也有少数学者注意到网络借贷平台与借贷参与人之间的信息不对称，认为其会增加网络借贷风险。例如，Weiss 等（2010）指出由于网络借贷平台与出借人之间也存在信息不对称，如果平台的收益仅来源于固定比例的服务费，将难以激励平台管理者对借款项目执行严格的风险控制，这样既会增加借贷的信用风险，也会增加平台的经营性风险，从而使平台退出风险上升。

因此，网络借贷中借款人与出借人、借款人与平台、平台和出借人之间的信息不对称，都是引发网络借贷风险和平台退出风险的潜在因素。

第四节　网络借贷风险与平台退出风险的逻辑关系

一、网络借贷风险的内涵

作为一种新型借贷方式，网络借贷是个体与个体通过互联网平台进行直接借贷，但是其金融本质与传统借贷方式并无区别。因此，网络借贷一方面会面临传统借贷可能出现的风险，如信用风险、道德风险和操作风险等；另一方面还会面临自身模式特有的风险，如信息泄露风险、政策风险、洗钱风险等。

二、网络借贷风险的表现形式

由于网络借贷是个体之间通过互联网平台进行直接借贷，其风险来源比传统金融更多，因此出借人面临的网络借贷风险类型和表现形式也更加丰富。从出借人角度来看，网络借贷风险主要有如下几种形式。

一是借款人违约或欺诈导致的信用风险。从客户来源看，网络借贷的借款人通常是那些信用水平不高或缺乏有效抵押物而被传统金融机构拒绝的客户，这类借款人往往还款能力较弱，借款违约可能性更高。因此，网络借贷由于借款人质量整体水平不高，可能面临比传统借贷更高的信用风险。从风险评估技术看，国外网络借贷平台往往能够利用健全的社会信用评级体系数据库，运用其研发的核心风险控制技术，评估平台借款人及项目的风险水平；而中国社会信用评价体系不健全，绝大多数网络借贷平台尚未对接征信系统，只能通过电话、网络及线下调查等方式了解借款人基本信息，难以对借款人信用水平和借款项目做出准确的评价。因此，由于信用体系不健全，中国网络借贷可能面临比外国网络借贷更高的信用风险。从借贷媒介看，网络借贷借助互联网进行用户身份认证、资料审核和资金借贷，能够节省借贷双方的搜寻匹配成本，为达成借贷交易提供便利。但是，这也为不法之徒冒用他人资料，骗取贷款提供了可能性。因此，网络借贷交易双方的匿名性使得出借人面临比传统借贷更大的信用风险。

二是网络借贷平台不规范经营引发的操作风险。网络借贷其操作风险主要表现为：①如果网络借贷平台不能将用户资金隔离并委托第三方银行存管监督，很容易发生平台挪用或侵吞客户资金的金融诈骗问题，从而导致客户权益受到严重侵害。②网络借贷平台的工作人员可能违反相关规定与借款人勾结，虚报借款人或借款项目的信用信息，联合骗取或侵占出借人资金。③网络借贷平台的工作人员还可能存在业务不熟练或调查不够细致的问题，导致对借款项目做出错误评价，误导出借人的投资决策，使出借人利益受损。④网络借贷平台的信息系统可能存在缺陷或安全漏洞，系统容易出现故障或受到黑客攻击，可能导致客户网络交易不畅通，甚至客户资金被黑客盗取等问题，使客户权益受到损害。因此，网络借贷平台不规范经营，或者业务流程存在漏洞，都容易引发操作风险。

三是个人信息泄露风险。借贷过程中，金融中介机构在贷款评估中往往需要客户详细的个人信息，如身份证、收入情况、手机号和个人家庭住址等。传统金融机构的客户信息保密程序和操作相对规范，而网络借贷平台由于准入门槛较低，员工素质参差不齐，如果管理不善，极易出现泄露客户个人信息的情况。网络借贷平台可能存在信息系统安全漏洞，一旦受到黑客的攻击，客户信息将面临暴露的风险。另外，在撮合借贷交易过程中，网络借贷平台需要在网站上发布借款人的基本信息，方便出借人浏览和分析，这也使得借款人信息面临泄露风险。因此，网络借贷平台客户可能面临比传统金融机构客户更大的个人信息泄漏风险。

四是监管政策调整引致的政策风险。由于网络借贷是近几年才出现的新型借贷方式，世界各国对其认识还处于探索阶段，因此尚未形成统一认识。例如，英国、美国、法国等国家普遍重视网络借贷的金融属性，都将其纳入原有的金融监管框架；而中国、韩国等国家更看重网络借贷的信息中介作用，尚未正式将其纳入已有的金融监管框架。另外，各国对网络借贷的监管政策也处于动态调整之中。例如，2014 年英国出台了网络借贷监管法规，但是其监管机构与 Zopa、Funding Circle 等平台保持了密切交流与沟通，每隔 3～4 年会对监管法规进行修正和调整。因此，政府关于网络借贷监管政策的调整会给网络借贷平台及客户收益带来诸多不确定性影响。

五是各种不确定因素导致的网络借贷平台经营性风险和退出风险。网络借贷平台作为网络借贷的信息中介，主要收益来源于网络借贷交易佣金。根据安德森（2009）的长尾理论，当平台撮合的成交规模足够大时，其将获得巨大的市场份额及相关收益。但是，网络借贷平台在获得巨大市场份额的过程中，面临着诸多不确定性因素，如风险控制技术是否有效、客户是否认可、管理是否完善、合格政策调整等问题。这些不确定性因素都可能引发网络借贷平台经营性风险和退出风险，使其失去市场，出现经营危机，甚至关停或倒闭。例如，2018 年被视为中国网络借贷平台的合规检查年，在检查中不合规的平台面临着强制退出的风险。

三、网络借贷平台退出风险与其他风险的关系

虽然网络借贷风险有诸多表现形式，但是这些不同形式的网络借贷风险并非完全独立的。其中，政府调整监管政策可能导致网络借贷平台业务范围缩减甚至业务转型，导致平台的客户数量出现急剧下降，从而引发平台经营性风险。如果平台出现大面积的客户信息泄露问题，可能引发客户对平台信息安全问题的担忧，

导致客户减少或停止网络借贷行为，使平台出现经营性风险和退出风险。当网络借贷平台出现大面积的借款人违约事件时，一方面可能引发出借人对平台的信任危机，使平台业务出现断崖式下降，另一方面如果平台启动代偿机制，平台可能出现流动性风险，最终网络借贷的信用风险可能转化并表现为网络借贷平台的经营性风险。网络借贷平台欺诈、串谋或管理不规范导致的操作风险，往往伴随着借款人违约率上升和网络借贷信用风险增加，极有可能引发平台经营性风险。因此，梳理这些不同形式风险之间的转换关系，可以看出各种不同形式的网络借贷风险最终都可能转化为平台的经营性风险。

与平台经营性风险类似，网络借贷平台退出风险也是其他网络借贷风险的综合结果。当平台出现操作风险、信用风险或信息泄露风险时，都可能动摇客户对其的信任，使平台客户流失，增加平台的退出风险。网络借贷平台经营性风险还可能更加直接地表现为平台资不抵债形式的退出风险。政府出台的关于网络借贷行业监管政策，对平台业务形式、范围、信息披露和日常管理等方面进行了具体规定。因此，一方面那些不符合政府监管规范的平台将被强制退出，另一方面监管政策将增加平台运营成本，使平台运营性风险和退出风险增加。

因此，网络借贷平台经营性风险和退出风险都是综合性风险，在一定的条件下，网络借贷信用风险、操作风险、政策风险、信息泄露风险都可能转换为平台经营性风险或退出风险。网络借贷平台退出风险与其他风险的关系如图 2-1 所示。

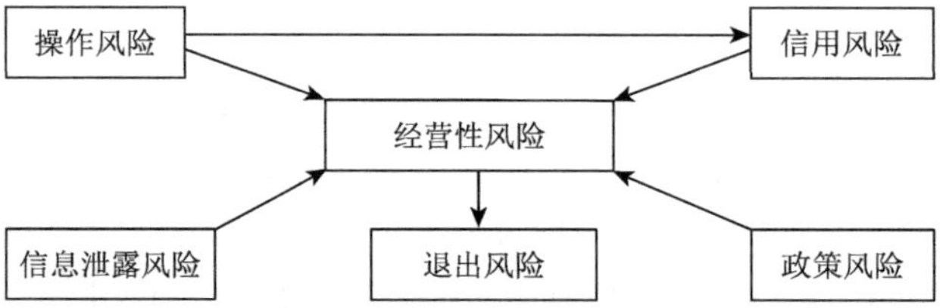

图 2-1　网络借贷平台退出风险与其他风险的关系

第三章　网络借贷平台退出决策的影响因素解构

网络借贷平台退出风险是一种综合性风险，在很大程度上受到平台经营决策的影响。其中，退出决策更是与网络借贷平台退出风险密不可分。

从产业发展角度来看，大量企业的进入和退出是产业自身调整，实现优胜劣汰的动态平衡过程（Hopenhayn，1992a；Jensen，1993），有助于优化资源配置（Brandt et al.，2011）、改善产业结构和提高企业效率（黎日荣，2016；臧成伟，2017）。从实物期权角度来看，进入和退出决策都可以视为企业的投资选择，企业内部和外部不确定性因素都将对其投资选择产生影响（Hopenhayn，1992b；迪克西特和平迪克，2002）。虽然国内外学者将实物期权方法广泛应用于风险投资机构（Ozmel et al.，2013；陈晔峰，2010）、外资银行（刘彬和陈涛，2016）、互联网证券交易（Lin et al.，2005）、能源储备（Lin and Huang，2010；Fan and Zhu，2010）等领域的退出决策研究，但是鲜有学者将实物期权理论应用于网络借贷平台退出决策研究。因此，本章借鉴迪克西特和平迪克（2002）的实物期权研究思想，将其应用于网络借贷平台退出决策及影响因素的分析，然后结合中国网贷行业数据，对理论分析结论进行简单的经验分析。

第一节　网络借贷平台退出决策的实物期权模型构建①

一、假定和模型设定

为了方便分析，本章沿用迪克西特和平迪克（2002）的基本假定。迪克西特和平迪克（2002）的退出期权决策分析仅考虑了完全竞争市场下，价格外生随机波动的情况。而现实中，网络借贷市场并非完全竞争市场，因此本章将其他类型的市场结构纳入考虑范围。假定某一目标平台面临的反向服务需求函数为

$$P_t = x_t Q_t^{-\gamma} \tag{3-1}$$

其中，P_t 为目标平台第 t 期提供借贷相关服务的价格；Q_t 为目标平台提供的服务数量；$-\frac{1}{\gamma}$ 为目标平台服务需求的价格弹性，并假定 $0 \leqslant \gamma \leqslant 1$，则目标平台服务

① 本章第一节和第二节主体内容是依据李先玲等（2018）论文的理论模型修改而来，如需了解更多详细分析及应用，请参阅该论文原文。

需求价格弹性取值范围为$(-\infty,-1]$，这表明该反向服务需求函数设置包含了两种市场结构：垄断$(\gamma=1)$和完全竞争$(\gamma=0)$，当处于完全竞争市场时，目标平台服务需求价格独立于平台，完全由x_t决定；x_t为外生的随机金融服务需求冲击。该冲击服从如下几何布朗运动：

$$\mathrm{d}x_t=\alpha x_t\,\mathrm{d}t+\sigma x_t\,\mathrm{d}W_t \tag{3-2}$$

其中，α为服务需求冲击x_t的增长漂移率（简称漂移率），反映了目标平台在运营过程中其网络借贷服务需求的平均增长速度；σ为服务需求冲击x_t的波动率（简称波动率），用于反映服务市场需求的不确定性程度，$\sigma>0$表示未来将有潜在竞争者进入网络借贷行业；$\mathrm{d}W_t$为标准随机维纳过程的增量。假定$0<\alpha<r$，其中r为无风险利率。服务需求冲击的存在，使目标平台未来提供服务的价格和收益具有不确定性。

假定新网络借贷平台成立，必须承受一次性投资，即进入成本I。假定平台提供服务的成本函数为$C(Q_t)=cQ_t$，其中C为总成本，c为提供单位服务的可变经营成本（简称经营成本），c为大于0的常数。假定如果某网络借贷平台倒闭，必须承担退出成本E，用于处理平台破产清算等后续工作，E为大于0的常数。假定EV为平台退出时的价值估计值。

由上述目标平台的服务需求和成本函数可以得到，在任意时刻如果目标平台维持经营时，其利润函数为

$$\pi_t=x_tQ_t^{1-\gamma}-cQ_t \tag{3-3}$$

此时目标平台利润的波动主要来自服务需求的不确定。而如果目标平台倒闭，停止经营，其利润流为0。需求波动是导致目标平台利润波动的主要因素，因此目标平台退出和进入决策同样与需求波动密切相关。当服务需求充裕时，潜在企业将进入网络借贷行业，成立新平台；而当服务需求不足时，现有的网络借贷平台将放弃经营，退出网络借贷行业。相应地，可以将潜在进入者视为持有投资期权，当服务需求高于某一临界值时，潜在进入平台执行投资期权，否则等待；也可将现有网络借贷平台视为持有退出期权，当服务需求低于某一临界值时，平台执行退出期权，否则继续经营。将潜在进入者的投资期权价值记为$F_H(x)$，现有平台停止经营的退出期权价值记为$F_L(x)$。

二、潜在进入者的投资期权价值

当服务需求冲击$x_t\in(0,X_H)$时，潜在进入者持有投资期权价值为$F_H(x_t)$。由于潜在进入者在执行投资期权前，并没有利润流产生。因此，在一段连续时间$\mathrm{d}t$内，潜在进入者投资机会的预期回报等于其资本的预期增值率。根据贝尔曼（Bellman）最优化原理，潜在进入者需要在各时刻决定是否执行投资期权，在风

险中性假定下，r 为无风险利率，根据动态规划的无套利原则，可得到如下的贝尔曼方程：

$$rF_H(x_t)\mathrm{d}t = E[\mathrm{d}F_H(x_t)] \tag{3-4}$$

由于投资期权价值 $F_H(x_t)$ 是潜在进入平台服务需求冲击 x_t 的函数，根据伊托（Ito）引理展开式（3-4），并将式（3-2）代入可得到

$$\frac{1}{2}\sigma^2 x_t^2 F_H''(x_t) + \alpha x_t F_H'(x_t) - rF_H(x_t) = 0 \tag{3-5}$$

据迪克西特和平迪克（2002）的结论，形如式（3-5）的偏微分方程通解可表示为

$$F_H(x_t) = A_1 x_t^{\beta_1} + A_2 x_t^{\beta_2} \tag{3-6}$$

其中，β_1 和 β_2 为满足特征方程 $\frac{1}{2}\sigma^2\beta(\beta-1)+\alpha\beta-r=0$ 的解。β_1 和 β_2 的表达式分别为

$$\beta_1 = \frac{1}{2} - \frac{\alpha}{\sigma^2} + \sqrt{\left(\frac{1}{2} - \frac{\alpha}{\sigma^2}\right)^2 + \frac{2r}{\sigma^2}}$$

$$\beta_2 = \frac{1}{2} - \frac{\alpha}{\sigma^2} - \sqrt{\left(\frac{1}{2} - \frac{\alpha}{\sigma^2}\right)^2 + \frac{2r}{\sigma^2}}$$

因为 $0 < \alpha < \gamma$，从 β_1 和 β_2 的表达式，容易看出 $\beta_1 > 1$，$\beta_2 < 0$。A_1 和 A_2 为待定常系数。由于当 $x_t \to 0$ 时，服务价格 $P_t \to 0$，潜在进入者的投资期权变得没有价值，即 $F_H(x_t)$ 应该趋于 0。相应地，式（3-6）中 $x_t^{\beta_2}$ 的系数 A_2 必须为 0。所以，拥有进入期权的平台投资期权价值为

$$F_H(x_t) = A_1 x_t^{\beta_1} \tag{3-7}$$

三、拥有退出期权的平台价值

当服务需求冲击 $x_t \in (X_L, +\infty)$ 时，现有平台停止经营的退出期权价值为 $F_L(x_t)$。由于现有平台除了拥有放弃期权的价值 $F_L(x_t)$，还会产生平台正常经营的利润 $\pi_t = x_t Q_t^{1-\gamma} - cQ_t$。在长期，平台则面临继续经营还是停止经营的最优策略选择。因此，在风险中性假定下，r 为无风险利率，根据贝尔曼最优化原理和无套利原则，现有平台总价值 $V_L(x_t)$ 在各时刻的最优决策将满足如下的贝尔曼方程：

$$V_L(x_t) = \mathrm{e}^{-rt}E[V_L(x_t+\mathrm{d}x)] + (x_t Q_t^{1-\gamma} - cQ_t)\mathrm{d}t \tag{3-8}$$

由于平台总价值 $V_L(x_t)$ 是现有平台服务需求冲击 x_t 的函数，根据伊托引理展开式（3-8），并将式（3-2）代入可得

$$\frac{1}{2}\sigma^2 x_t^2 V_L''(x_t) + \alpha x_t V_L'(x_t) - rV_L(x_t) + x_t Q_t^{1-\gamma} - cQ_t = 0 \tag{3-9}$$

据迪克西特和平迪克（2002）的结论，式（3-9）相应的齐次偏微分方程通解可表示为

$$V_L(x_t) = B_1 x_t^{\beta_1} + B_2 x_t^{\beta_2} \tag{3-10}$$

其中，β_1 和 β_2 仍为满足特征方程 $\frac{1}{2}\sigma^2\beta(\beta-1)+\alpha\beta-r=0$ 的解。β_1 和 β_2 的表达式为

$$\beta_1 = \frac{1}{2} - \frac{\alpha}{\sigma^2} + \sqrt{\left(\frac{1}{2} - \frac{\alpha}{\sigma^2}\right)^2 + \frac{2r}{\sigma^2}}$$

$$\beta_2 = \frac{1}{2} - \frac{\alpha}{\sigma^2} - \sqrt{\left(\frac{1}{2} - \frac{\alpha}{\sigma^2}\right)^2 + \frac{2r}{\sigma^2}}$$

因为 $0 < \alpha < \gamma$，所以 $\beta_1 > 1$，$\beta_2 < 0$。B_1 和 B_2 为待定常系数。由于当 $x_t \to +\infty$ 时，服务价格 $P_t \to +\infty$，现有平台的退出期权变得没有价值，即 $V_L(x_t)$ 应该趋于 0。相应地，式（3-10）中 $x_t^{\beta_1}$ 的系数 B_1 必须为 0。

式（3-9）的特解为 $\frac{x_t Q_t^{1-\gamma}}{r-\alpha} - \frac{cQ}{r}$，所以可得到贝尔曼方程式（3-9）的通解，即拥有退出期权的现有平台总价值为

$$V_L(x_t) = B_2 x_t^{\beta_2} + \frac{x_t Q_t^{1-\gamma}}{r-\alpha} - \frac{cQ}{r} \tag{3-11}$$

其中，$\frac{x_t Q_t^{1-\gamma}}{r-\alpha} - \frac{cQ}{r}$ 为平台维持经营的价值，$B_2 x_t^{\beta_2}$ 为退出期权价值 $F_L\left(x_t\right)$。

第二节　网络借贷平台永久退出期权及影响因素分析

如果不考虑平台的再次进入，平台执行退出期权时将获得退出时平台价值估计值 EV，同时需要支付退出成本 E，如果平台继续经营，将继续获得经营利润，同时拥有退出期权。由此可得此时的价值匹配条件和平滑粘贴条件为

$$\begin{cases} B_2\beta_2 x_t^{\beta_2-1} + \dfrac{Q_t^{1-\gamma}}{r-\alpha} = 0 \\ B_2 x_t^{\beta_2-1} + \dfrac{x_t Q_t^{1-\gamma}}{r-\alpha} - \dfrac{cQ}{r} = \text{EV} - E \end{cases}$$

据上述价值匹配条件和平滑粘贴条件可得到退出临界值和系数值如下：

$$X_L = \frac{(\text{EV} - E - cQ/r)(r-\alpha)\beta_2}{(\beta_2 - 1)Q_t^{1-\gamma}}$$

$$B_2 = -\frac{Q_t^{1-\gamma}}{\beta_2(r-\alpha)}(X_L)^{1-\beta_2}$$

因此，拥有退出期权的平台总价值函数形式如下：

$$V_L(x_t)=\begin{cases}B_2x_t^{\beta_2-1}+\dfrac{x_tQ^{1-\gamma}}{r-\alpha}-\dfrac{cQ}{r}, & 当x > X_L\\ \mathrm{EV}-E, & 当x \leqslant X_L\end{cases}$$

沿用迪克西特和平迪克（2002）对实物期权最优投资规则的分析方法，通过服务需求冲击的临界值变化来分析网络借贷平台的退出投资决策。数值模拟时基本参数设置为：$\alpha=0.01$，$r=0.05$，$E=10$，$c=0.08$，$Q=1$，$\gamma=0$，$\mathrm{EV}=30$，$\sigma=0.2$。下面的数值模拟中 F_L 表示退出期权价值，V_L 表示平台总价值，包括平台未来利润流和其拥有的期权价值。

一、漂移率对平台退出决策的影响

在目标平台服务需求冲击服从几何布朗运动的假定下，式（3-2）中漂移率 α，反映了网络借贷平台在运营过程中其金融服务需求的平均增长速度。不同平台面临的客户群体、市场竞争环境和主营业务都会或多或少存在差异，因此各平台相应的漂移率会不尽相同，从而对平台退出决策产生的影响也会不同。

从图 3-1 和图 3-2 可以看出，随着漂移率的增大，即网络借贷服务需求增长率的增加，平台退出临界值 X_L 和退出期权价值 F_L 都呈现下降趋势。而平台总价值 V_L 呈现较为稳定的趋势，其原因在于平台利润 π 的增加趋势和退出期权价值下降趋势正好相互抵消了。随着网络借贷服务需求增长率的上升，平台未来需求的市场前景较好，利润水平增加较为明显，平台需求的快速增长能够掩盖其运营风险，所以平台的退出临界值越低，其持有的退出期权价值也越小，即平台执行退

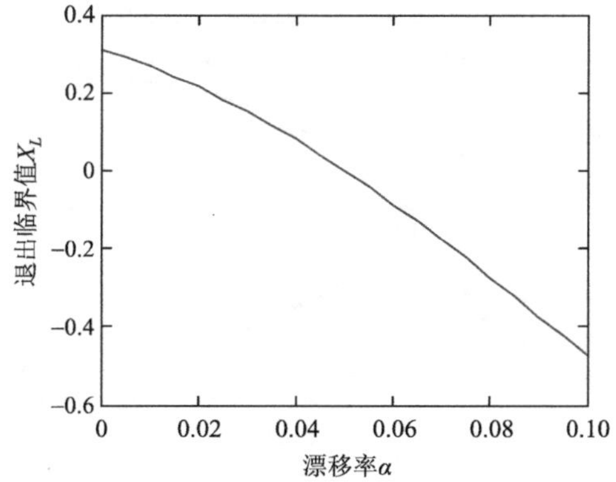

图 3-1　漂移率与退出临界值

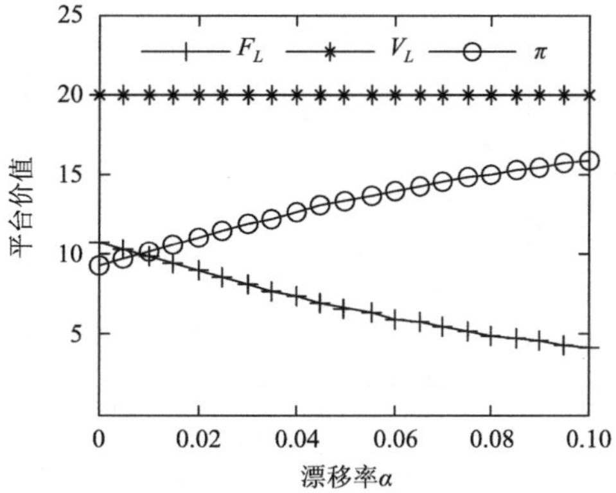

图 3-2　漂移率与平台价值①

出期权的价值越小，继续持有退出期权越有意义。因此，漂移率越大，平台利润增长前景越好，运营风险越小，平台退出的可能性也越低。这表明平台网络借贷服务需求增长率是影响平台退出决策的关键因素之一，也意味着如果网络借贷平台的服务需求不能保持高速增长，平台出现退出风险的可能性就会增大。在中国，许多中小平台业务模式单一、同质化问题严重，其业务难以保持高增长，所以平台退出的现象时有发生。

二、波动率对平台退出决策的影响

σ 为波动率，反映了服务市场需求的不确定性程度，同样会对目标平台的经营决策产生影响。虽然网络借贷平台具有不受地域限制的特点，但在中国由于征信体系不完善，多数平台业务仍然仅面向其所在的城市或地区。受中国区域经济发展不平衡影响，不同地域互联网金融平台面临市场需求不确定性会有差别。这种波动率的差异会直接影响目标平台的退出决策。

从图 3-3 和图 3-4 可以看出，随着波动率 σ 的增大，网络借贷需求面临的不确定性增加，平台退出临界值 X_L 呈现下降趋势，而退出期权价值 F_L 则呈现上升趋势。但平台总价值 V_L 呈现较为稳定的趋势，其原因在于平台利润 π 的下降趋势和退出期权价值的上升趋势正好相互抵消了。这表明随着波动率的增加，平台未来需求面临的不确定性增加，平台的利润下降的可能性随之增加，拥有的退出期权价值则越来越大，执行退出期权的可能性也越来越大。因此，波动率越大，平台面临的不确定性越大，其运营风险也越大，平台退出风险随之增加。

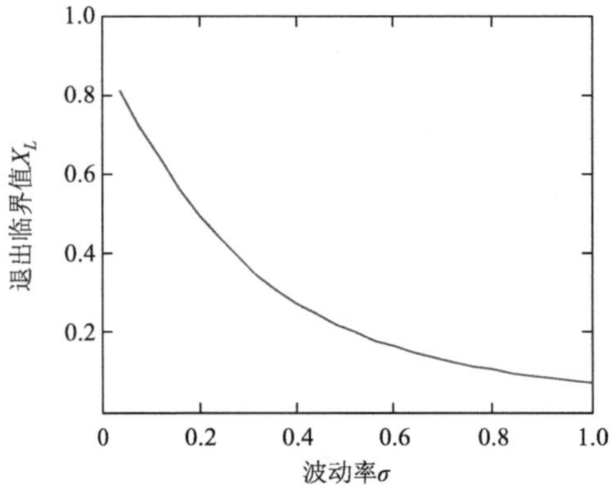

图 3-3　波动率与退出临界值

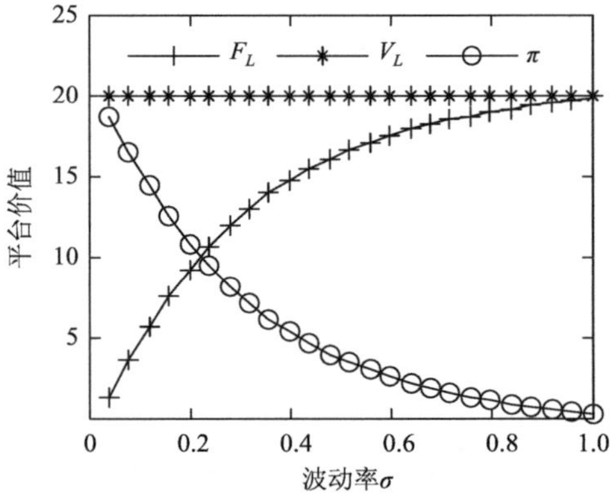

图 3-4　波动率与平台价值①

三、无风险利率对平台退出决策的影响

从图 3-5 和图 3-6 可以看出，当无风险利率增大时，平台运营网络借贷业务的机会成本增加，平台退出临界值 X_L 呈现上升趋势，退出期权价值 F_L 则呈现先急速下降后缓慢下降的趋势，而平台总价值 V_L 则趋于稳定。其原因在于无风险利率增大，有两种效应，一方面无风险利率提高意味着利率政策偏紧，这将增加平台维持运营的机会成本，使平台出现流动性不足或资金链断裂的风险增加，从而使平台的退出临界值越来越高，增加平台退出的可能性；另一方面持有退出期权的机会成本上升，继续持有退出期权的价值下降，对执行退出期权有更多激励。这表明无风险利率的增加，会提高平台运营的机会成本，增大平台运营风险，使平台退出的可能性随之增加。

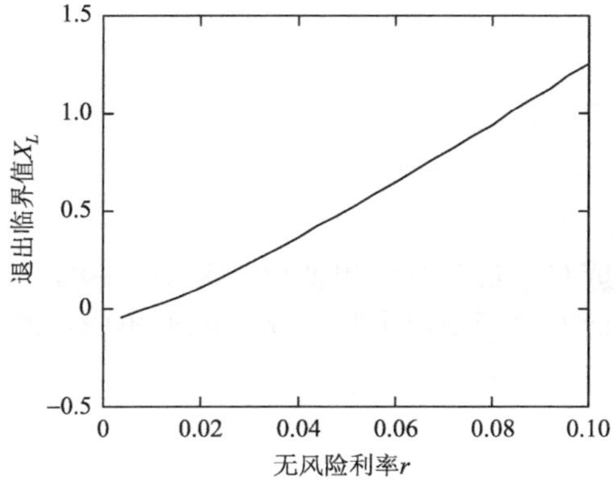

图 3-5　无风险利率与退出临界值

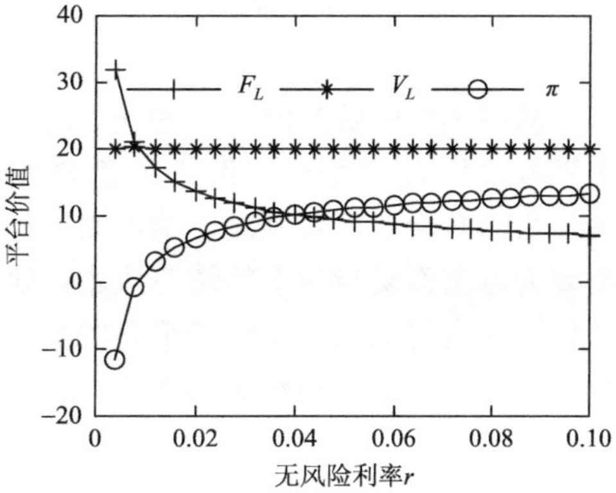

图 3-6　无风险利率与平台价值①

四、经营成本对平台退出决策的影响

从图 3-7 和图 3-8 可以看出，随着经营成本的增大，平台经营网络借贷业务的成本增加，平台退出临界值 X_L 和退出期权价值 F_L 都呈现上升趋势。其原因在于经营成本的增加，一方面可能导致平台利润 π 下降，使平台经营风险暴露的可能性增大，平台因经营风险而退出的可能性增加；另一方面使平台维持经营的价值下降，即执行退出期权的机会成本下降，对平台执行退出期权存在激励作用。这表明平台经营成本增加，会增加平台经营风险，使平台执行退出期权的可能性上升，从而增加平台退出风险。

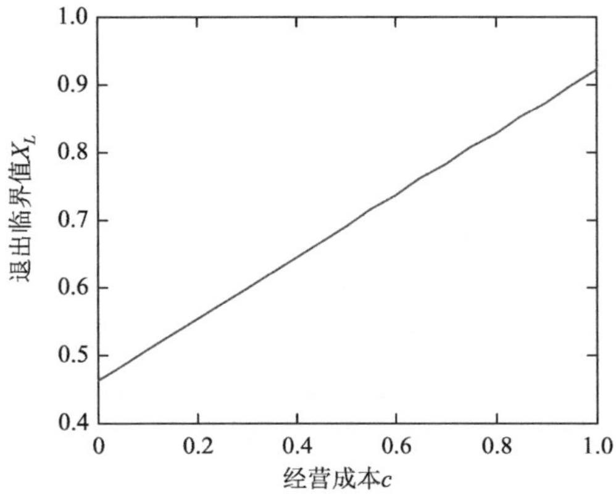

图 3-7　经营成本与退出临界值

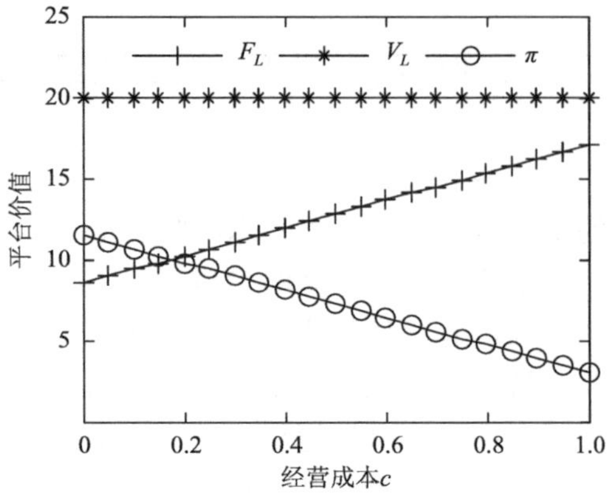

图 3-8　经营成本与平台价值①

五、退出成本对平台退出决策的影响

从图 3-9 和图 3-10 可以看出，随着退出成本的增大，平台退出临界值 X_L、退出期权价值 F_L 及平台总价值 V_L 都呈现下降趋势。其原因在于平台退出成本的增加，虽然对现有平台利润影响不大，但会增加平台执行退出期权的成本，即平台需要为退出而支付更多的清算成本，这形成对平台持有退出期权的激励。因此，理性的平台将更倾向于维持平台的经营，而非执行退出期权。这表明退出成本增加时，平台退出决策将更加谨慎，从而降低平台退出的可能性。

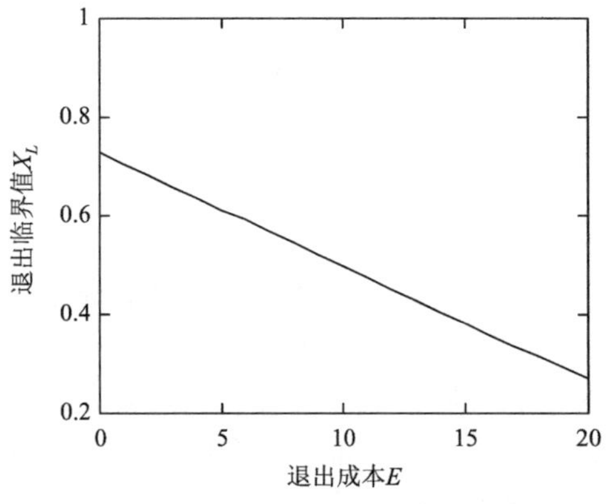

图 3-9　退出成本与退出临界值

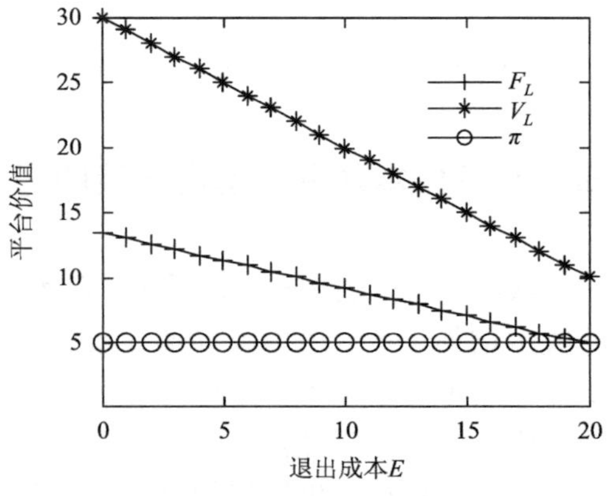

图 3-10　退出成本与平台价值①

六、行业竞争程度对平台退出决策的影响

从图 3-11 和图 3-12 可以看出，随着行业竞争程度的减弱，平台退出临界值 X_L 呈现上升趋势，但是平台退出期权价值 F_L、平台总价值 V_L 变化都不大。其原因在于：网络借贷行业垄断程度越高，单个平台的客户规模越大，平台越可能具有规模经济，越可能达到长尾理论所需的客户基础。规模较大的网络借贷平台本身已经拥有技术、资本和客户资源等方面的优势，新平台的加入或者已有平台的退出都难以撼动其地位，对这些大规模平台退出期权价值 F_L 和平台总价值 V_L 影响不大。这意味着：一是行业竞争程度越弱，平台生存能力越差，平台退出临界值越高，平台受服务需求冲击而产生的退出风险越高；二是行业竞争程度变化，对大型平台退出期权价值影响较小，对其退出决策影响是中性的。

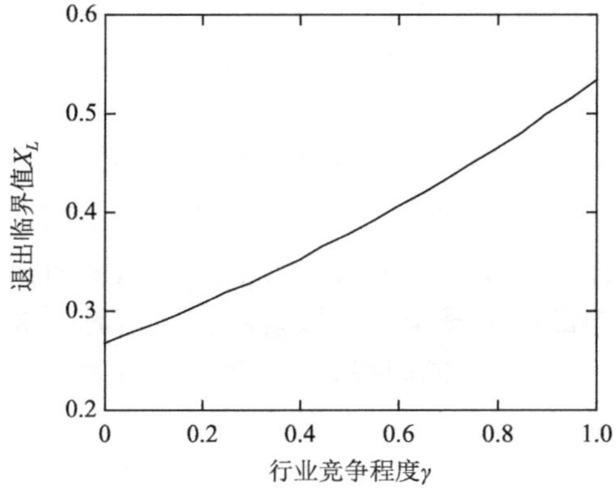

图 3-11　行业竞争程度与退出临界值

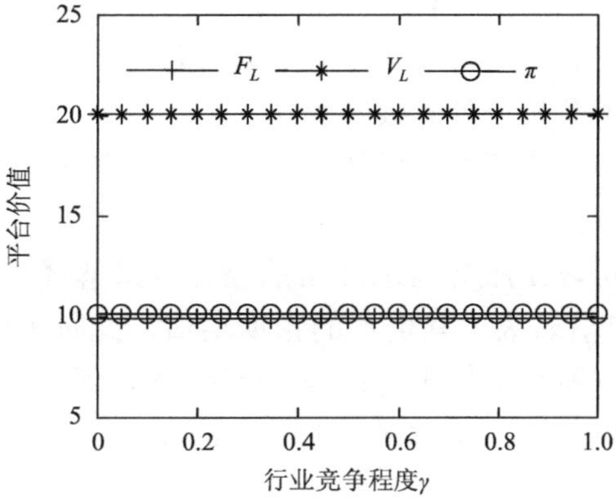

图 3-12　行业竞争程度与平台价值①

第三节　平台暂时退出期权及影响因素分析

如果考虑平台退出后的再次进入，综合潜在进入者投资期权和现有平台退出期权，可看出在退出临界值 X_L 处，现有平台将支付退出成本 E，执行退出期权，获得价值为 $V_H(X_L)$ 的资产，放弃价值为 $V_L(X_L)$ 的投资项目。据此可得到此时的价值匹配条件和平滑粘贴条件为

$$\begin{cases} V_L(X_L)=V_H(X_L)-E \\ V_L'(X_L)=V_H'(X_L) \end{cases} \tag{3-12}$$

在退出临界值 X_L 处，平台将支付进入成本 I，执行投资期权，获得价值为 $V_L(X_H)$

的投资项目，放弃价值为$V_H(X_H)$的资产。据此可得到此时的价值匹配条件和平滑粘贴条件为

$$\begin{cases} V_H(X_H)=V_L(X_H)-I \\ V_H'(X_H)=V_L'(X_H) \end{cases} \tag{3-13}$$

综合式（3-7）、式（3-11）、式（3-12）和式（3-13），可得到如下方程组：

$$\begin{cases} A_1X_H^{\beta_1}=B_2X_H^{\beta_2}+\dfrac{X_HQ^{1-\gamma}}{r-\alpha}-\dfrac{cQ}{r}-I \\ A_1\beta_1X_H^{\beta_1-1}=B_2\beta_2X_H^{\beta_2-1}+\dfrac{Q^{1-\gamma}}{r-\alpha} \\ B_2X_L^{\beta_2}+\dfrac{X_LQ^{1-\gamma}}{r-\alpha}-\dfrac{cQ}{r}=A_1X_L^{\beta_1}-E \\ B_2\beta_2X_{\mathrm{L}}^{\beta_2-1}+\dfrac{Q^{1-\gamma}}{r-\alpha}=A_1\beta_1X_L^{\beta_1-1} \end{cases} \tag{3-14}$$

由式（3-14）可以确定服务需求冲击临界值X_H、X_L，以及期权价值的系数A_1和A_2。由于式（3-14）是非线性方程组，虽然不存在精确的解析解，但可采用数值分析得到其数值解。

借鉴迪克西特和平迪克（2002）对实物期权最优投资规则的分析方法，将期权执行的临界值视为投资决策的唯一标准。目标平台进入和退出的投资决策同样可以由服务需求冲击的临界值来解释，当$x<X_H$时，平台选择进入的预期回报$V_H(x)$大于其资本的预期增值，此时平台的最佳选择是等待投资机会，暂时不成立网络借贷平台；当$x\geqslant X_H$时，平台选择进入的预期回报$V_H(x)$小于其资本的预期增值，此时平台的最佳选择是立即进入网络借贷行业，等待进入期权已经没有意义。当$x<X_L$时，现有平台选择退出的预期回报$V_L(x)$大于其继续经营的预期收益，此时平台的最佳选择是退出，立即关闭网络借贷平台；当$x\geqslant X_L$时，现有平台选择退出的预期回报$V_L(x)$小于其继续经营的预期收益，此时平台的最佳选择是继续经营，退出期权已经没有意义。当$X_L<x<X_H$时，潜在进入者和现有平台的最优策略都是维持现状。在以下数值模拟中，相关参数设置分别为$\alpha=0.01$，$r=0.05$，$E=2$，$c=0.08$，$Q=1$，$\gamma=0$，$I=20$，$\sigma=0.2$。以下内容主要围绕服务需求冲击临界值，数值模拟需求漂移率、波动率和无风险利率等因素对进入和退出决策的影响。在下文分析中，X_L表示退出临界值，X_H表示进入临界值，F_L为退出期权价值，F_H为进入期权价值，V_L为拥有退出期权的平台总价值。

一、漂移率的影响分析

漂移率α反映了网络借贷平台在运营过程中其金融服务需求的平均增长速

度。不同平台相应的漂移率会不尽相同，这种漂移率的差异会直接影响潜在进入者和现有平台的投资决策。

图 3-13 和图 3-14 显示了漂移率 α 在 [0, 0.04] 取不同值时，潜在进入者投资期权和现有平台退出期权的需求临界值变化轨迹，以及平台进入、退出期权价值及平台价值的变动路径。

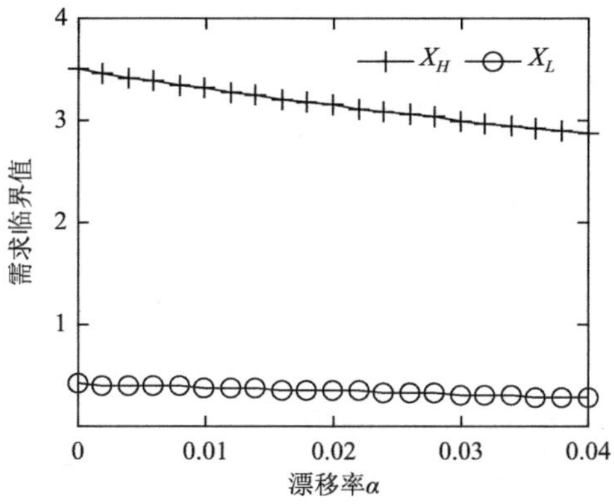

图 3-13　漂移率与需求临界值

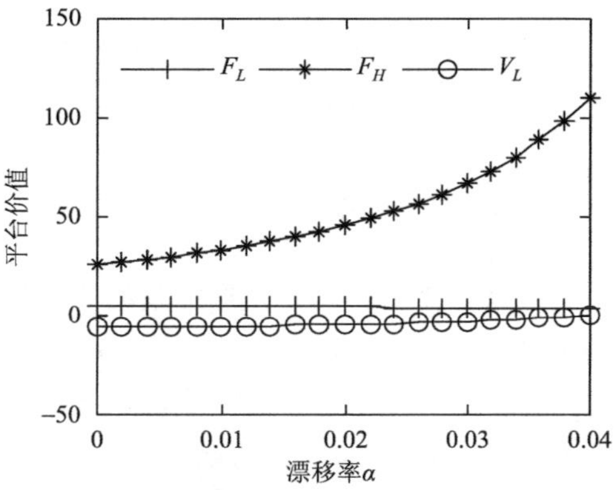

图 3-14　漂移率与平台价值②

从图 3-13 可以看出，随着漂移率 α 的增加，进入临界值 X_H 呈现明显下降趋势，而退出临界值 X_L 仅有微幅下降。由图 3-14 可以看出，随着漂移率 α 的增加，进入期权价值明显上升，而退出期权价值仅存在小幅度下降，拥有退出期权的平台总价值小幅增加。这说明漂移率越高，潜在进入者投资期权的需求临界值越低，持有投资期权价值越高，潜在进入者越可能投资网络借贷平台；漂移率越高，现有平台退出期权的需求临界值越低，退出期权价值越低，现有平台越可能选择维持其经营。其原因在于漂移率较高，意味着平台未来需求的市场前景较好，一方面未来利润的大幅增长，使进入期权价值上升，等待进入的机会成本增加，从而吸引潜在进入者执行投资期权；另一方面未来利润的大幅增长，对于现有平台而言意味着退出机会成本增加，执行退出期权价值下降，会激励平台维持现有经营。

二、波动率的影响分析

波动率 σ 反映了服务市场需求的不确定性程度，同样会对目标平台的进入和退出决策产生影响。图 3-15 和图 3-16 显示了波动率 σ 取值在 [0, 0.25] 时，潜在进入者投资期权和现有平台退出期权的需求临界值变化轨迹，以及平台进入、退出期权价值及平台价值的变动趋势。

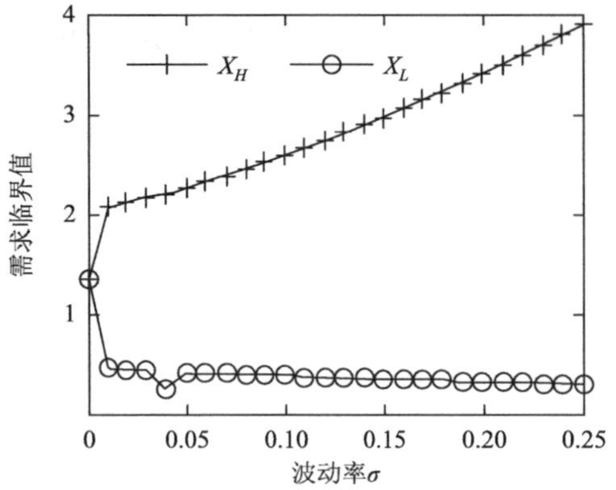

图 3-15　波动率与需求临界值

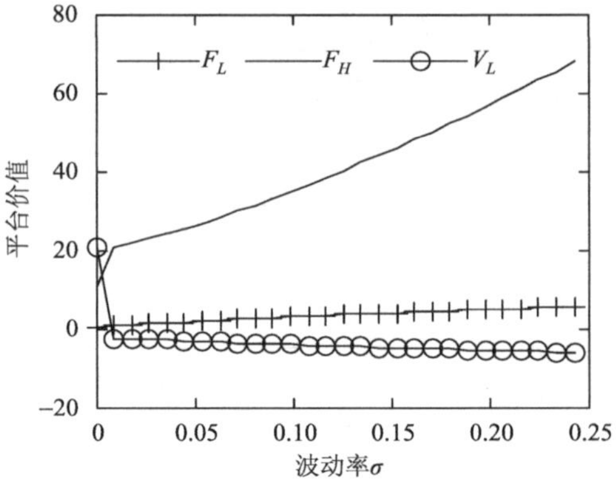

图 3-16　波动率与平台价值②

从图 3-15 可以看出随着波动率 σ 的增加，进入临界值 X_H 明显上升，而退出临界值 X_L 呈现下降趋势。图 3-16 显示随着波动率 σ 的增加，平台进入期权价值 F_H 明显上升，而退出期权价值 F_L 仅有微弱增加。这说明波动率越高，潜在进入者投资期权的需求临界值越高，持有进入期权的价值越高。而波动率越高，现有平台退出期权的需求临界值越低，持有的退出期权价值上升越缓慢。

以上数值模拟显示波动率 σ 提高时，市场服务需求不确定性增加，对进入和退出期权的影响有较大差异。具体而言，当波动率 σ 增加时，潜在进入者投资网络借贷平台获得预期利润的不确定性同样增加，即网络借贷平台的运营风险增加，这将导致潜在进入者的投资将趋于谨慎，为降低投资风险，其可能选择延迟投资。因此，波动率 σ 越高，平台运营风险越大，潜在进入者执行投资期权的需求临界值越高，其将延迟执行进入期权。

当波动率 σ 增加时，现有平台获得预期利润的不确定性也会增加，会产生两个相反的效应：一方面，会导致现有平台的经营风险增大，使平台未来利润出现下降，从而增大平台执行退出期权的可能性；另一方面，会促使平台经营行为趋于慎重，可能降低其对经营平台的价值和成长性的要求，从而使平台更倾向于持有退出期权。从数值模拟结果来看，随着波动率 σ 上升，由于现有平台持有退出期权的效应超过了执行退出期权的效应，平台执行退出期权的临界值下降，平台更倾向于持有退出期权，维持其经营。因此，当波动率 σ 增大时，虽然平台运营风险也相应增大，但是其对现有平台的综合影响很可能使平台倾向于持有退出期权。

三、无风险利率的影响分析

在潜在进入者和现有平台的投资决策中，无风险利率 r 反映了他们决策的机会成本。网络借贷平台在运营过程中，宏观金融环境时刻发生着变化，这种变化会反映到无风险利率 r 中，从而影响潜在进入者和现有平台的决策。

图 3-17 显示了无风险利率 r 取值在[0,0.10]时，潜在进入者进入临界值和现有平台退出临界值变化轨迹。图 3-18 记录了在不同无风险利率 r 下，平台进入、退出时期权价值和平台总价值的变动趋势。

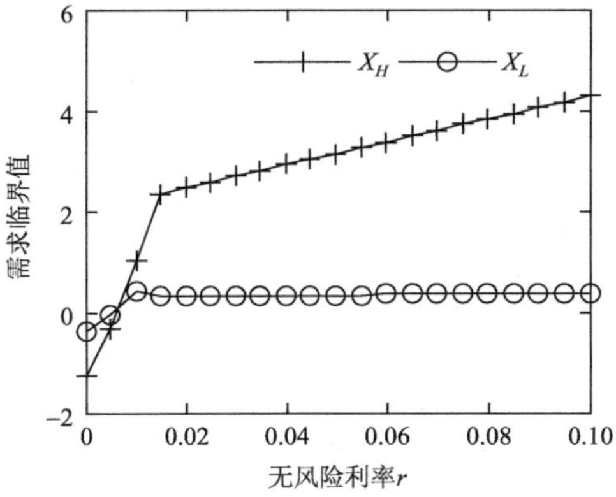

图 3-17　无风险利率与需求临界值

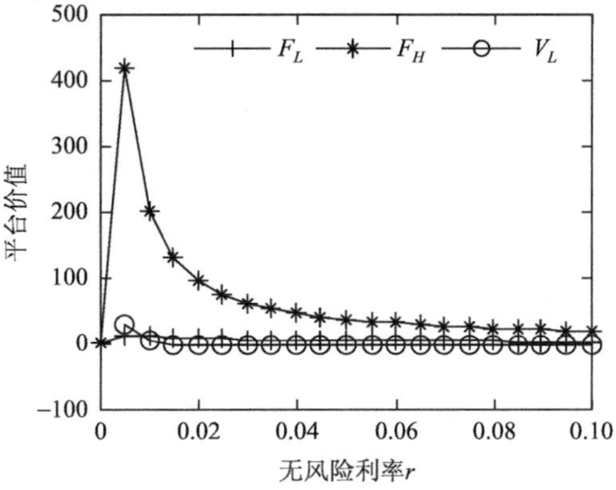

图 3-18　无风险利率与平台价值②

从图 3-17 可以看出，在无风险利率 r 超过 0 的初期，平台进入和退出临界值都快速上升。之后，伴随无风险利率 r 的继续增加，平台进入临界值呈现明显上升趋势，而退出临界值变化不大。图 3-18 显示在无风险利率 r 超过 0 的初期，平台进入期权价值、退出期权价值和平台总价值都快速达到最高值；之后，随着无风险利率 r 逐渐提高，平台进入期权价值和退出期权价值都呈现下降趋势，而且进入期权价值下降更加明显。这说明无风险利率 r 越高，平台进入和退出临界值越高，进入和退出期权价值也越低。

从实际影响机理来看，无风险利率 r 提高，对潜在进入者而言，意味着其投资网络借贷平台的机会成本上升，这将导致其投资决策趋于谨慎，对投资平台的项目价值有更高的要求，只有当正向外部服务需求冲击较为有利时，其才可能执行投资期权，而等待投资机会将是潜在进入者的最优决策。因此，无风险利率越低，潜在进入者越可能提前执行投资期权；反之，无风险利率越高，潜在进入者越可能等待投资机会。无风险利率提高，对现有平台而言，一方面意味着其维持网络借贷经营的机会成本上升，要维持其经营必须保证有较高收益及需求成长性，否则平台很容易出现经营危机；另一方面意味着平台融资成本上升，网络借贷平台作为新生企业，很可能由于融资成本上升而出现资金链断裂的风险。这说明无风险利率越高，现有平台退出临界值越高，维持平台经营的价值越低，现有平台越可能退出其经营。

四、经营成本的影响分析

图 3-19 显示了经营成本 c 取值在 [0,10] 时，平台执行进入和退出期权的需求临界值变化轨迹。图 3-20 记录了在不同经营成本 c 下，平台选择进入和退出时其价值的变动趋势和平台总价值的变动趋势。

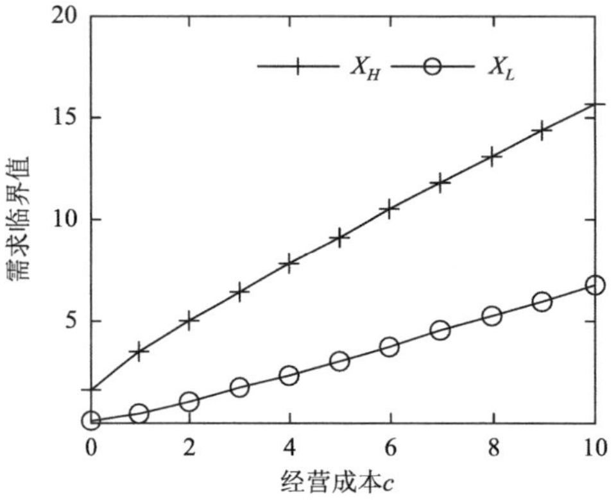

图 3-19 经营成本与需求临界值

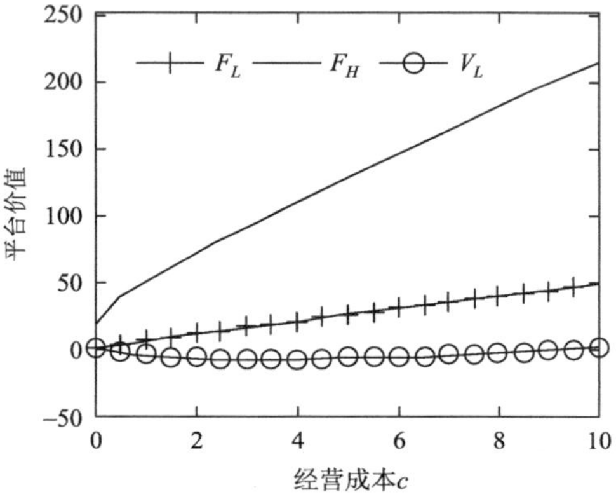

图 3-20 经营成本与平台价值②

从图 3-19 可以看出，随着经营成本 c 增加，进入和退出临界值都呈现显著上升趋势。图 3-20 显示平台进入和退出期权价值随着经营成本增加而上升。这说明经营成本 c 越高，平台进入临界值越高，等待进入的期权价值越高，潜在进入者越可能延迟投资；经营成本 c 越高，现有平台退出临界值越高，平台持有的退出期权价值越高，平台维持经营的项目价值下降，因此现有平台越可能停止其经营。

经营成本 c 提高，对潜在进入者而言，意味着其投资网络借贷平台的成本增加，其投资的收益的不确定性增加，因此平台对进入网络借贷行业有更高的收益回报要求，只有当该行业面临良好的正向外部需求冲击时，其才会执行投资期权。因此，经营成本 c 较高时，等待投资机会是潜在进入者的最佳选择。

经营成本 c 提高，对现有平台而言，意味着其维持平台经营的需要付出更多成本，直接降低了平台利润空间，使平台出现经营风险的可能性增大，平台选择退出的可能性也增大。另外，经营成本 c 提高，还意味着退出经营的机会成本下降，退出期权价值上升，这也会激励平台选择退出。因此，经营成本 c 越高，现有平台退出临界值越高，维持平台经营的价值越低，现有平台越可能退出其经营。

五、退出成本的影响分析

图 3-21 显示了退出成本 E 取值在[0,10]时，平台进入和退出临界值变化轨迹；图 3-22 记录了在不同退出成本 E 下，进入和退出时平台的价值和平台总价值的变动轨迹。

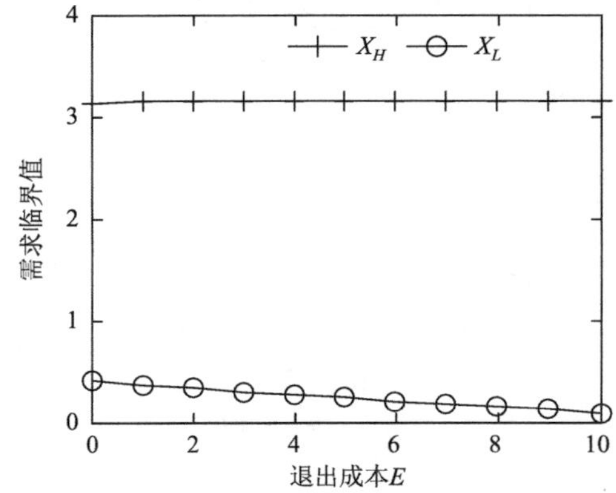

图 3-21　退出成本与需求临界值

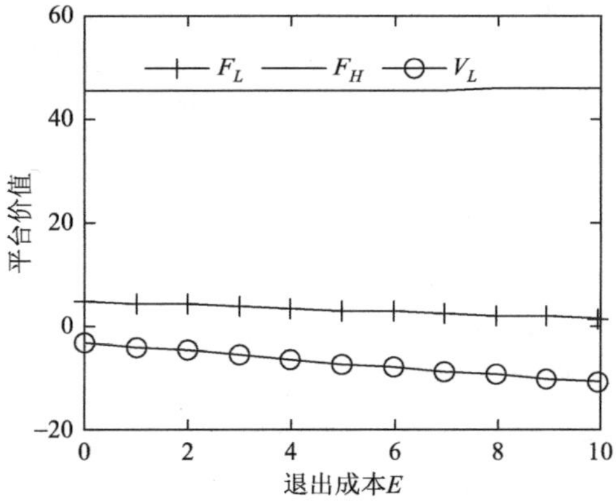

图 3-22　退出成本与平台价值②

从图 3-21 可以看出，随着退出成本 E 增加，进入临界值仅有微弱的上升，而退出临界值有较明显下降趋势。在图 3-22 中，随着退出成本 E 增加，进入期权价值仅有微弱的上升，而退出期权价值和拥有退出期权的平台总价值有明显的下降。这说明退出成本 E 的变化，对潜在进入者是否进入网络借贷行业的决策影响并不大，但对现有平台的退出决策可能存在较大影响。

从退出成本的影响机理来看，对潜在进入者而言，其进入决策中考虑的关键因素是进入后可能产生的收益，但退出成本是平台进入后可能产生的成本，因此退出成本增加，相当于增加了平台进入的成本，降低了平台未来利润，使等待进入期权更有价值，从而使平台倾向于继续等待进入机会。但对于现有平台而言，退出成本提高意味着停止平台经营需要付出更多成本，从而使平台更倾向于选择维持经营，并可能由此产生对平台稳健运营行为的激励，进一步降低平台经营风险。因此，退出成本增加，既会使潜在进入者倾向于继续等待进入机会，也会激励现有平台维持经营，降低经营风险。从网络借贷行业现实情况来看，中国尚未有关于网络借贷平台退出机制方面的政策规定，因此平台退出该行业成本较低，这可能对网络借贷平台的退出行为形成激励。

六、进入成本的影响分析

图 3-23 显示了进入成本 I 取值在[0,20]时，潜在进入者投资期权进入临界值和现有平台退出临界值变化轨迹；图 3-24 记录了在不同进入成本 I 下，平台的进入、退出期权价值和平台总价值的变动。

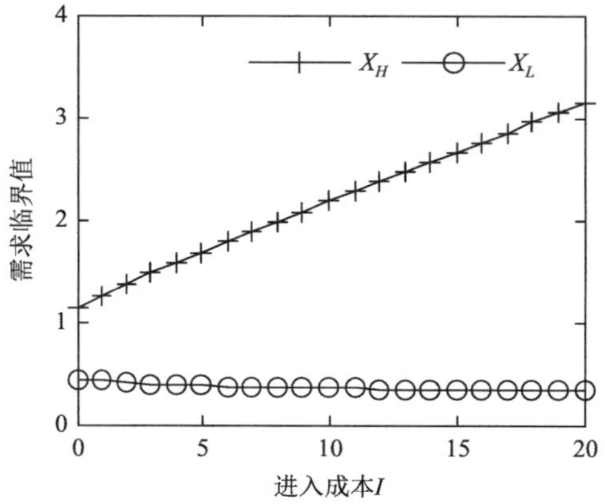

图 3-23 进入成本与需求临界值

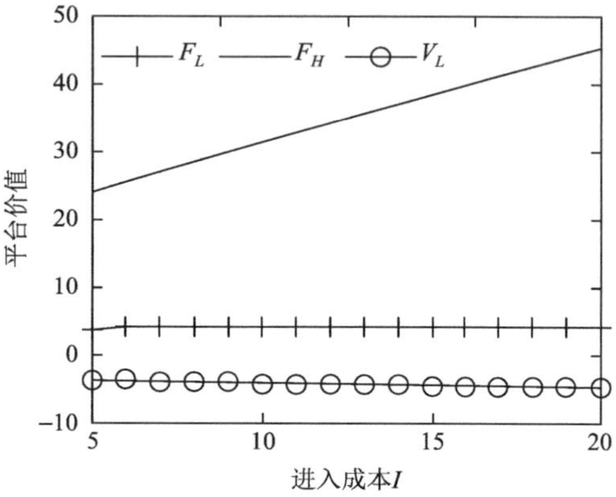

图 3-24 进入成本与平台价值

从图 3-23 可以看出，随着进入成本 I 增加，进入临界值明显上升，而退出临界值稍有下降趋势。图 3-24 显示，随着进入成本 I 的增加，平台进入期权价值显著上升，而退出期权价值未有显著变化。这说明如果考虑平台进入的影响，进入成本增加，会显著影响平台的进入决策，而影响平台退出决策的程度有限。

从进入成本影响机理来看，进入成本提高，对潜在进入者而言，意味着其投资网络借贷平台的成本增加，进入投资风险增大，必然导致其对进入投资项目有更高的回报要求。只有当该行业面临较好的正向外部服务需求冲击时，潜在进入者才可能执行投资期权。因此，进入成本增加将使潜在进入者倾向于等待投资机会。对现有平台而言，进入成本提高意味着其启动网络借贷平台经营的沉没成本更高，一方面平台需要采取稳健经营行为，降低其经营风险发生概率，以获得更多收益补偿其沉没成本；另一方面如果平台希望退出后还有重新进入的可能，较高的进入成本可能使其不会轻易地退出，这时维持平台经营是其更优选择。因此，进入成本越高，现有平台退出临界值越低，现有平台越可能维持其经营，不可能轻易执行退出期权。从中国实际情况来看，由于中国网络借贷行业早期未设置显性的行业进入门槛，进入成本也较低，这一方面会激励新进入者不断加入，另一方面会激励现有平台随意退出，增加平台退出风险。

七、行业竞争程度影响分析

图 3-25 显示了行业竞争程度γ取值在[0,1.0]之间时，潜在进入者进入临界值和现有平台退出临界值变化轨迹；图 3-26 记录了在不同行业竞争程度γ下，平台选择进入和退出时期权价值的变动趋势和平台总价值的变动趋势。

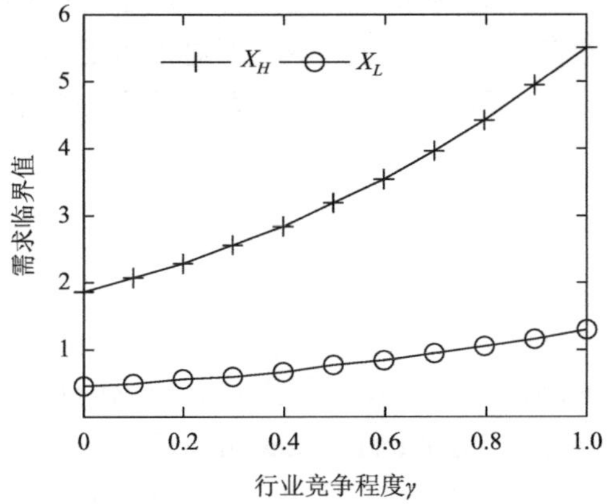

图 3-25　行业竞争程度与需求临界值

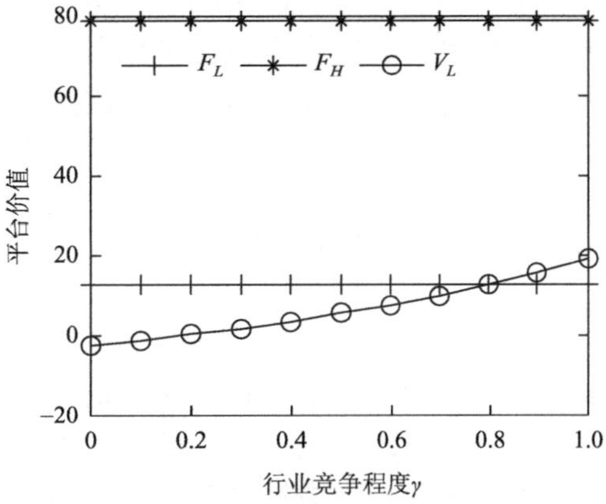

图 3-26　行业竞争程度与平台价值②

从图 3-25 可以看出，随着行业竞争程度γ增加，进入和退出临界值都显著上升。图 3-26 显示，随着行业竞争程度γ增加，平台进入期权价值和退出期权价值变化较小，而拥有退出期权的平台总价值明显增加。这说明随着γ上升，行业竞争程度减弱，平台进入和退出决策受到影响的程度有限。

从实际来看，行业竞争程度提高，对潜在进入者而言，意味着其投资网络借贷平台会面临激烈竞争，其利润增长空间可能有限，这导致潜在进入者对投资网络借贷平台的项目价值要求也会较低，只要该行业的需求水平有一个很低的正向冲击，潜在进入者就会执行投资期权。因此，完全竞争市场比垄断市场更容易吸引潜在进入者投资。

行业竞争程度提高，对现有平台而言，其影响效应表现在两个方面：一是行业竞争程度提高，平台维持经营需要面对更多的竞争，从而降低平台对其运营预期收益的要求，使其能够容忍较低的需求水平，从而降低其退出可能性；二是行业竞争程度提高，平台维持经营需要面对更多的竞争，降低其利润空间，可能增加其运营风险，增加其退出可能性。因此，这两种的效应相互抵消综合后，行业竞争程度变化对现有平台持有的退出期权价值影响不大。尽管行业竞争程度减弱对现有平台持有的退出期权价值影响不大，却有利于现有平台保持其市场份额，从而提升现有平台总价值。如图 3-26 所示，行业竞争程度提高后，拥有退出期权的现有平台总价值明显上升，说明平台可能更倾向于选择维持其经营。

第四节　网络借贷平台退出决策影响因素的实证分析①

由上述两类网络借贷平台退出决策的实物期权模型分析结果可知，无论是否考虑平台的再次进入，无风险利率、经营成本都会对平台的退出行为产生正向影响，漂移率、退出成本会对平台退出产生负向影响，行业竞争程度对平台退出行为影响较为有限。上述结论与中国网络借贷行业现实是否相符呢？因此有必要采集中国网络借贷平台数据验证上述结论。

一、数据来源及处理

本节实证分析中使用的网络借贷平台成交量、投资人数、借款人数、借款期限等数据来源于国泰安数据库，退出平台的基本信息来自网贷之家。数据的具体整理方法如下。首先，从国泰安 CSMAR（China stock market accounting research）数据库中采集网络借贷平台 2015 年 8 月 29 日至 2018 年 5 月 28 日的 30 日成交数据，共计 419 839 条信息；其次，将上述按天记录的 30 日成交数据转换为月度数据，转换方法为选取每个月第一个有 30 日成交数据的这一天数据作为该月的月度数据，得到 147 929 条信息；再次，以平台名称为关键字，将退出的网络借贷平台基本信息数据与平台的月度成交数据进行横向合并；最后，得到有月成交记录的平台共 978 个，其中问题平台 186 个，正常平台 792 个。

二、需求增长性影响分析

由于网络借贷需求无法直接观察，但是平台成交量、投资人数、借款人数、投资金额和借款金额都能够从不同角度反映需求。平台成交量既包含平台客户数量信息，又包含客户借贷金额信息，所以平台成交量能够比其他指标更全面地反映需求。因此，借鉴王媛（2015）、Bulan 等（2008）的方法，选取平台月成交量的增长率表示网络借贷平台漂移率。

从表 3-1 检验结果可以看出，退出组网络借贷平台的月成交量增长率为–1%，而正常组网络借贷平台的月成交量增长率高达 52%。在 1%的显著性水平下，方差齐次性检验显示，正常组和退出组平台的月成交量增长率方差存在显著差异。

① 本节内容是基于李先玲等（2018）的论文实证分析部分修改而来。如需了解更完整的分析请参看该论文原文。

根据两组在方差不同条件下的均值相等性检验结果，可看出在 1%的显著性水平下，正常组和退出组平台的月成交量增长率均值存在显著差异。因此，无论是从实际上还是统计上，正常组网络借贷平台的月成交量增长率均值都显著高于退出组平台。这表明，部分网络借贷平台缺乏成长性，可能是导致其退出的重要原因。

表 3-1　正常组和退出组平台漂移率、波动性比较

变量		均值		方差齐次性检验		均值相等性检验*		95%置信区间	
		正常组	退出组	*F* 统计量	*p* 值	*t* 统计量	*p* 值	下限	上限
漂移率	月成交量增长率	0.52	−0.01	22.36	0.00	6.26	0.00	0.36	0.70
波动性	借款人数月增长率标准差	3.12	51.68	33.97	0.00	−1.50	0.14	−112.51	15.40
	投资人数月增长率标准差	0.26	2.06	84.31	0.00	−3.61	0.00	−2.79	−0.82

*表示此处仅显示方差不相等情况下的均值检验结果

该检验结果间接印证了前文漂移率对平台退出决策影响的结论，表明漂移率是影响平台退出决策的关键因素之一，如果网络借贷平台的服务需求不能保持高速增长，平台就可能出现运营风险，选择退出的可能性较大。同时，该结论也与中国网络借贷行业现实状况基本相符，一方面，中国的许多中小平台业务模式单一、同质化问题严重，缺乏金融产品创新能力，其业务难以保持高增长，其退出也在情理之中；另一方面，对于大型网络借贷平台，同样必须不断开发新的个性化金融产品满足市场需求，保持其产品需求的高增长率，否则也同样会面临被淘汰风险。因此，平台能否保持其网络借贷服务需求的高增长率是影响平台退出行为的关键。

三、需求波动性影响分析

选择需求波动性的替代指标时，一方面借鉴 Cunningham（2006）采用变量方差估计波动性的思想，另一方面考虑到退出平台和正常平台规模差异较大，使用绝对量的方差衡量难以准确度量平台需求波动性，本书采用平台客户数量增长率的标准差表示平台网络借贷服务需求的不确定性。此外，平台客户有投资人和借款人两类，在度量平台需求波动性时需要综合考虑这两类客户需求。因此，本节采用平台的投资人数月增长率标准差和借款人数月增长率标准差来共同度量需求波动性。

从表 3-1 可以看出，退出组网络借贷平台投资人数月增长率标准差和借款人数月增长率标准差的平均水平高于正常组网络借贷平台。同时，在 1%的显著性水平下，方差齐次性检验显示，正常组和退出组平台的借款人数月增长率标准差与投资人数月增长率标准差的方差存在显著差异。根据两组在方差不同条件下的均值相等性检验结果，可看出在 1%的显著性水平下，正常组和退出组平台的借款人数月增长率标准差平均水平不存在显著差异，而投资人数月增长率标准差平均水平存在显著差异。所以，无论是从实际上还是统计上，退出组网络借贷平台的投资人数月增长率标准差平均水平都显著高于正常组平台。这表明与正常组平台相比，退出组平台投资者对平台的投资黏性更低，投资者人数更可能出现大幅波动，从而降低平台借贷资金来源的稳定性，增加平台运营风险。因此，上述检验结果能够在一定程度上印证需求波动性与平台退出决策的关系，表明平台网络借贷服务需求波动性增加可能会增大平台退出可能性。

该检验结果也与中国网络借贷行业实际情况基本相符，许多网络借贷平台为迅速增加用户规模，提升市场份额，往往通过注册返点、投资返点、秒标和抽奖等促销手段吸引人气。但是当平台停止促销活动时，那些为促销而来的“羊毛党”资金会迅速撤离，导致平台服务需求剧烈下降，可能使平台陷入营运困境，增加其退出可能性。

四、经营成本分析

鉴于当前中国网络借贷平台经营数据透明化程度有限，经营成本难以直接观测，本节也采用间接方法度量该指标。一方面考虑到网络借贷平台经营具有明显的规模经济和范围经济的特征，平台成交量规模越大，其平均经营成本越低。因此，选取平台的月平均成交量作为衡量其经营成本的反向指标。另一方面，由于网络借贷平台是借贷信息中介，既有贷前管理成本，也有贷后管理成本，如果平台借贷交易的借款期限较短，可能需要平台投入更多人力和财力进行贷前和贷后管理，其经营成本也更高，据此可选取平台经营成本的第二个反向度量指标——借款期限。

从表 3-2 可以看出，退出组平台月平均成交量和借款期限低于正常组平台。同时，在 1%的显著性水平下，方差齐次性检验显示，正常组和退出组平台的月平均成交量和借款期限的方差存在显著差异。根据两组在方差不同条件下的均值相等性检验结果，可看出在 1%的显著性水平下，正常组和退出组平台的月平均成交量和借款期限存在显著差异。所以，无论是从实际上还是统计上，退出组平台的月平均成交量和借款期限都显著低于正常组平台。这意味着，与退出组平台相比，正常组平台更可能在经营中实现规模经济，也可能有更低的贷前和贷后管理成本，从而具有更低的平均经营成本，其平台运营风险相对更低。因此，上述检验结果在一定程度印证了经营成本与平台退出决策的关系，表明平台经营成本越高，平台退出可能性也越大。

表 3-2　正常组和退出组平台运营成本反向指标比较及检验

项目	均值		方差齐次性检验		均值相等性检验*		95%置信区间	
	正常组	退出组	F 统计量	p 值	t 统计量	p 值	下限	上限
月平均成交量/万元	22 300.14	3 180.10	14.30	0.00	−5.28	0.00	12 014.83	26 225.25
借款期限/月	5.00	3.15	14.55	0.00	−7.25	0.00	1.35	2.35

*表示此处仅显示方差不相等情况下的均值检验结果

上述分析表明平台经营成本也是影响平台退出决策的关键因素之一。结合现实来看，一是中国网络借贷行业仅少数平台实现盈利，多数平台仍然处于“烧钱”状态，高昂的经营成本将导致持续亏损的平台选择退出，这是市场生存法则的必然结果；二是随着《网络借贷资金存管业务指引》（简称《资金存管指引》）和《网络借贷信息中介机构业务活动信息披露指引》（简称《信息披露指引》）等规范性文件的出台，中国网络借贷行业平台要实现合格经营，必须向公众增加其信息披露，这必然增加经营成本。因此，在当前平台盈利能力有限的环境下，有效控制经营成本也将是平台经营中的一个重要环节，否则平台可能随时面临退出困境。

五、退出成本影响分析

鉴于当前中国网络借贷平台运营数据透明化程度有限，退出成本难以直接观测，本节采用间接方法度量该指标，以《管理暂行办法》出台时间 2016 年 8 月为界划分退出成本高低。在《管理暂行办法》出台前，中国网络借贷行业处于无监管状态，缺乏对平台退出的相关规定，平台退出成本低，而在《管理暂行办法》出台后，平台退出的管理细则在逐步形成，平台退出成本高。为方便比较，本节选取 2016 年 8 月前后各一年的时间范围，即 2015 年 6 月至 2016 年 7 月和 2016 年 9 月至 2017 年 8 月两个时间段。经过比较发现：在《管理暂行办法》出台前一年（即 2015 年 6 月至 2016 年 7 月），共有 972 家平台退出，而在《管理暂行办法》出台后一年（2016 年 9 月至 2017 年 8 月），退出平台数量下降为 211 家。这说明《管理暂行办法》出台增加了平台退出成本，在一定程度上抑制了平台退出动机。该状况与前文退出成本对平台退出决策影响的结论基本相符。

上述分析表明平台退出成本也是影响平台退出决策的关键因素之一。结合现实来看，一是由于在互联网金融发展的初期，中国缺乏关于网络借贷行业进入和退出的相关规定，平台退出成本和机会成本很小，对平台退出行为存在某种程度的激励。二是在当前中国网络借贷行业的规范和整顿时期，对于有些平台而言，如果实现业务合规的整改成本高于退出成本，停业退出则是其必然选择；反之，如果退出成本高于合规整改成本，停业退出则不是平台的最优选择。

第五节　防范网络借贷平台退出风险的策略选择①

网络借贷平台退出决策的理论和经验分析结论可归纳如下：①网络借贷波动率、经营成本增加都会增加平台运营风险，使平台退出风险增加；②网络借贷漂移率和退出成本增加，可能降低平台运营风险，使平台更倾向于维持其经营，平台退出风险下降。这些结论的政策含义和启示如下。

一是网络借贷平台保持服务需求快速增长是影响平台退出决策的关键因素。网络借贷出现伊始，有学者（胡滨等，2016；张晓玫等，2016）认为基于互联网技术的网络借贷，能够增加长尾客户金融服务的可得性和便利性，引发需求爆发式增长的长尾效应。按照长尾理论，当平台提供类型丰富的个性化产品时，平台能够累积众多消费者需求，实现范围经济，使平台获得盈利。但是在现实中，许多中小平台由于缺乏业务创新能力，网络借贷业务模式单一，产品类型有限而且同质化严重，难以实现范围经济和规模经济，其服务需求自然难以保持高速增长，其出现运营风险或者倒闭，也是市场竞争优胜劣汰的必然结果。反过来，那些能够不断创新业务模式的平台，能够保证其服务需求保持高速增长，可降低平台出现运营风险的可能性。因此，要降低平台的退出风险，平台需要增强其业务创新能力，丰富其产品类型，真正满足长尾群体的个性化金融服务需求。

二是完善并细化网络借贷平台退出机制是抑制平台随意退出的重要举措。当前中国网络借贷监管发展大致可分为两个时期：一是无监管时期，在该时期网络借贷处于发展初期，国家缺乏有关于网络借贷平台退出机制方面的政策规定，导致平台退出该行业成本较低，这既是对平台跑路欺诈和随意退出行为的纵容，也会对网络借贷平台的退出行为形成激励；二是监管初期，在这一时期政府形成了对网络借贷“一个办法，三个指引”②的监管框架，其中《管理暂行办法》既明晰了平台退出时已存续或签订的借贷业务的有效性及当事人的权责，也明确了平台出借人和借款人资金不属于平台。虽然《管理暂行办法》明晰了平台退出时合同权责及资金归属，但是对平台退出管理办法仍需进一步具体和细化，如建立对跑

① 本节内容根据李先玲等（2018）论文的结论部分修改而来。

② “一个办法，三个指引”是指 2016 年 8 月，中国银行业监督管理委员会等部委联合出台的《管理暂行办法》，以及中国银行业监督管理委员会发布的《网络借贷信息中介机构备案登记管理指引》（简称《备案登记管理指引》）、《资金存管指引》和《信息披露指引》。

路欺诈或倒闭平台及其经营者的追责、监督和清算等制度，明晰平台经营者的责任，将对经营者形成极大的威慑，避免其肆意妄为，从而降低平台不负责任退出的风险。

三是网络借贷平台需提升其管理和技术水平，控制其经营成本，降低平台退出风险。科技和风险控制是网络借贷业务运营的关键。但从中国网络借贷行业的实际情况来看，平台的科技金融实力仍然较为薄弱，导致经营成本居高不下。主要表现在：①为了增加客户黏性和吸引新客户，许多平台在广告投入和促销活动方面的投入不断增多，使这些平台的经营成本居高不下，导致许多平台处于亏损运营状态。据中国互联网金融协会披露信息，已披露 2016 年财务报告的平台中，实现盈利的并不多，有很多老平台如陆金服、红岭创投、点融网、积木盒子等仍然处于亏损状态。②许多平台缺乏完善的风险控制技术和管理措施，容易出现贷款申请审核不严的问题，为增加投资人信任，如果平台进行违约垫付，其经营成本将难以控制。例如，成交量一直位居前列的陆金服和红岭创投都曾对巨额借款违约进行垫付。③由于中国政府对网络借贷监管逐渐趋严，对平台业务规范化及信息披露等要求都会增加网络借贷平台的经营成本，也会使许多平台面临业务转型的难题。例如，2017 年 8 月红岭创投曾因其大额标的模式难以转型，宣布会逐渐退出网络借贷业务。因此，在中国网络借贷监管制度日益完善的背景下，平台只有提升自身管理和风险控制水平，才能有效降低其运营成本，改善平台盈利状态，降低平台退出风险。

第四章　网络借贷平台退出风险影响因素的实证研究

近年来，伴随网络借贷行业的高速发展，该行业潜在风险不断暴露，平台跑路欺诈和倒闭问题更是引起社会广泛关注和讨论。虽然中国已经构建了网络借贷行业“一个办法，三个指引”的监管制度框架，但目前网络借贷行业调整仍在持续，平台退出风险问题仍然值得关注。因此，本章将在前两章探讨的网络借贷平台退出风险形成机理的基础上，结合中国网络借贷行业数据进行实证研究。

第一节　网络借贷平台退出风险的度量

关于网络借贷平台倒闭退出问题，国内学者分别从公司治理（何光辉等，2017）、资本实力（李先玲，2015）、风险控制水平（李先玲，2016；蓝紫文，2016）、交易结构（苏诚，2017）等角度对平台退出原因进行了实证分析。关于网络借贷风险的研究，大多侧重信用风险（柳向东和李凤，2016；裴平和郭永济，2017；张成虎和武博华，2017；杨立等，2018）的测度。综合来看，关于网络借贷平台退出风险的相关研究较为匮乏。

网络借贷平台退出风险是一种综合性风险，如何度量尚无一致结论。考虑到如下因素：一是网络借贷风险虽然类型丰富，但是这些不同类型的风险都可能转化为平台退出风险，表现为平台出现运营危机或破产倒闭。二是许多网络借贷平台（如瑞典的TrustBuddy、英国的Quakle、中国的e租宝）因操作风险、信用风险、政策风险等原因倒闭退出。三是如果网络借贷平台已经破产倒闭，则表明网络借贷风险已转化为平台退出风险，而对于正常运营的平台而言，网络借贷风险越大，其运营性风险越大，平台倒闭可能性也越大，平台退出风险也越高。四是从平台生存时间角度来看，平台退出风险越小，其生存时间越长，即生存时间与退出风险之间存在正相关性。因此，本章将从平台退出可能性、生存时间两个角度衡量网络借贷退出风险，并结合中国网络借贷行业数据对平台退出风险的影响因素进行实证分析。

第二节　生存时间视角下平台退出风险影响因素分析[①]

一般而言，网络借贷平台生存时间越长，平台应对运营风险的能力越强，退

① 本节内容延续了李先玲（2015）论文的分析思路，并以此为基础更新了平台数据，修改和更新了分析内容。另外，李先玲（2015）的论文被2015年7月中国人民大学复印报刊资料全文转载。

出风险越小。因此，本节将通过分析资本规模、员工规模、融资模式和行业竞争程度等因素对退出平台生存时间的影响，来探讨平台退出风险的形成原因及影响因素。

一、中国已退出网络借贷平台的描述性统计分析

（一）数据来源

本节数据来源及采集方法：通过查找网贷之家和网贷天眼等网络媒体的相关报道，收集到 2010 年至 2018 年 12 月份出现跑路欺诈和倒闭的 P2P 网络借贷平台共 4805 个。经过逐一核查，有 58 个网络借贷平台由于网站关闭，而且无法通过网贷之家和网贷天眼等网络媒体获得相关的资料，被从样本中剔除。所以，本书实际采集到的退出网络借贷平台样本个数为 4747 个。

（二）中国已退出网络借贷平台的分布及特征

从表 4-1 中已退出网络借贷平台的地域分布来看，经济发达的东部地区退出平台数量占比高达 76.0%，远远高于其他三个地区退出平台的占比。其原因在于：一是东部地区的 P2P 网络借贷平台数量远多于其他地区；二是东部地区既是中国民营经济最活跃的地区，也是民间借贷最具活力的地区，自从 2013 年以来中国人民银行收缩信贷后，许多中小企业资金链断裂，平台借款人违约问题严重，使平台陷入流动性危机，从而引发平台退出风险。

表 4-1　已退出平台地区、注册资本及生存时间分布

分类		数量/家	百分比
地区	东部	3 608	76.0%
	中部	636	13.4%
	西部	433	9.1%
	东北	70	1.5%
注册资本	1 000 万元及以下	1 986	41.8%
	1 000～5 000 万元（含）	1 852	39%
	5 000～10 000 万元（含）	720	15.2%
	10 000 万元以上	189	4%

续表

分类		数量/家	百分比
生存时间	1 年及以下	2 470	52.0%
	1～2 年（含）	1 179	24.8%
	2～3 年（含）	644	13.6%
	3 年以上	454	9.6%

从表 4-1 收集到的 4747 个已退出网络借贷平台注册资本来看，注册资本在 1000 万元及以下的平台最多，占比为 41.8%；其次为注册资本在 1000～5000 万元（含）之间的平台，占比为 39%；注册资本在 5000～10 000 万元（含）的平台占 15.2%，注册资本在 10 000 万元以上的平台占 4%。由此，可以看出 80.8%的退出平台注册资本在 5000 万元及以下，96%的退出平台注册资本在 10 000 万元及以下。另外，从平台退出时间来看，在 2014 年及以前退出的平台注册资本均值为 2572.5 万元，2015 年为 3710.4 万元，2016 年上升到 4249.6 万元，2017 年以后的高达 7870.9 万元。这些数据表明，近年来退出平台的注册资本呈现明显上升趋势。尽管资本雄厚一直被认为是企业从事金融行业相关领域的必备条件，但是设置网络借贷平台注册资本门槛是否真能降低平台退出风险，避免平台跑路欺诈呢？这些都还有待进一步的深入分析。

从表 4-1 中已退出平台的生存时间来看，52.0%的平台生存时间不到 1 年，24.8%的平台生存时间在 1～2 年（含），生存时间在 2～3 年（含）的平台有 13.6%，仅有 9.6%的平台生存时间在 3 年以上。这说明目前中国已退出的网络借贷平台普遍存活时间较短，其原因可能在于：2016 年以前中国网络借贷行业进入门槛太低，导致该行业充斥着大量不合格甚至别有用心的低质平台。

二、平台退出风险影响因素分析

（一）资本规模的影响分析

学者对是否有必要设置网络借贷平台资本门槛仍然存在分歧。赞成者认为设置资本进入门槛有助于净化网络借贷行业环境，优胜劣汰，提升其竞争力；而反对者则认为设置资本进入门槛，会让网络借贷行业偏离“普惠金融”初衷。那么，资本是影响网络借贷平台倒闭的关键因素吗？

本节以网络借贷平台的注册资本作为其资本规模程度的代理变量，并按照注册资本情况将已退出平台分为 1000 万元及以下、1000 万～5000 万元（含）、

5000 万～10 000 万元（含）和 10 000 万元以上四组，然后通过方差分析来比较各组平台的平均生存时间是否全部相等，从而判断注册资本规模是否影响平台生存时间。

表 4-2 中，莱文（Levene）统计量为 9.17，其对应的最低显著性水平为 $p = 0.00$。这表明在 5%的显著性水平下，拒绝四组不同资本规模平台生存时间的方差全部相等的原假设，说明该数据不满足单因素方差分析方法使用条件。因此，判断不同资本规模平台的生存时间是否存在显著差异时，需采用韦尔奇（Welch）、布朗-福塞斯（Brown-Forsythe）检验方法。从表 4-2 中检验结果可以看出，韦尔奇、布朗-福赛思 t 统计量相应的 p 值均为 0.00。因此，在 5%显著性水平下拒绝各组均值全部相等的原假设。这表明注册资本分别在 1000 万元及以下、1000 万～5000 万元（含）、5000 万～10 000 万元（含）和 10 000 万元以上的四组已退出网络借贷平台平均生存时间存在显著差异。

表 4-2　基于不同变量分组的生存时间方差齐次性检验和均值相等性的稳健性检验

变量	方差齐次性检验		均值相等性的稳健性检验			
	莱文统计量	p 值	布朗-福赛思 t 统计量	p 值	韦尔奇 t 统计量	p 值
资本规模	9.17	0.00	772.37	0.00	772.37	0.00
员工规模	57.78	0.00	17.98	0.00	17.37	0.00
融资模式	34.96	0.00	38.25	0.00	35.67	0.00
行业竞争程度	9.41	0.00	2.99	0.03	2.97	0.03

具体来看，依据表 4-3 中 4 组平台生存时间的多重比较检验结果，塔姆黑尼（Tamhane）和邓尼特 T3（Dunnett T3）检验都显示，注册资本在 1000 万元及以下的已退出平台平均生存时间最短，1000 万～5000 万元（含）、5000 万～10 000 万元（含）和 10 000 万元以上的已退出平台生存时间依次逐渐增加。在 5%的显著性水平下，注册资本在 1000 万元及以下的已退出平台生存时间显著低于注册资本在 5000 万元以上的两组退出平台，而注册资本为 1000 万元及以下和 1000 万～5000 万元（含）的已退出平台生存时间无显著差异，1000 万～5000 万元（含）、5000 万～10 000 万元（含）和 10 000 万元以上的三组已退出网络借贷平台生存时间也不存在显著差异。这表明注册资本可能存在一个门槛值，在平台注册资本小于该门槛值时，平台注册资本规模越小，平台出现生存时间越短，退出风险越高；注册资本超过该门槛值，平台注册资本继续增加，平台生存时间和退出风险也不会出现较大变化。

表 4-3　不同资本规模已退出平台生存时间的多重比较检验

组 I	组 J	均值差（I–J）	显著性	塔姆黑尼统计量		邓尼特 T3	
				下限	上限	下限	上限
1 000 万元及以下	1 000 万～5 000 万元（含）	–0.10	0.09	–0.21	0.01	–0.21	0.01
1 000 万元及以下	5 000 万～10 000 万元（含）	–0.22	0.00	–0.36	–0.07	–0.36	–0.07
1 000 万元及以下	10 000 万元以上	–0.30	0.03	–0.58	–0.02	–0.58	–0.02
1 000 万～5 000 万元（含）	5 000 万～10 000 万元（含）	–0.12	0.14	–0.26	0.02	–0.26	0.02
1 000 万～5 000 万元（含）	10 000 万元以上	–0.20	0.31	–0.47	0.08	–0.47	0.08
5 000 万～10 000 万元（含）	10 000 万元以上	–0.08	0.98	–0.37	0.21	–0.37	0.21

注：该表中塔姆黑尼、邓尼特 T3 统计量的下限和上限是 95%置信水平下均值比较检验的置信区间下限和上限；多重比较检验是两两比较进行的，组 I、组 J 分别为当前要比较的两组不同资本规模平台

（二）员工规模的影响分析

本节以网络借贷平台的员工人数作为员工规模的代理变量，并按照员工人数将已退出平台分为员工人数在 30 人及以下、31～70 人、70 人以上三组，然后通过方差分析来比较这三组平台的平均生存时间是否全部相等，从而判断员工规模是否影响平台的生存时间。

从表 4-2 中可知，莱文统计量为 57.78，其对应的最低显著性水平为 0.00。这表明在 5%的显著性水平下，三组不同员工规模已退出平台生存时间的方差存在显著差异，不满足方差分析的前提条件，因此，需要进行均值相等性的稳健性检验，检验显示，韦尔奇和布朗-福塞斯统计量分别为 17.37 和 17.98，这两个统计量相应的 p 值均为 0.00。因此，在 5%显著性水平下都显著地拒绝原假设，这表明员工人数在 30 人及以下、31～70 人、70 人以上三组已退出平台平均生存时间存在显著差异。该结果意味着员工人数是影响已退出网络借贷平台生存时间的关键因素之一。

另外，依据表 4-4 中三组平台生存时间的多重比较检验结果，塔姆黑尼、邓尼特 T3 和盖姆斯-豪厄尔（Games-Howell）三种检验都显示，员工人数小于等于 30 人的已退出平台平均生存时间最短，员工人数为 31～70 人的已退出平台平均生存时间居中，员工人数为 70 人以上平台平均生存时间最长。在 5%的显著性水平下，员工人数在 30 人及以下的已退出平台生存时间显著低于其他两组人数更多的平台，而员工人数为 31～70 人的已退出平台生存时间与员工人数为 70 人以上的平台生存时间不存在显著差异。这表明网络借贷平台的员工规模越小，平台退出风险越大，其生存时间越短。平台员工规模对平台退出风险影响显著的原因可能在于：一是员工规模在一定程度上体现了平台业务开展的深度和广度，如果平

台员工人数过少，平台业务将难以开展；二是平台的员工规模小，其转换经营方式、退出市场的成本更低，因此一旦这些小平台经营面临困难，其选择退出的可能性更大，生存时间也更短。该结论与 Bartelsman 等（2005）对 OECD（Organization for Economic Co-operation and Development，经济合作与发展组织）成员国的企业动态进行对比研究结论一致，员工人数较少的小企业，退出市场的可能性越大。

表 4-4　不同员工规模已退出平台生存时间的多重比较检验

组 I	组 J	均值差（I-J）	显著性	塔姆黑尼统计量		邓尼特 T3 统计量		盖姆斯-豪厄尔统计量	
				下限	上限	下限	上限	下限	上限
30 人及以下	31～70 人	−13.20	0.00	−20.56	−5.84	−20.54	−5.86	−20.37	−6.03
30 人及以下	70 人以上	−18.03	0.01	−31.42	−4.65	−31.25	−4.82	−30.82	−5.25
31～70 人	70 人以上	−4.83	0.77	−19.19	9.53	−19.12	9.45	−18.75	9.08

注：该表中塔姆黑尼、邓尼特 T3、盖姆斯-豪厄尔统计量的下限和上限是 95%置信水平下均值比较检验的置信区间下限和上限

（三）融资模式的影响分析

网络借贷本身具有金融属性，平台在某种程度上充当了金融中介，需要平台本身具有雄厚的资金保证。网络借贷平台作为初创企业容易出现资金瓶颈，所以平台资金来源及融资模式，可能直接影响其运营成败。因此，本节以网络借贷平台背景作为其融资模式的代理变量，并按照平台背景将已退出平台分为风险投资、上市公司、国资和民营类四组，然后通过方差分析来比较这四组平台的平均生存时间是否全部相等，从而判断平台融资模式是否影响平台生存时间。

不同融资模式下已退出平台生存时间的方差齐次性检验结果如表 4-2 所示，莱文统计量为 34.96，其对应的最低显著性水平 p 值为 0.00。在 5%的显著性水平下，由于 $p=0.00$ 小于选定的显著性水平 5%，拒绝四组平台生存时间方差相等的原假设，说明该数据不适合使用单因素方差分析进行均值检验，需采用均值相等性的稳健性检验。检验结果显示，韦尔奇和布朗-福赛思 t 统计量分别为 35.67 和 38.25，在 5%显著性水平下都拒绝原假设。这表明风险投资、上市公司、国资和民营类四组已退出平台的平均生存时间不完全相等。

另外，依据表 4-5 中四组平台生存时间的多重比较检验结果，塔姆黑尼和邓尼特 T3 检验都显示民营类退出平台的平均生存时间最短，其次为国资类退出平台，再次是上市公司类退出平台，而风险投资类退出平台的平均生存时间最长。在 5%的显著性水平下，民营类退出平台平均生存时间显著低于其他类型退出平台，风险投资类退出平台的平均生存时间显著高于国资类退出平台，风险投资类

和上市公司类退出平台的平均生存时间无显著差异。这表明融资模式也是影响网络借贷平台生存时间的关键因素之一，平台外部融资来源越广泛，应对运营风险的能力越强，退出风险越小，生存时间也越长。其原因可能在于：一是网络借贷平台发展和技术提升都需要外部资金的支持；二是网络借贷平台在某种程度上具有金融中介的性质，资金雄厚的平台更能赢得客户的信任。

表 4-5　不同融资模式已退出平台生存时间的多重比较检验

组 I	组 J	均值差（I－J）	显著性	塔姆黑尼统计量		邓尼特 T3 统计量	
				下限	上限	下限	上限
风险投资类	上市公司类	1.007	0.073	−0.060	2.074	−0.056	2.071
风险投资类	国资类	1.246	0.009	0.246	2.245	0.251	2.241
风险投资类	民营类	2.106	0.000	1.156	3.056	1.163	3.050
上市公司类	国资类	0.239	0.908	−0.424	0.901	−0.423	0.900
上市公司类	民营类	1.099	0.000	0.525	1.673	0.528	1.670
国资类	民营类	0.860	0.000	0.494	1.227	0.494	1.226

注：该表中塔姆黑尼统计量、邓尼特 T3 下限和上限是 95%置信水平下均值比较检验的置信区间下限和上限

（四）行业竞争程度的影响分析

关于行业竞争程度的度量，目前学术界有三种常用的测度方法：一是根据行业数据计算赫芬达尔-赫希曼指数，采用该指数能够反映行业集中度，如果行业集中度低，则代表行业竞争激烈，反之则表明行业垄断程度越高；二是使用行业内公司数量表示行业竞争程度，如果行业内公司数量多，则说明行业竞争程度高；三是以主营业务利润率代表企业的“垄断租金”，垄断租金越高，表示该产品市场的垄断性越强，行业竞争程度越低。

考虑到中国各地区网络借贷行业发展程度存在较大差异，本节主要测度各地区网络借贷行业竞争程度。在选择测度方法时，一方面鉴于绝大部分倒闭平台的交易数量已经无法获取；另一方面，网贷之家等网站仅有部分平台的交易数据，缺乏囊括中国所有网络借贷平台的完整交易数据。因此，为避免数据不完整造成计算出的赫芬达尔-赫希曼指数不准确，本节采用各地区网络借贷行业的平台数量来测度行业竞争程度。同时，为了直观比较各地区的行业竞争程度的差异性和相似性，本节采用系统聚类方法对中国除西藏、青海和港澳台以外的 29 个省、自治区、直辖市实际运营的网络借贷平台数量进行分类，从而实现对各地区网络借贷行业竞争程度的分类。参与聚类分析的数据为 2016 年 12 月～2017 年 11 月中国

各省、自治区、直辖市每月实际运营的网络借贷平台数量，该数据来自网贷之家2016和2017年的网络借贷行业月度报告。

根据表4-6，可以看出29个省、自治区、直辖市聚成四类以前，随着类的个数减少，类和类之间欧式距离也随之逐渐增大，但每次增加幅度较小，说明各类之间相似度较高，适合归为同类。29个省、自治区、直辖市聚成四类以后，如果继续减少类的个数，类和类之间欧式距离开始迅速增大，说明此时各类之间的相似度下降，差异度较高，不适合归为同类。因此，29个省、自治区、直辖市聚成四类比较合适。

表4-6　各地区P2P网络借贷平台数量聚类表

阶段	群集组合		距离系数	阶段	群集组合		距离系数
	群集1	群集2			群集3	群集4	
1	27	29	0.002	15	21	24	0.063
2	22	23	0.003	16	8	9	0.083
3	24	26	0.004	17	11	14	0.154
4	25	28	0.005	18	17	21	0.171
5	24	25	0.007	19	7	8	0.261
6	18	20	0.009	20	7	10	0.423
7	11	12	0.010	21	7	11	0.875
8	17	19	0.013	22	3	4	1.298
9	17	18	0.019	23	7	17	1.793
10	21	22	0.019	24	5	6	1.893
11	14	15	0.020	25	2	3	2.479
12	11	13	0.024	26	5	7	16.093
13	24	27	0.034	27	1	2	29.696
14	14	16	0.044	28	1	5	86.412

根据树状图4-1，可以看出这四类成员分别为：第一类为广东，第二类为北京、浙江和山东，第三类为上海和江苏，第四类为其余的省、自治区、直辖市。通过观察，可以发现这四类地区实际运营的平台数量是依次递减的，第一类地区实际运营的平台数量最多，第二地区的平台数次之，第四类的平台数量最少。因此，第一类地区是行业竞争最激烈的地区，第二类地区是行业竞争激烈地区，第三类地区是行业竞争程度一般的地区，第四类地区是缺乏行业竞争的地区。

聚类过程中采用组间平均链锁方法测度类之间的距离。

根据上述聚类分析结果，可比较不同行业竞争激烈程度的四类地区已退出平台平均生存时间是否相等，从而判断行业竞争是否影响平台生存。

表 4-2 显示，莱文统计量为 9.41，其对应的最低显著性水平 $p = 0.00$。这表明在 5%的显著水平下，拒绝四类地区已平台生存时间方差相等的原假设，说明该数据不适合使用单因素方差分析进行均值检验，应采用均值相等性的稳健性检验。检验结果显示，韦尔奇和布朗–福赛思 t 统计量分别为 2.97 和 2.99，在 5%显著性水平下都拒绝原假设。这表明拒绝四类地区已退出平台生存时间均值相等的原假设。

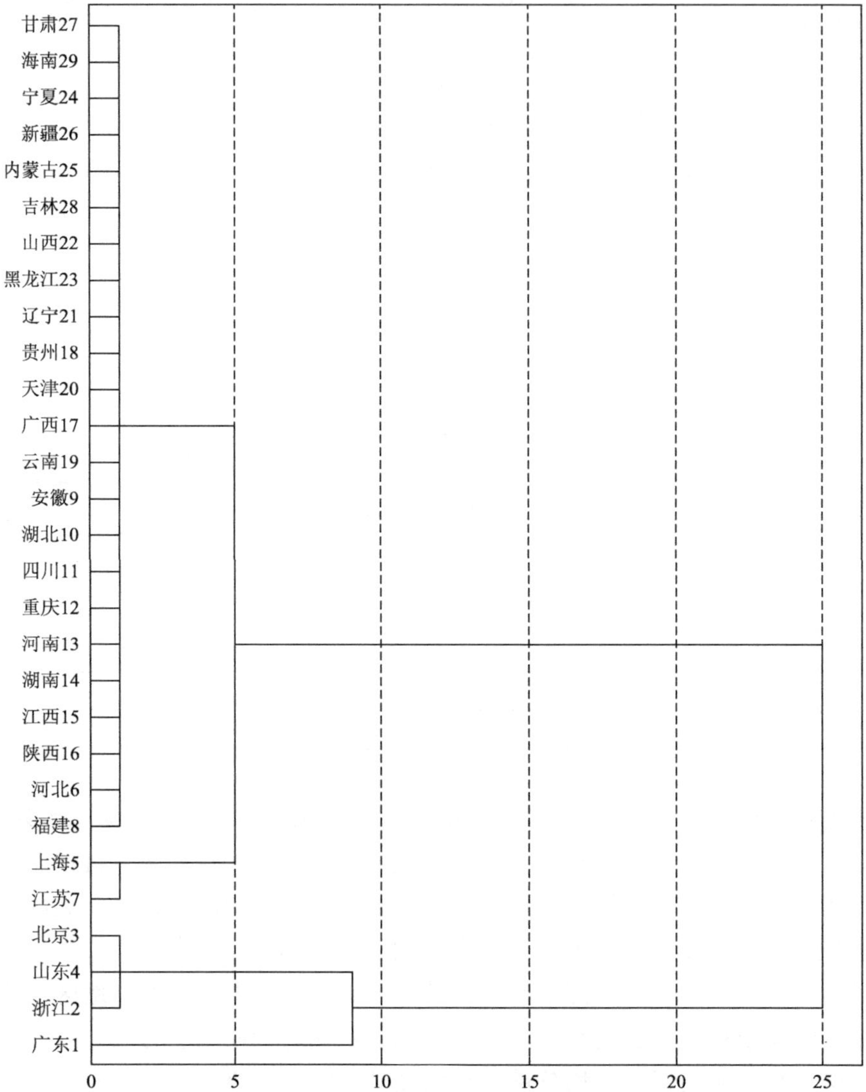

图 4-1　各地区 P2P 网络借贷平台数量聚类分析树状图

纵轴数字为软件聚类时生成的序号，无特殊含义

上述不同地区平台的生存时间均值检验结果表明不同竞争程度地区的已退出网络借贷平台生存时间不完全相同。另外，依据表 4-7 中各组已退出平台的多重比较检验结果，塔姆黑尼统计量、邓尼特 T3 检验都表明：在 5%的显著性水平下，网络借贷行业竞争最激烈的地区（广东），其已退出平台平均生存时间显著高于缺乏行业竞争的地区。而行业竞争最激烈地区（广东）、行业竞争激烈地区（北京、浙江和山东）与行业竞争程度一般地区（上海和江苏）的已退出平台生存时间均值在统计上不存在显著差异。行业竞争激烈地区（北京、浙江和山东）、行业竞争程度一般地区（上海和江苏）和其他缺乏行业竞争地区的已退出平台平均生存时间在统计上同样不存在显著差异。这表明虽然行业竞争最激烈和缺乏竞争的两类地区网络借贷平台平均生存时间有显著差异，但是其余各类之间平均生存时间并无显著差异。由此看出，行业竞争对网络借贷平台生存时间和运营风险的影响有限。

表 4-7　不同行业竞争程度已退出平台的多重比较检验结果

组 I	组 J	均值差（I-J）	塔姆黑尼统计量		邓尼特 T3 统计量	
			下限	上限	下限	上限
行业竞争最激烈	行业竞争激烈	1.62	−0.40	3.63	0.21	3.03
行业竞争最激烈	行业竞争程度一般	1.32	−1.30	3.94	−0.52	3.15
行业竞争最激烈	缺乏行业竞争	2.17	0.11	4.22	0.73	3.60
行业竞争激烈	行业竞争程度一般	−0.30	−2.62	2.02	−1.93	1.33
行业竞争激烈	缺乏行业竞争	0.55	−1.11	2.21	−0.62	1.71
行业竞争程度一般	缺乏行业竞争	0.85	−1.51	3.20	−0.81	2.50

注：该表中塔姆黑尼、邓尼特 T3 统计量下限和上限是 95%置信水平下均值比较检验的置信区间下限和上限

三、实证分析结论

上述关于已退出网络借贷平台的实证分析，一方面归纳了中国已退出网络借贷平台的地域分布、注册资本及生存时间等方面特征，另一方面分析了资本规模、融资模式、员工规模和行业竞争程度对网络借贷平台生存时间的影响，可得到如下结论。

（1）从已退出平台的地域分布来看，东部经济发达的地区是退出网络借贷平台较为集中的地区，其数量普遍高于中西部地区。因此，中国民营经济最活跃的地区是民间借贷最具活力的地区，也是网络借贷最为活跃的地区，还是网络借贷平台退出最多的地区。

（2）中国已退出的网络借贷平台普遍存活时间短，退出风险较高。这反映出

网络借贷平台在创业初期，其运营模式尚未成熟，应对风险能力较弱。因此，随着监管日趋成熟和行业竞争加剧，网络借贷业务熟悉程度低和创新能力不足的平台快速被市场淘汰。

（3）注册资本对网络借贷平台生存时间影响存在一个门槛值。在该门槛值之前，随着注册资本增加，平台退出风险有下降趋势，达到该门槛值后，注册资本对平台退出风险的影响有限。注册资本是反映平台实有资本实力的指标之一，但由于中国对注册资本管理存在漏洞，存在有些平台的注册资本并非实有资本，或者实有资本出现大幅变动，但未及时更新的问题。因此，有些平台名义上的注册资本很高，但同样出现逾期和提现困难等运营风险。

（4）网络借贷平台员工规模越小，平台退出风险越大，生存时间越短。一般而言，平台员工数量的多少，直接影响平台业务开展。如果平台员工数量太少，其业务形式可能单一，抵御风险能力也相对更弱，平台退出风险较高。

（5）网络借贷平台融资模式也是影响其退出风险的因素之一，缺乏融资渠道的民营平台生存时间最短。在网络借贷行业，平台能够获得足够的外部资金支持，是其突破发展瓶颈或提升技术的关键，否则会面临较高的退出风险。

（6）行业竞争程度对网络借贷平台运营退出影响有限。虽然在网络借贷行业竞争激烈地区已退出平台平均生存时间显著高于缺乏行业竞争地区的已退出平台，但是其他类型之间的差异并不明显。这反映出行业竞争可能并非导致平台退出的直接或关键因素，对网络借贷平台退出风险的影响也较为有限。

第三节　生存状态视角下平台退出风险影响因素分析①

如果研究对象仅限于已退出平台或者运营正常的平台，对平台退出风险影响因素的研究结果可能出现选择性偏误。因此，为避免样本选择性偏误，本节将已退出平台和仍然正常运营平台同时纳入研究范畴，运用 Logistic 模型来探寻影响网络借贷平台退出风险的关键因素，从而分析平台退出风险及影响因素，揭示中国网络借贷平台“倒闭潮”背后的真正原因，为治理和防范网络借贷风险提供决策参考。

一、数据来源及采集方法

本节数据全部由笔者通过浏览和访问相关网络借贷网站收集而获得，具体操作方法如下。

---

① 本节主要依据李先玲（2016）论文修改而来。

首先，通过访问和浏览网贷之家的网络借贷平台交易情况，选取了交易相对活跃的207个正常平台，另外通过浏览网贷天眼、佳璐数据等网络媒体的相关报道，收集到有相关交易数据的倒闭平台181个。因此，本节最终获得388个平台样本（表4-8）。从收集到的样本平台地域分布来看，388个平台集中在广东（101个）、北京（53个）、浙江（43个）、山东（40个）、上海（30个）、江苏（14个）、福建（10个）、河北（3个）、天津（1个）等东部地区。在中部地区，安徽（15个）、湖北（12个）、江西（7个）、河南（6个）平台样本数量较多，而湖南（4个）、山西（1个）的平台样本数量相对较少。在西部地区，除云南（6个）和四川（20个）的平台样本数量相对较多，其余西部地区和东北地区平台样本数量都较少。

其次，通过在百度、网贷之家和网贷天眼等网站上逐一输入388个样本P2P网络借贷平台名称进行搜索，获取这些平台的相关信息和网站地址。

最后，网站正常的平台通过直接访问来收集和获取相关数据，网站无法访问的平台通过百度、佳璐数据、网贷之家和网贷天眼等网站来间接获取相关数据。

表4-8 样本平台的地区分布情况

地区	省、自治区、直辖市及样本数量	总计
东部地区	广东（101个）、北京（53个）、浙江（43个）、山东（40个）、上海（30个）、江苏（14个）、福建（10个）、河北（3个）、天津（1个）	295个
中部地区	安徽（15个）、湖北（12个）、江西（7个）、河南（6个）、湖南（4个）、山西（1个）	45个
西部地区	四川（20个）、广西（5个）、贵州（3个）、重庆（4个）、内蒙古（2个）、甘肃（1个）、陕西（3个）、云南（6个）	44个
东北地区	辽宁（3个）、黑龙江（1个）	4个

二、变量设定

平台生存状态为因变量，表示平台是否出现了提现困难、关闭和跑路欺诈等问题，取值为0和1，其中1代表平台已经倒闭，0代表平台目前正常运营。

鉴于中国当前网络借贷平台的发展状况，以及第二章关于网络借贷平台退出风险形成的机理分析，本节从网络借贷行业竞争程度、平台自我监管和风险控制水平、平台管理水平、平台资本实力四个方面考察其对平台生存状态的影响。因此，自变量选取主要围绕上述四个方面展开。

平台自我监管和风险控制水平使用借款利率、借款集中度和用户资金托管三个指标来度量。借款利率代表平台借贷交易的平均年利率，其水平越高，一方面意味着投资者预期收益越高，平台对投资者的吸引力越强，平台发生退出风险的可能性越小；另一方面意味着借贷者成本更高，可能增加平台借贷交易的违约风险，不利于平台的长期发展，增加平台退出风险。借款集中度用于反映平台借款向少数借款人集中的程度，本节采用平台前十大借款人借款占比表示。从分散投资风险角度来看，平台前十大借款人借款占比越高，平台贷款就越向少数借款人集中，则该平台借贷交易的违约风险也越高，说明平台的风险控制能力越弱。用户资金托管代表平台用户资金是否由第三方机构或银行进行托管，取值为 0 和 1，其中 0 表示否，1 表示是。当网络借贷平台资金由第三方机构或银行托管时，投资者资金不容易被平台挪用，更有利于平台进行自我监管和风险管控。

网络借贷行业竞争程度表示网络借贷平台所属地区的行业竞争激烈程度。由于中国各地区 P2P 网络借贷平台数量存在较大差异，各地区行业竞争激烈程度会相应不同，取值为 1、2、3 和 4，分别表示行业竞争最激烈、行业竞争激烈、行业竞争程度一般和缺乏行业竞争的地区，这四类地区按照本章第三节的网络借贷行业竞争系统聚类结果来划分。

平台管理水平采用高管金融背景、获得风险投资情况和平台运营时间三个变量衡量。高管金融背景变量用于反映平台股东或管理团队是否具有金融行业从业经验，取值为 0 和 1，其中 0 表示不具有，1 表示具有。因为 P2P 网络借贷涉及资金借贷行为，所以平台高管的金融行业从业经验不仅可体现平台管理水平，而且也是影响 P2P 网络借贷平台运营成败的关键因素。获得风险投资情况变量用于反映平台是否获得过风险投资融资，取值为 0 和 1，其中 0 表示尚未获得，1 表示已经获得。选取平台是否获得风险投资作为平台高管管理水平衡量指标有两个原因：一是风险投资机构在决定是否投资某网络借贷平台前，会综合考察该平台的领导团队水平，那些没有领导才能和发展潜力的平台难以得到风险投资；二是网络借贷平台在获得风险投资融资后，风险投资机构的指导和监督可能提升平台的整体管理水平。平台运营时间变量表示 P2P 网络借贷平台运营时间，其中倒闭平台运营时间计算方法为该平台倒闭时间减去平台成立时间得到的运营月数，正常平台运营时间为从 2015 年 12 月扣除平台成立时间后得到的累积运营月数。将平台运营时间也作为平台管理水平衡量指标的原因在于：如果平台管理水平较差，平台可能很快倒闭，反之如果平台管理能力超强，平台能够更好地应对市场变化并及时调整运营策略，降低出现退出风险的可能性。

平台资本实力采用平台的注册资本表示，该指标用于反映平台股东的资本实力雄厚程度，单位为万元。在本节收集到的 388 个网络借贷平台中，注册资本最多为 10.58 亿元，最少为 50 万元，平均注册资本为 4362.927 万元。一般而言，平台的资本实力越雄厚，其出现提现困难和挤兑的可能性越小。

上述变量定义、含义及描述性统计分析结果分别汇总为表 4-9 和表 4-10。

表 4-9　变量解释及含义

变量内容	变量	含义与取值
平台生存状态	平台是否退出	平台是否退出用于反映平台生存状态，其中：0 表示否，1 表示是
平台自我监管和风险控制水平	借款利率	平台借贷交易的平均年利率
	借款集中度	平台前十大借款人借款金额占比
	用户资金托管	平台资金是否实施第三方托管，其中：0 表示否，1 表示是
网络借贷行业竞争程度	行业竞争程度	平台所属地域的行业竞争激烈程度，其中：其取值为 1、2、3 和 4，分别表示行业竞争最激烈、行业竞争激烈、行业竞争程度一般和缺乏行业竞争，即从 1 到 4 代表的竞争程度是逐渐减弱
平台管理水平	获得风险投资情况	平台是否获得过风险投资融资，其中：1 表示已经获得，0 表示尚未获得
	高管金融背景	平台股东或管理团队是否具有金融行业从业经历，其中：0 表示不具有，1 表示具有
	平台运营时间	平台运营时间，其中；倒闭平台运营时间为其实际运营时间，而正常平台运营时间是从其成立至 2015 年 12 月 31 运营的时间，单位：月
平台资本实力	注册资本	注册资本反映了平台的资本雄厚程度，单位为万元

表 4-10　变量统计描述

变量	样本数	均值	标准差	最小值	最大值
平台是否退出	388	0.466	0.500	0	1
用户资金托管	388	0.253	0.435	0	1
借款利率	388	21.576	10.554	7.665	56.000
借款集中度	388	0.534	0.272	0.001	1.000
高管金融背景	388	0.389	0.488	0	1
获得风险投资情况	388	0.103	0.304	0	1
注册资本	388	4 362.927	8 804.230	50.000	105 810
平台运营时间	388	17.418	12.155	1.000	99.000
行业竞争程度	388	2.399	1.145	1	4

数据来源：根据收集的原始数据整理而来

三、模型选择

反映平台生存状态的变量为平台是否退出（state），其有两种取值 0 和 1，是一个二分变量。考虑到因变量为二分变量时，采用线性概率模型存在扰动项不服从正态分布、异方差和概率预测值越界等问题，本节采用 Logistic 模型进行估计。

若 X 为影响平台生存状况的自变量向量组，设 $P_i = E(\text{state} = 1 | X_i)$ 表示网络借贷平台 i 退出的条件概率，则 $1 - P_i$ 表示 P2P 网络借贷平台 i 正常运营的条件概率。假定 P_i 是 X_i 的一个逻辑分布函数，存在如下非线性函数关系：

$$P_i = E(\text{state}=1 \mid X_i) = \frac{1}{1+\mathrm{e}^{-(\alpha+\beta X_i)}} \tag{4-1}$$

$$1-P_i = E(\text{state}=0 \mid X_i) = \frac{1}{1+\mathrm{e}^{-(\alpha+\beta X_i)}} \tag{4-2}$$

$$\frac{P_i}{1-P_i} = \mathrm{e}^{\alpha+\beta X_i} \tag{4-3}$$

$$\ln\left(\frac{P_i}{1-P_i}\right) = \alpha + \beta X_i \tag{4-4}$$

式（4-3）中 $\frac{P_i}{1-P_i}$ 为平台退出的机会比（odds ratio），是平台 i 退出的条件概率与正常运营的条件概率之比，能够反映网络借贷平台发生退出风险的概率大小。式（4-4）为 Logistic 模型，是机会比的对数回归模型。

四、Logistic 模型回归结果分析

为了检验上述四个方面因素是否对平台退出发现产生影响及其影响程度，本节采用逐步引入变量的回归方法进行研究。模型①中仅引入平台自我监管和风险控制水平方面的三个相关变量，模型②是在模型①的基础上引入了高管金融背景变量，模型③则是在模型②的基础上进一步纳入获得风险投资情况变量，模型④是在模型③的基础上考虑了注册资本变量对平台退出机会比的影响，模型⑤是在模型④的基础上考察了平台运营时间变量的影响，模型⑥在模型⑤的基础上将网络借贷行业竞争程度变量的影响纳入考察。由表 4-11 中的回归结果，可以看出模型①和模型②的似然比检验统计量在 1%的水平下显著，这表明在模型中引入高管金融背景是合理的；模型②和模型③的似然比检验统计量在 10%的水平下显著，同样说明应该引入获得风险投资情况变量；模型③和模型④的似然比检验统计量在 1%的水平下显著，也说明注册资本变量应该纳入模型；模型④和模型⑤的似然比检验统计量在 10%的水平下显著，可看出平台运营时间应该进入模型；模型⑤和模型⑥的似然比检验统计量不显著，这说明行业竞争程度变量可以不纳入模型。根据上述似然比检验结果，可看出模型⑤是六个模型中最适合的。类似地，通过观察和比较六个模型的赤池信息准则，可以发现模型⑤赤池信息准则最小。因此，根据信息准则最小化原则，模型⑤同样是六个模型中最适合的。

（一）平台自我监管和风险控制水平的影响分析

表 4-11 显示，在模型⑤中，用户资金托管和借款利率变量的回归系数和机会比都在 1%的显著性水平下显著，借款集中度的回归系数和机会比都在 5%的显著

表 4-11　平台生存机会影响因素的 Logistic 回归结果

变量	模型①		模型②		模型③		模型④		模型⑤		模型⑥	
用户资金托管=1	−4.072***	0.017***	−3.747***	0.024***	−3.713***	0.024***	−3.656***	0.026***	−3.646***	0.026***	−3.519***	0.030***
借款利率	0.375***	1.455***	0.353***	1.423***	0.339***	1.404***	0.334***	1.396***	0.355***	1.426***	0.349***	1.418***
借款集中度	0.027***	1.027***	0.028***	1.028***	0.028**	1.028**	0.029**	1.029**	0.026**	1.026**	0.026	1.026
高管金融背景=1			−3.189***	0.041***	−3.105***	0.045***	−3.091***	0.045***	−3.008***	0.049***	−3.236***	0.039***
获得风险投资情况=1					−1.615***	0.199***	−1.831***	0.160***	−1.732**	0.177**	−1.845**	0.158**
注册资本							−0.0002**	0.9998**	−0.0002**	0.9998**	−0.0002**	0.9998**
平台运营时间									−0.043*	0.958*	−0.042	0.959
行业竞争程度=1											−0.813	0.444
行业竞争程度=2											−0.92	0.399
行业竞争程度=3											−0.402	0.669
行业竞争程度=4	−8.430***	0.000***	−7.200***	0.001***	−6.924***	0.001***	−6.152***	0.002***	−5.663***	0.003***	−4.983***	0.007***
截距	−4.072***	0.017***	−3.747***	0.024***	−3.713***	0.024***	−3.656***	0.026***	−3.646***	0.026***	−3.519***	0.030***
赤池信息准则	164.336		130.076		129.252		124.082		122.829		127.025	
似然比检验		36.26***		2.82*		7.17***		3.25*		1.80		
观测值数	388		388		388		388		388		388	
判定系数	0.708		0.776		0.781		0.795		0.801		0.804	

注：本表中似然比检验结果为相邻模型进行两两设定比较的似然比检验统计量及显著性；表中每个模型的左列数据为 Logistic 模型的回归系数 β，右列数据为 Logistic 模型的回归系数 β 以 e 为底数的指数

***、**、*分别表示该系数在 1%、5%、10%显著性水平下显著

性水平下显著。其中，用户资金托管变量的回归系数符号为负，与理论预期方向一致，回归系数数值为–3.646，这意味着在保持其他变量不变时，有资金托管平台的退出机会比率仅为无资金托管平台的 0.026 倍，即有资金托管平台的退出机会比率要比无资金托管平台低 97.4%。这说明用户资金托管对于降低平台退出机会比有较为明显的作用，也是降低平台退出风险的有效措施之一。该结论与实际情况基本吻合，在本书收集的 181 个已退出平台仅有一个平台进行过用户资金托管，其余都没有用户资金托管，而 207 个正常运营平台中有 100 个平台进行了用户资金托管。其原因可能在于：一是用户资金托管能够对平台形成监督，避免平台挪用用户资金，促使其规范经营；二是用户资金托管目前是平台自愿行为，愿意实施用户资金托管的平台不仅反映出其规范经营意愿，还能够间接显示出其实力较为雄厚；三是对于那些创建动机不纯的平台，不愿也不敢委托第三方进行资金托管，而愿意进行资金第三方托管的平台都有在该行业长期立足和发展的打算。

在模型⑤中，借款利率变量的回归系数为 0.355，其含义为：在其他变量保持不变时，平台借款利率上升 1%，平台退出的机会比将增加为原来的 1.426 倍，即平台退出机会比平均上升 42.6%。这意味着网络借贷平台上借款交易的年利率越高，平台退出的可能性越大，平台出现退出风险的可能性也越大。该结论不仅与理论预期一致，也与实际情况相符。在本书收集的 388 个平台样本中，已退出平台的平均年借贷利率为 30.17%，而正常平台的仅为 14.06%。高息平台退出可能性大的原因在于：一方面那些动机不纯的骗子平台通常会以异常高的收益率来吸引普通投资者，达到骗取用户资金目的；另一方面高利率可能削弱借款人的偿还能力，增加平台借款人违约率，增加平台退出风险。这些都印证了借款利率高可能是导致平台发生退出风险的重要因素之一。

在模型⑤中，借款集中度变量的系数为 0.026，其含义为：在保持其他变量水平不变时，平台借款集中度上升 1%，平台退出的机会比将增加为原来的 1.026 倍，即平台退出机会比平均上升 26%。这表明网络借贷平台的借款人越集中，平台退出的可能性越高，其发生退出风险的概率也越大。其原因可能有：一是平台借款人过度集中不利于分散平台投资者的投资风险，一旦平台某个主要借款人违约，可能直接使平台陷入资金匮乏的窘境，导致其退出风险增大；二是如果平台借款人集中反映出平台可能存在自融资等违规操作，说明平台流动资金不充足，随时可能由于资金链断裂而倒闭；三是平台借款人集中还反映出平台可能存在虚假借贷标，借款人违约的可能性非常高，平台面临的退出风险也更大。

（二）平台管理水平的影响分析

在模型⑤中，高管金融背景变量的回归系数和机会比在 1%的显著水平下显著，其系数为–3.008，其含义为：在其他条件相同的情况下，具有金融行业从业背景平台（高管金融背景 = 1）的退出机会比是没有金融从业背景平台的 0.049 倍，即具有金融行业从业背景平台（高管金融背景 = 1）退出的机会比比没有金融从业背景平台低 95.1%。该结论意味着，如果平台的高管具有金融从业背景和经验，平台发生退出风险的可能性比没有金融从业背景的平台要低一半以上。该结论与前文理论分析结果一致。平台高管的金融从业背景不仅能够反映其从业经历及金融业务的掌控能力，而且能够显示其团队的整体管理实力和潜力。Honjo（2000）、Sullivan（2000）认为企业经营者的管理能力在小微企业经营成败中发挥着关键作用。对于 P2P 网络借贷平台而言，其高管团队的从业经历是反映平台经营者管理能力的重要指标，也是影响平台退出风险的重要因素。其原因可能在于：一是 P2P 网络借贷本质仍然属于金融借贷范畴，P2P 网络借贷和现实借贷所面临的主要问题是相同，即借款人和贷款人之间存在信息不对称。因此，平台高管如果有金融从业经验，他们将深谙借贷业务流程及潜在风险，会适度控制平台借贷风险，避免平台借贷出现高违约率，降低平台由此出现的退出风险；二是 P2P 网络借贷平台需要向投资人推荐借款人，如果平台的股东或管理团队有金融行业从业经验，这些管理人员本身积累了相关经验和人脉，能够为平台后期业务拓展、与其他机构展开合作奠定基础。反之，那些高管没有金融从业背景的平台对网络借贷行业缺乏了解，在匆忙开业后，既没有经营经验，也没有用户基础，只能通过高息吸引客户，其结果反而是增加平台退出风险。

在模型⑤中，获得风险投资情况变量的系数为–1.732，符号为负，与预期方向一致，而且在 5%的水平上高度显著，这表明在其他变量保持不变时，获得过风险投资融资的平台退出机会比仅为无风险投资平台的 0.177 倍，即获得过风险投资融资平台的退出机会比比无风险投资平台低 82.3%。这说明有风险投资的平台出现运营风险和退出风险的可能性更小。Honjo（2000）和 Sullivan（2000）都认为企业经营者的能力是小微企业经营成败的关键。而 Croce 等（2013）、Dimov 等（2007）认为风险投资能够为创业企业提供资金、后续管理及增值服务支持，从而提高新生企业的生存率，促进其成长和创新。类似地，P2P 网络借贷平台在获得风险投资融资后，其运营、管理都会接受风险投资机构的监督和指导，因此，有风险投资的平台退出可能性更小的结论与理论分析一致。另外，从本节收集的已退出平台数据来看，除国湘资本之外，其余已退出平台均未获得过风险投资。

在模型⑤中，平台运营时间变量的系数为–0.043，符号为负，与预期方向一致，而且在 10%的水平上显著，这表明在其他变量保持不变时，平台运营时间增加一个月，平台退出机会比就下降为原来的 0.958 倍，即平台运营时间增加一个月，平台退出机会比平均下降 4.2%。这说明平台运营时间越长，其退出可能性越小。该结论不仅与前文理论分析结论一致，而且基本符合 Stokes 和 Blackburn（2002）证实的结论，即中小企业年龄与倒闭率之间存在负相关关系。平台运营时间越长，其退出可能性越小，其原因在于：一是平台运营时间越长，其管理团队越能够积累越多的营销、经营管理、风险控制等方面经验，平台因经营管理不善而出现退出风险的可能性越小；二是平台运营时间越长，平台积累的稳定客户资源越多，可避免其业务出现大幅度波动而引发的退出风险；三是平台运营时间越长，平台能够更多地探索新业务模式，与小贷公司、担保公司等建立合作关系，既可增加其客户来源，又能够帮助其分担风险，降低因借款大面积违约出现的信用风险。因此，平台运营时间越长，其运营经验越丰富，其应对运营风险能力更强，平台退出的可能性也越低。

（三）平台资本实力因素的影响分析

在模型⑤中，注册资本变量的系数为–0.0002，符号为负，与预期方向一致，而且在 5%的水平上高度显著。平台资本实力的机会比为 0.9998，其含义为：在其他条件相同的情况下，如果平台的注册资本分别增加 100 万元、500 万元和 1000 万元时，平台退出的机会比将分别下降 1.98%、9.52%和 18.12%。该结论意味着平台的资本实力越雄厚，其运营风险和退出风险都越低。该结论与牛锋等（2013）观点一致，也与 Kale 和 Arditi（1998）、Stokes 和 Blackburn（2002）等关于企业规模与倒闭率之间关系的观点一致。另外，该结论也与实际情况相符，在本节收集的 388 个平台样本中，已退出平台的平均注册资本为 2279.88 万元，而正常平台的平均注册资本高达 6184.34 万元。其原因可能：一是平台自身资本实力雄厚，其创办平台的动机会相对单纯，出现挪用投资人资金的可能性更小，从而降低平台出现运营性风险的可能性；二是资本实力雄厚的平台往往需要维护声誉，一般不会违规经营；三是平台资本实力越雄厚，其业务开展的规模和地域范围也越广，使平台运营更具有规模经济和范围经济，利润率会更高，平台生存能力更强；四是平台资本实力越雄厚，越可能吸引高素质的管理人才和专业技术人才加入，不断进行业务创新，从而增加平台生存率，降低其退出风险。

（四）网络借贷行业竞争程度因素的影响分析

从表 4-11 中模型⑥的回归结果，可看出行业竞争程度对平台退出机会的影响在统计上并不显著。行业竞争程度影响的 Logistic 回归结果显示；在其他条件相同的情况下，与网络借贷行业竞争最激烈的广东地区相比，行业竞争激烈、行业竞争程度一般、缺乏行业竞争地区平台退出的机会比与之都不存在显著差异。这说明目前中国各地区网络借贷行业竞争程度差异对平台退出机会比和运营风险影响不显著。该结论与实物期权数值模拟分析结果存在一定差异，但与前文退出影响因素分析结论基本一致。其原因可能为：一是近年来中国各地区上线的网络借贷平台都大幅增加，退出的平台数量同样高速增长，这导致在不同行业竞争程度地区，平台退出机会比不存在明显差异；二是近年来无论是行业竞争最激烈的东部地区，还是缺乏行业竞争的地区，都普遍存在平台业务模式单一，各平台业务范围重复率高等问题。因此，行业竞争程度对平台业务创新推动不足，也是不同地区平台退出机会比率差异不明显的原因。

五、模型实证分析结论

上述基于已退出和仍然正常运营的网络借贷平台数据，建立的 Logistic 模型，从平台自我监管和风险控制水平、网络借贷行业竞争程度、平台管理水平和平台资本实力四个方面分析了其对平台退出风险的影响，研究发现以下内容。

一是网络借贷平台自我监管和风险控制水平越高，其退出风险越小。具体而言，P2P 网络借贷平台的年利率越高，平台退出风险越高；P2P 网络借贷平台的借款人越集中，平台退出风险越高；实施了用户资金托管的 P2P 网络借贷平台，其退出的机会比仅为资金没有托管平台的 0.026 倍。因此，网络借贷平台实施自我监督和严格风险控制，有利于控制其退出风险。

二是平台管理水平越高，平台退出风险越小。具体表现在：①在其他条件相同的情况下，有金融行业从业背景的网络借贷平台退出的机会比远低于那些没有金融从业背景的平台。②平台运营时间越长，高管管理经验越丰富，平台出现运营危机的可能性越低。③获得过风险投资的平台，其出现运营危机可能性更小，退出风险也更低。因此，有必要对网络借贷行业从业人员特别是高管的资质进行规范或设定要求。

三是网络借贷行业竞争程度对网络借贷平台退出机会比没有显著影响。这表明中国各地区平台退出可能性大小不取决于该地区平台数量的多寡。因此，简单地限制平台数量或禁止新平台成立，并不能提高平台生存率，降低平台退出风险。

四是平台资本实力因素对平台退出机会比有负向影响。网络借贷平台的资本实力越雄厚，其出现问题的可能性越小。因此，有必要设置 P2P 网络借贷行业进入的资本门槛，有效地将潜在不合格经营者拒之门外，这样不仅能够保证网络借贷行业正常经营环境，而且能够降低平台违规经营导致的网络借贷风险，有利于保障投资者的资金安全。

第四节　不同退出方式下平台退出风险影响因素差异性研究

在本章的前面的研究中，分别使用生存时间和生存状态来间接度量网络借贷平台退出风险，并探讨了平台退出风险影响因素。但是，在实际企业退出研究中，一是可能需要同时考虑生存时间和生存状态，而非生存时间或生存状态中的一个方面；二是目前网络借贷平台有跑路欺诈、提现困难、停业转型等多种退出方式，这些不同退出方式下平台退出风险形成的因果机制和影响因素可能不完全相同。因此，为更加全面分析网络借贷平台退出风险及影响因素，本节不仅采用 Cox 回归生存分析方法将生存时间和生存状态都纳入模型分析，而且按照退出方式分类探讨网络借贷平台退出风险及影响因素。

一、变量定义、数据及模型

平台退出的状态变量有：平台是否退出（exit）和平台退出方式（exitway）。其中，平台是否退出变量有 0 和 1 两种取值，1 表示已退出，0 表示尚未退出，用于探讨影响平台退出事件的影响因素；为进一步分析平台不同退出方式及影响因素，引入状态变量平台退出方式，其取值 1、2、3 分别代表目前中国平台跑路欺诈、提现困难、停业转型等三种不同类型的退出方式。平台生存时间定义为平台持续经营时间，即平台退出时间和成立时间之差，以年为单位。

平台自我监管使用资金是否存管、是否加入协会和是否 ICP（Internet content provider，网络内容服务商）认证三个指标表示。其中，资金是否存管代表平台用户资金是否由第三方机构或银行进行存管，取值为 0 和 1，其中 0 表示否，1 表示是。当网络借贷平台将其用户资金交给第三方机构或银行存管时，用户资金不容易被平台挪用，表示平台对自身行为的监管和约束。是否加入协会代表平台是否已加入互联网金融行业协会，取值为 0 和 1，其中 0 表示否，1 表示是。是否 ICP 认证表示平台是否已获得互联网信息服务业务经营许可证，取值为 0 和 1，其中 0 表示否，1 表示是。

平台业务能力使用第三方担保、债券转让限制和自动投标三个变量表示。其中，第三方担保表示平台业务是否引入第三方担保，其取值 0、1 分别表示无、有第三方担保。债券转让限制表示平台借款债权转让是否不受限制，1 表示债权可随时转让，0 表示债权转让有持有时间限制。自动投标表示平台是否支持自动投标，其取值 0 为不支持，1 为支持。

平台资本实力采用注册资本和平台背景表示。其中，注册资本采用其对数形式，用于反映平台的资本实力雄厚程度。一般而言，平台的资本实力越雄厚，其出现提现困难和挤兑的可能性越小。平台背景使用平台主要股东的性质表示，其能够反映平台资金来源渠道，是衡量平台实力的辅助指标之一，取值为 1、2、3 和 4，其中 1 为风险投资类，2 为上市公司类，3 为国资类，4 为民营类。

其他控制变量包括地域和平台成立时机。其中，地域用于控制地区环境及发展差异，其取值 1、2、3 和 4 分别表示东部、西部、中部和东北地区。平台成立时机用于控制监管政策的影响，其取值 0 和 1 分别为平台在 2016 年 8 月之前和之后成立。

与其他行业不同，网络借贷一是起步晚，其在中国发展仅有十几年时间，多数平台成立时间是 2009 年后，而 2009 年之前成立的平台仅有 5 家；二是自 2011 年 9 月以后才有网络借贷平台退出。因此，在网络借贷平台退出分析中，面临的不是传统的数据左侧删失问题，而是右侧删失问题，需要采用 Cox 生存分析方法处理右侧删失问题。本节选取研究的时间跨度为 2009 年至 2018 年，以缓解样本中可能存在的异常值问题。

本节实证分析中涉及的注册资本、所在地域、平台成立时间、自动投标、保障方式和债权转让数据来源国泰安数据库，平台背景、资金存管、ICP 认证数据及退出平台基本信息都来自网贷之家网站。将来自国泰安数据库和网贷之家的平台数据匹配后，得到 1685 个正常运营平台和 4448 个已退出平台的数据。

考虑到：一是中国平台退出方式有多种，各种退出方式的形成因果机制可能也不完全相同，而现有文献一般将不同退出方式混合进行研究（何光辉等，2017；李先玲，2016），鲜有考虑不同退出方式形成机制的差异性；二是现有关于网络借贷平台退出的研究主要使用离散时间的 Logistic 或 Probit 模型，其优势是放松了风险机会比恒定的假设，却忽视了对生存时间影响效应分析。因此，本节采用如下多类别 Cox 比例风险模型研究网络借贷平台退出风险及影响因素：

$$\ln h_j(t)=\alpha_j(t)+\sum_{i=1}^{m}\beta_j(t)x_{ji}(t)$$

其中，$h_j(t)$ 为在时刻 t 之前仍然维持运营的平台，在时刻 t 发生第 j 种退出方式的机会比；$\alpha_j(t)$ 为第 j 种退出方式的基准风险率，仅为时间的函数；$x_{ji}(t)$ 为协变量，包括平台资本实力、自我监管、业务能力和其他控制变量。

二、网络借贷平台生存时间的描述性分析

（一）总样本的生存时间

从图 4-2 可看出，将近有 40%（即（1.00-0.60）×100%=40%）的平台生存时

间不超过一年，有超过 50%的平台生存时间不到两年，仅有不到 20%的平台能够维持 5 年以上的经营时间。这些都表明，总体而言中国网络借贷平台生存时间异常短暂。另外，网络借贷平台面临的危险率具有一定的负时间依存性，即随着平台生存时间的增加，其生存风险率以递减速度呈现下降趋势，这表明在平台成立的早期，其面临的倒闭退出风险最大，而一旦平台能够维持几年运营后，其倒闭退出风险将迅速下降。从图 4-2 中，可以看出平台生存时间存在较为明显的时间门槛，该门槛值约为 6 年，在平台生存时间达到该门槛值之前，随着平台生存时间增加，平台面临的危险率加速下降；当平台生存时间达到该门槛值之后，平台的危险率就较为稳定。

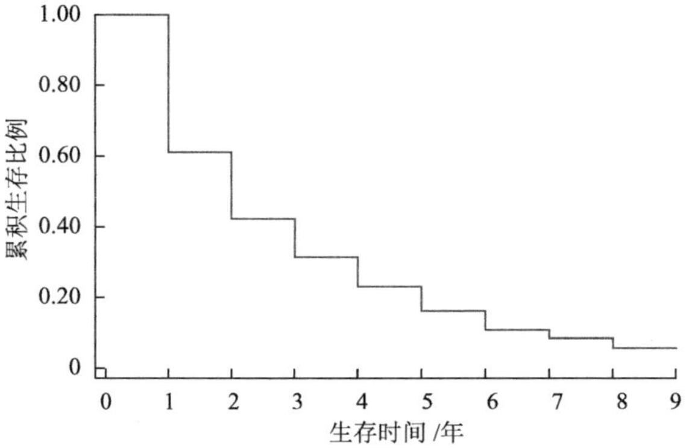

图 4-2　平台生存函数

（二）不同退出方式平台的生存时间

从图 4-3 可看出，在跑路欺诈类平台中约有 75%的平台生存时间不超过一年，仅有 1%的平台能够维持 4 年以上的经营时间；在提现困难类平台中约有 53%的平台生存时间不超过一年，有 28%的平台能够维持 2 年以上的经营时间；在停业转型类平台中约有 41%的平台生存时间不超过一年，有 28%的平台能够维持 2 年以上的经营时间。其中，跑路欺诈类和提现困难类平台的生存时间中位数仅约为 1 年，而停业转型类平台生存时间中位数为 2 年。这些都表明中国已退出的网络借贷平台平均生存时间异常短暂。另外，表 4-12 中对数秩（Log Rank）、布雷斯洛（Breslow）和塔罗内-韦尔（Tarone-Ware）检验卡方统计量相应的 p 都为 0.00，这表明在 1%的水平下拒绝原假设，说明跑路欺诈类、提现困难类和停业转型类三种退出方式下平台的生存时间分布存在显著差异。

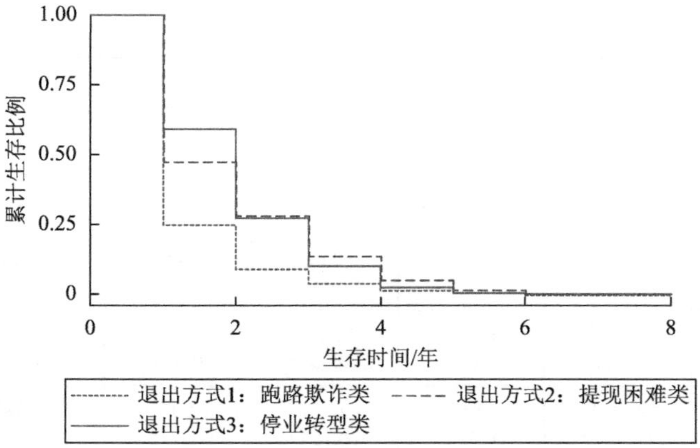

图 4-3　不同退出方式下平台生存函数

表 4-12　不同退出方式平台生存时间分布相等性检验

检验名称	卡方统计量	自由度	p 值
对数秩	282.55	2	0.00
布雷斯洛	373.45	2	0.00
塔罗内-韦尔	347.49	2	0.00

三、混合的回归结果分析

表 4-13 显示了网络借贷平台生存时间影响因素的 Cox 回归结果。从三个比例机会模型设定的似然比检验结果可以看出，模型①与模型②、模型②与模型③比较的似然比检验统计量分别为 117.93、218.35，其相应的 p 值都在 1%的水平下显著，这表明模型③拟合结果优于模型②和模型①。

表 4-13　混合 Cox 回归结果

变量	模型①		模型②		模型③	
	b	Exp（b）	b	Exp（b）	b	Exp（b）
注册资本	-0.114^{***} （0.010）	0.892^{***} （0.009）	-0.108^{***} （0.010）	0.898^{***} （0.009）	-0.091^{***} （0.010）	0.913^{***} （0.009）
平台背景＝2	−0.324 （0.270）	0.723 （0.195）	-0.611^{**} （0.249）	0.543^{**} （0.135）	-0.604^{**} （0.253）	0.546^{**} （0.138）
平台背景＝3	0.462^{**} （0.202）	1.587^{**} （0.321）	0.001 （0.191）	1.001 （0.191）	0.026 （0.193）	1.026 （0.198）

续表

变量	模型①		模型②		模型③	
	b	Exp（b）	b	Exp（b）	b	Exp（b）
平台背景＝4	1.286*** （0.187）	3.620*** （0.678）	0.429** （0.183）	1.536** （0.281）	0.376** （0.183）	1.457** （0.267）
地域＝2	–0.033 （0.040）	0.968 （0.039）	–0.018 （0.040）	0.983 （0.040）	–0.014 （0.040）	0.986 （0.040）
地域＝3	0.061* （0.037）	1.062* （0.039）	0.069* （0.037）	1.071* （0.039）	0.073** （0.036）	1.076** （0.039）
地域＝4	–0.202* （0.107）	0.817* （0.088）	–0.214** （0.107）	0.807** （0.087）	–0.178* （0.104）	0.837* （0.087）
平台成立时机＝1	–0.569*** （0.044）	0.566*** （0.025）	–0.532*** （0.043）	0.588*** （0.025）	–0.533*** （0.043）	0.587*** （0.025）
资金是否存管＝1			–0.768*** （0.079）	0.464*** （0.037）	–0.687*** （0.082）	0.503*** （0.041）
是否加入协会＝1			–0.468** （0.185）	0.626** （0.116）	–0.438** （0.196）	0.645** （0.126）
是否 ICP 认证＝1			–0.367** （0.179）	0.693** （0.124）	–0.348* （0.183）	0.706* （0.129）
第三方担保＝1					–0.759*** （0.054）	0.468*** （0.025）
债券转让限制＝1					0.090*** （0.025）	1.094*** （0.028）
自动投标＝1					–0.139*** （0.024）	0.870*** （0.021）
观测值数	6 133	6 133	6 133	6 133	6 133	6 133
赤池信息准则	73 000	73 000	73 000	73 000	73 000	73 000
卡方	549.099	549.099	630.849	630.849	807.822	807.822
似然比检验	117.93***			218.35***		

注：本表中似然比检验为相邻模型进行两两设定比较的似然比检验统计量及显著性

***、**、*分别表示该系数在 1%、5%、10%显著性水平下显著

在模型③中，在平台自我监管方面，资金是否存管变量的系数为–0.687，在 1%的水平下显著，这表明平台是否实施资金存管对其退出机会比有显著影响。具体而言，在其他因素相同的情况下，实施了客户资金存管的平台退出机会比仅为客户资金没有存管平台的 0.503 倍。因此，实施客户资金存管能够大幅度降低平台退出风险。该结果说明：实施客户资金存管措施，隔离平台和用户资金，有利于平台向借贷信息中介转型，从而降低其退出风险。是否 ICP 认证变量系数为

–0.348，在 10%的水平下显著，这表明在 10%的显著性水平下，平台是否进行 ICP 认证对其退出机会比有显著影响。具体而言，在其他因素相同情况下，进行了 ICP 认证的平台退出机会比是没有进行 ICP 认证平台的 0.706 倍，这说明进行 ICP 认证也能够大幅度降低平台退出风险。其原因可能是 ICP 认证审核较为严格，能够得到 ICP 认证的平台通常业务能力较强，愿意长期经营。是否加入协会的系数为–0.438，在 5%的水平下显著，这表明在 5%的显著性水平下，平台是否进入行业协会对其退出机会比有显著影响。具体而言，在其他因素相同情况下，加入了行业协会的平台退出机会比仅为没有加入行业协会平台的 0.645 倍，这说明加入行业协会也能够大幅度降低平台退出风险。其原因可能是：互联网金融行业协会是行业自律组织，加入协会的平台能够在一定程度上彼此约束，其经营可能更加规范，其退出可能性也更小。因此，上述平台自我监管指标回归结果表明平台加强自我监管能够有效降低其退出风险。

在平台业务能力方面，自动投标系数为–0.139，在 1%的水平下显著，这表明在 1%的显著性水平下，运行自动投标对平台退出机会比有显著影响。具体而言，在其他因素相同情况下，允许自动投标的平台退出机会比仅为不允许自动投标平台的 0.870 倍。因此，与不允许自动投标平台相比，允许自动投标平台的退出风险更低。其原因是：对于客户而言，自动投标一方面能够方便其投标，减少资金闲置时间，提高资金利用效率；对平台而言，自动投标可增加其成交量，改善其资金流动性，提高客户黏性，有利于降低平台退出风险。债券转让限制系数为 0.090，在 1%的水平下显著，这表明在 1%的显著性水平下，有无债权转让限制对平台退出风险比有显著影响。具体而言，在其他因素相同情况下，无债权转让限制的平台退出机会比为有债权转让限制平台的 1.094 倍。该结论与现实基本相符，无限制的债权转让可能纵容平台进行拆标、期限错配及资金池等违规行为，容易引发平台流动性风险，增加平台退出可能性，因此相关部门在《关于做好 P2P 网络借贷风险专项整治整改验收工作的通知》中明确指出：为解决流动性问题，在出借人之间进行的低频次债权转让，应认定为合规。第三方担保虚拟变量的系数为–0.759，在 1%的水平下显著，这表明有第三方担保的平台退出机会比较没有第三方担保的平台低，其原因可能在于：对网络借贷交易的真正第三方担保进行担保，能够在一定程度上分散平台风险。因此，平台进行自动投标、第三方担保和限制债权转让等业务创新，都可降低平台退出风险。

在平台资本实力方面，注册资本的系数为–0.091，其符号与预期一致，在 1%的水平下显著，这表明注册资本对平台退出机会比对数的影响在 1%的水平下显著。注册资本系数相应的机会比为 0.913，这表明在其他变量保持不变时，平台注册资本每提高 1%，平台退出机会比将平均下降 0.087%。虽然注册资本对数对平台退出机会比的影响在统计上是显著的，但是机会比实际变化幅度较小（仅为0.087%）。这反映出注册资本对平台退出机会比的实际影响效果可能有限，其原因可能是注册资本并非实缴资本，对平台资本实力的代表力有限。以风险投资类平台为基准类型时，上市公司类、国资类和民营类平台虚拟变量系数分别为–0.604、0.026和0.376，其中上市公司类虚拟变量的系数在5%的水平下显著，民营类虚拟变量的系数在5%水平下显著，而国资类虚拟变量的系数在统计上并不显著。这意味着：在其他变量相同情况下，上市公司类平台的退出机会比仅为风险投资类平台退出机会比的0.546倍，民营类平台的退出机会比是风险投资类平台的1.457倍，国资类平台的退出机会比是风险投资类平台的1.026倍。因此，民营类平台的退出机会比最高，上市公司类平台的退出机会比最低，而风险投资类平台和国资类平台的退出机会比差别不大。其原因可能在于一方面民营类平台获得外部融资机会少，另一方面民营类平台资本实力较为薄弱，一旦遇到外部冲击，其退出的可能性也更大。

以东部为基准类型，西部、中部和东北地区虚拟变量系数分别为–0.014、0.073和–0.178，其中东北地区虚拟变量的系数在10%的水平下显著，中部虚拟变量的系数在5%水平下显著，而西部虚拟变量的系数在统计上并不显著。这意味着：在其他变量相同情况下，东北地区平台的退出机会比仅为东部平台机会比的0.837倍，中部地区平台的退出机会比是东部平台机会比的1.076倍，西部地区平台的退出机会比是东部平台机会比的0.986倍。因此，东北部地区平台的退出机会比最低，东部和西部地区平台退出机会比居中，中部地区平台的退出机会比最高。其原因可能在于东北地区网络借贷起步较晚，平台数量较少。

平台成立时机系数为–0.533，在1%的水平下显著，这表明监管政策出台对平台的机会比有显著影响，监管前成立的平台退出机会比仅为监管后成立平台退出机会比的0.587倍。因此，监管政策出台后成立的平台更容易出现退出风险。该结论与现实基本相符，监管前成立的平台经营经验更加丰富，客户群更加稳定，其应对外部冲击能力也更加强大。

四、不同退出方式的回归结果分析

从表4-14中不同退出方式的Cox模型回归结果可以看出，在跑路欺诈、提现困难和停业转型的Cox模型中，资金是否存管虚拟变量的系数分别为–0.653、–0.463和–0.820，都在1%的水平下显著，这表明资金存管对平台出现跑路欺诈、提现困难和停业转型的机会比都有显著影响，而且其影响程度存在差异。具体而言，与无资金存管平台相比，有资金存管的平台出现跑路欺诈、提现困难和停业转型的机会比平均下降47.9%、37.1%和56.0%。因此，资金存管在抑制平台发生停业转型和跑路欺诈退出方面效果最好，也能够在一定程度上降低平台的提现困难退出机会比。该结论进步印证了用户资金存管在规范平台经营中重要性。

表 4-14　竞争性风险 Cox 模型结果

变量	（1）混合	（2）跑路欺诈		（3）提现困难		（4）停业转型	
	Exp（b）	b	Exp（b）	b	Exp（b）	b	Exp（b）
注册资本	0.913*** （0.009）	−0.092*** （0.024）	0.912*** （0.022）	−0.054** （0.025）	0.948** （0.023）	−0.106*** （0.015）	0.899*** （0.013）
平台背景 = 2	0.546** （0.138）	−43.070*** （0.440）	0.000*** 0.000	−1.262*** （0.472）	0.283*** （0.133）	0.672 （0.509）	1.959 （0.997）
平台背景 = 3	1.026 （0.198）	−0.372 （0.509）	0.689 （0.351）	0.084 （0.308）	1.087 （0.334）	0.510 （0.481）	1.665 （0.801）
平台背景 = 4	1.457** （0.267）	0.460 （0.490）	1.584 （0.776）	−0.169 （0.301）	0.844 （0.254）	1.173** （0.467）	3.232** （1.508）
地域 = 2	0.986 （0.040）	−0.013 （0.094）	0.987 （0.093）	−0.481*** （0.125）	0.618*** （0.077）	0.146** （0.058）	1.157** （0.068）
地域 = 3	1.076** （0.039）	−0.013 （0.086）	0.987 （0.085）	0.018 （0.092）	1.018 （0.094）	0.140** （0.054）	1.150** （0.063）
地域 = 4	0.837* （0.087）	0.077 （0.209）	1.080 （0.226）	−1.110*** （0.398）	0.330*** （0.131）	−0.044 （0.141）	0.957 （0.135）
平台成立时机 = 1	0.587*** （0.025）	0.116 （0.144）	1.123 （0.162）	−1.276*** （0.090）	0.279*** （0.025）	−0.343*** （0.096）	0.709*** （0.068）
资金是否存管 = 1	0.503*** （0.041）	−0.653*** （0.188）	0.521*** （0.098）	−0.463*** （0.158）	0.629*** （0.099）	−0.820*** （0.131）	0.440*** （0.058）
是否加入协会 = 1	0.645** （0.126）	0.337 （0.490）	1.401 （0.686）	−0.655** （0.310）	0.519** （0.161）	−0.560 （0.353）	0.571 （0.202）
是否 ICP 认证 = 1	0.706* （0.129）	−0.402 （0.589）	0.669 （0.394）	−0.092 （0.241）	0.912 （0.220）	−0.942** （0.410）	0.390** （0.160）
第三方担保 = 1	0.468*** （0.025）	−1.148*** （0.152）	0.317*** （0.048）	−0.447*** （0.098）	0.640*** （0.062）	−0.795*** （0.083）	0.452*** （0.037）
债券转让限制 = 1	1.094*** （0.028）	0.269*** （0.057）	1.308*** （0.075）	−0.153** （0.066）	0.858** （0.056）	0.104*** （0.039）	1.110*** （0.043）
自动投标 = 1	0.870*** （0.021）	−0.120** （0.056）	0.887** （0.050）	−0.023 （0.060）	0.977 （0.059）	−0.197*** （0.037）	0.821*** （0.031）
观测值数	6133	6133	6133	6133	6133	6133	6133
赤池信息准则	73000	19000	19000	17000	17000	38000	38000
卡方	807.822	130000	130000	345.745	345.745	369.448	369.448

注：本表中模型（1）的单列数据为 Cox 模型回归系数 β 以 e 为底的指数，模型（2）～模型（4）的左列数据为 Cox 模型的回归系数 β，右列数据为 Cox 模型回归系数 β 以 e 为底的指数

***、**、*分别表示在 1%、5%、10%显著性水平下显著

在提现困难的 Cox 模型中，是否加入协会虚拟变量的系数–0.655 在 5%的水平下显著，这意味着加入协会平台出现提现困难的机会比仅为未加入协会平台的 0.519 倍；而在跑路欺诈和停业转型方式退出平台中，是否加入协会虚拟变量的系数在统计上都不显著。因此，加入协会对平台出现跑路欺诈和停业转型的机会比无显著影响，但能够在一定程度上降低平台出现提现困难的可能性。这说明互联网金融行业协会目前的作用可能更多体现在规范平台经营方面，在抑制平台跑路欺诈方面的作用有限。

在停业转型的 Cox 模型中，是否 ICP 认证虚拟变量的系数–0.942 在 5%的水平下显著，这意味着有 ICP 认证平台的停业转型机会比仅为没有 ICP 认证平台的 0.390 倍；而在跑路欺诈和停业转型方式退出的平台中，是否 ICP 认证虚拟变量的系数在统计上都不显著。因此，进行 ICP 认证对平台的跑路欺诈和提现困难机会比无显著影响，但能够显著降低平台出现停业转型的可能性。其原因可能在于：获得 ICP 认证不仅对平台自身资金、技术和信息网络安全方面的要求较高，而且还要求平台获得地方电信、金融管理部门的前置审批。因此，当前仅有少数平台能够获得 ICP 认证，而这些平台大多经营较为稳健，其停业转型可能性较小。

在跑路欺诈、提现困难和停业转型方式的 Cox 模型中，第三方担保虚拟变量的系数分别为–1.148、–0.447 和–0.795，都在 1%的水平下显著，这表明第三方担保对平台的跑路欺诈、提现困难和停业转型机会比都有显著影响，而且其影响程度存在差异。具体而言，与无第三方担保平台相比，有第三方担保的平台的跑路欺诈、提现困难和停业转型机会比平均下降 68.3%、36%和 54.8%。因此，第三方担保在抑制平台发生跑路欺诈和停业转型退出方面作用最为有效，在降低平台提现困难风险上的作用稍弱。其原因可能是：第三方担保的引入，一方面增加了担保方对平台的监督约束，可能降低平台跑路欺诈机会比和停业转型可能性；另一方面由于存在道德风险，反而可能会削弱平台严格控制借贷风险的动力。因此，第三方担保降低平台以提现困难方式退出的作用也有限。

在提现困难方式的 Cox 模型中，债券转让限制虚拟变量的系数为–0.153，在 5%的水平下显著，而停业转型、跑路欺诈方式中债券转让限制虚拟变量的系数分别为 0.104、0.269，都在 1%的水平下显著，这表明债券转让是否受限对平台的跑路欺诈、提现困难和停业转型机会比都有显著影响且其影响程度存在差异。具体而言，与债权转让受限平台相比，债权转让不受限制的平台出现跑路欺诈和停业转型的机会比分别平均高出 30.8%和 11%，出现提现困难的机会比则平均低 14.2%。因此，对债权转让施加适当限制能够在一定程度上降低平台发生跑路欺诈和停业转型的可能性，但会增加平台出现提现困难的可能性。该结论同样与现实基本相符，在 2017 年发布的《关于做好 P2P 网络借贷风险专项整治整改验收工作的通知》中，只认可出借人之间的低频次债权转让为合规，该举措一方面压缩了平台拆标、搞资金池等违规行为的空间，降低了平台跑路欺诈的可能性，另一方面降低了平台用户债权流动性，可能使平台业务吸引力和营业收入下降，从而增加平台出现提现困难的可能性。

在跑路欺诈和停业转型的 Cox 模型中，自动投标虚拟变量的系数分别为–0.120 和–0.197，分别在 5%和 1%的水平下显著，而提现困难方式中自动投标虚拟变量的系数–0.023 在统计上不显著，这表明自动投标业务对平台出现跑路欺诈、提现困难和停业转型机会比的影响程度存在差异。具体而言，与没有实施自动投标的平台相比，自动投标的平台出现跑路欺诈和停业转型的机会比分别平均低 11.3%和 17.9%，出现提现困难的机会比则仅低 2.3%。因此，实施自动投标能够在一定程度上降低平台发生跑路欺诈和停业转型的可能性，但在缓解平台出现提现困难上作用有限。

三种退出方式的 Cox 模型中，注册资本的系数符号都为负，其中跑路欺诈和停业转型的在 1%的水平下显著，提现困难的在 5%水平下显著。这表明在 5%的显著性水平下，注册资本对三种方式下平台退出机会比都有显著负向影响。跑路欺诈、提现困难和停业转型三种退出方式中注册资本系数相应的机会比为分别为 0.912、0.948 和 0.899，这表明在其他变量保持不变时，平台注册资本每提高 1%，跑路欺诈、提现困难和停业转型三种退出方式的机会比将分别平均下降 8.8%、5.2%和 10.1%。由此可以发现，提高注册资本，平台停业转型机会比降低幅度最大，而提现困难机会比降幅最小。虽然注册资本对平台不同退出方式机会比的影响在统计上是显著的，但是机会比变化幅度较小，所以其实际效果也有限。其原因可能在于注册资本并不能全面反映平台的真实资本实力。

在跑路欺诈和提现困难方式的 Cox 模型中，上市公司类虚拟变量（平台背景＝2）的系数都为负且在 1%的水平下显著，而其余两个平台背景虚拟变量的系数都不显著。在停业转型的 Cox 模型中，民营类虚拟变量（平台背景＝4）的系数都为正且在 5%的水平下显著，而其余两个平台背景虚拟变量的系数都不显著。这意味着：在其他变量相同情况下，上市公司类平台出现跑路欺诈的机会比几乎为 0，出现提现困难机会比仅为风险投资类平台的 0.283 倍，而其他类型平台与风险投资类平台的跑路欺诈、提现困难机会比无显著差异；民营类平台的停业转型的机会比是风险投资类平台的 3.232 倍，而其他类型平台与民营类平台的停业转型机会比无显著差异。因此，上市公司类平台的跑路欺诈和提现困难机会比最低，民营平台的停业转型机会比最高。其原因可能在于：一是上市公司类平台大多成交规模较大，对网络借贷业务的风险控制较为严格和规范，因此出现跑路欺诈和提现困难的可能性更低；二是多数民营平台规模小，其停业转型更容易；三是在网络借贷发展的初期，进入门槛较低，许多动机不纯的平台涌入，所以这类平台跑路欺诈与其背景无关。

在跑路欺诈的Cox模型中，地域的三个虚拟变量对跑路欺诈机会比的影响都不显著，这说明四个地区平台跑路欺诈的机会比无显著差异。在提现困难的Cox模型中，西部（地域＝2）和东北地区（地域＝4）虚拟变量的系数分别为–0.481和–1.110，都在1%的水平下显著，而中部虚拟变量（地域＝3）的系数0.018在统计上并不显著，这表明中部和东部平台出现提现困难的机会比差不多，而西部和东北地区平台出现提现困难的机会比比东部平台低。在停业转型的Cox模型中，西部和中部虚拟变量的系数分别为0.146和0.140，都在5%的水平下显著，而东北地区虚拟变量的系数–0.044在统计上并不显著，这意味着西部和中部地区平台停业转型的机会比较东部地区平台更高，而东北地区与东部地区平台停业转型机会比无显著差异。综合来看，四个地区平台跑路欺诈的机会比无差异，东部和中部地区平台出现提现困难的机会比较高，西部和中部地区平台停业转型的机会比相对更高。其原因可能是：一方面东部地区大规模平台很多，因此这些大规模平台停业转型可能性相对较小；另一方面东部地区虽然大规模平台多，但是平台规模分化也是四个地区中最严重的。以注册资本为例，东部地区平台的平均注册资本为6250万元，其他三个地区平台平均注册资本都不到4500万元，而四个地区平台注册资本的中位数都为3000万元左右，因此东部地区注册资本较少的平台更多，这些平台的提现困难机会比相对较高。

在跑路欺诈的Cox模型中平台成立时机变量的系数在统计上并不显著，这表明平台是否在监管政策出台前成立对跑路欺诈机会比的影响不显著。在提现困难、停业转型方式中，平台成立时机虚拟变量的系数分别为–1.276和–0.343，都在1%的水平下显著，这表明与监管政策出台后成立的平台相比，监管政策出台前成立的平台出现提现困难、停业转型的机会比更低。这意味着，监管政策出台对平台跑路欺诈机会比没有显著影响，但是显著增加平台提现困难和停业转型的机会比。因此，监管政策在一定程度上加速了缺乏竞争优势平台的淘汰进程，但对平台跑路欺诈的抑制作用有限。

五、实证分析结论与启示

根据上述Cox模型回归结果，可以得到如下结论：①提高平台资本实力，能够在一定程度上降低平台退出风险，而缺乏融资渠道的民营类平台停业转型可能性最高。②平台进行自我监管和约束，能够有效降低其退出风险，其中资金存管抑制平台跑路欺诈类风险的效果最为明显。③平台业务能力越强，其退出风险越低，其中自动投标、第三方担保和限制债权转让等业务的实施，可抑制平台跑路欺诈和停业转型两类退出风险。④监管政策出台增加了平台以提现困难和停业转型方式退出的可能性，对平台以跑路欺诈方式退出的影响不大。

上述结论的启示在于以下几个方面。

一是提高平台资本实力和畅通平台融资渠道，能够在一定程度上缓解平台退出风险。网络借贷仍然具有金融属性，有必要设置资金进入门槛，提高平台资质，增加平台经营失败时良性退出的可能性。

二是完善平台自我监管体系，是降低平台退出风险的核心保证。平台实施的严格的用户资金存管制度，可隔离平台和用户资金，是保障平台投资者权益的关键。另外，完善网络借贷行业自律体系，能够在一定程度上规范平台经营，降低其退出风险。

三是增强平台业务能力，是降低平台退出风险的关键。当前平台业务面临合规化要求，不仅能规范平台现有业务，而且会增加平台业务创新难度。因此，一方面业务创新能力较差的平台难免面临停业转型退出风险，另一方面减少了平台违规操作的空间，降低平台跑路欺诈和提现困难的可能性。

四是监管力度需要在控制风险和鼓励业务创新之间寻求平衡。网络借贷平台的业务创新如同一柄双刃剑，一方面能够增加用户黏性，降低平台退出风险；另一方面有规避监管之嫌，会增加监管难度。因此，如何避免“一刀切”式的粗放式监管，实施分类监管显得尤为重要。

第五节　网络借贷平台自我约束和监督体系的构建

总结归纳本章网络借贷平台退出风险影响因素的实证研究结论，可以发现中国网络借贷平台退出风险存在如下特点：一是中国网络借贷平台的中位数生存时间仅 1.6 年，平台成立后的前 3 年退出风险异常高；二是平台资本实力越雄厚，其退出风险越小；三是网络借贷平台自我监管和风险控制水平越高，其退出风险越小；四是平台管理水平越高，平台退出风险越小；五是平台业务能力越强，平台退出风险越低。这些研究结论对于从公司治理层面构建网络借贷平台退出风险防控体系的启示体现在如下方面。

一是设置必要的网络借贷行业资金准入门槛。虽然网络借贷平台是借贷信息服务中介，但其业务核心仍然涉及信用和信任问题。不合格经营者进入网络借贷行业后，可能不仅无法缓解还可能加剧网络借贷中资金借贷双方之间的信息不对称，一方面会损害投资者利益，另一方面会破坏平台与投资者之间脆弱的信任机制。因此，有必要通过资金准入制度，保证网络借贷平台经营者质量，维系网络借贷平台与其投资者之间的信任。

二是建立并完善网络借贷行业高管资质和声誉管理机制。首先，对网络借贷平台高管资质设立从业资格门槛。网络借贷平台的运营和风险控制都离不开专业金融人才，因此平台高管必须具有一定专业资质，具备多年的金融领域从业经验。其次，建立网络借贷平台高管声誉黑名单管理制度。将涉嫌严重违规的平台高管纳入黑名单，或者取消其从业资格，避免不合格的从业人员危害网络借贷行业信用环境。

三是建立并完善网络借贷平台自我约束和同业监管体系。网络借贷平台自身风险控制水平、管理水平会直接或间接对网络借贷平台运营性风险和退出风险产生影响。因此，防范网络借贷平台退出风险，可考虑增强平台自我约束和外部监督。具体措施包括：①中国网络借贷行业有必要借鉴英国经验，成立规范的行业协会，设立会员资格标准，实施行业自律和相互监督；②强制平台进行用户资金银行存管，防止平台违规设立资金池和进行期限错配；③强制平台披露其交易的违约率；④完善平台第三方评级体系和制度，形成对其运行的社会监督。

四是完善法律和信用体系，建立包容性的多层次金融监管体系。为了将金融服务顺利延伸至中低收入群体，也为了缓解中小企业融资难题，需要鼓励发展多层次的金融体系。网络借贷业务本质仍然是建立在信用基础上资金所有权和使用权的分离，所以网络借贷业务运行也离不开完善的信用体系和法律体系。将网络借贷平台纳入中国征信体系，不仅有助于补充中国征信体系数据获取来源，还有利于平台利用该体系进行技术和业务模式的创新。由于目前中国网络借贷平台的成交规模、风控能力、管理水平等参差不齐，如果实施“一刀切”式的粗放式监管，可能导致平台风险集中释放，加剧金融系统不稳定因素，还会抑制平台业务创新能力。因此，有必要实施网络借贷平台分类监管，缓释其风险。

第五章　外部融资对网络借贷平台退出风险的影响研究

互联网金融作为一个新兴领域，各种模式初创企业的发展与壮大离不开民间资本支持。例如，支付宝所属的阿里巴巴在其上市融资之前，先后获得过高盛集团有限公司、富达国际风险投资有限公司、新加坡政府科技发展基金、瑞典银瑞达集团、软银中国创业投资有限公司、汇亚基金管理有限公司、TDF 风险投资有限公司、纪源资本等机构的四次大型融资；第三方支付平台——快钱同样多次获得光速中国创业投资、DCM 和半岛资本等风险资本的融资。类似地，风险投资在网络借贷平台发展中也是不可或缺的一个重要环节，一方面风险投资能够为网络借贷平台发展提供充足的资金保障，吸引高级管理人才，为其发展提供人力和智力保障，有利于提高平台运营效率，降低平台的运营风险；另一方面获得风险投资后的网络借贷平台，如果发展势头良好，又能够为其顺利获得下一轮融资奠定基础，降低平台因资金短缺而出现经营性风险的可能性。因此，本章以风险投资为例，探讨应该如何吸引外部融资机构参与网络借贷投资与管理，缓解平台发展中的资金瓶颈，降低其退出风险。

第一节　不同背景平台生存状况比较分析

在网络借贷行业，平台的背景在某种程度上能够反映其背后支持的资金实力。在网络借贷发展的早期，平台背景是投资者识别平台质量的重要指标，强大的背景能够增加平台可信度。网贷之家将平台按照背景分为风险投资系、上市公司控股、上市公司参股、国资参股、国资控股、银行系和民营系七类。鉴于银行系平台仅有四家，而且平台背后的银行基本为上市公司，所以本章将上市公司控股、上市公司参股、银行系平台归为上市公司类；将国资参股、国资控股平台归为国资类。因此，本章将平台背景分为：上市公司、风险投资、国资和民营四大类。

一、不同背景的生存状况对比

根据网贷之家公布的退出平台目录及国泰安数据库中的网络借贷平台基本信息，收集到 1684 家正常平台和 4806 家退出平台信息。

在中国当前网络借贷平台中，民营类平台在数量占有绝对优势。从表 5-1 显示的不同背景平台生存状况来看，在正常平台中民营类平台占比为 83.1%；在已倒闭退出的平台中民营类平台占比高达 96.7%。这表明在网络借贷行业，民营类平台仍然是市场主体，风险投资、上市公司、国资等背景平台的占比相对较小。

与其他背景平台相比，民营类平台的退出比例也较高。从表 5-1 中列比例来看，在风险投资类平台中，已退出平台占比为 35.0%；在上市公司类平台中，已退出平台占比为 22.7%；国资类平台中，已退出平台占比为 41.5%；在民营类平台中，退出平台占比则为 76.9%。因此，在不同背景平台中，上市公司类平台退出风险最低，其次为风险投资类平台，而民营类平台退出风险最高。其原因可能是：①风险投资机构或上市公司等对平台存在监管效应（Barry et al.，1990），以及对平台业务经营模式和发展战略等的指导帮助效应（Davila et al.，2015；Croce et al.，2013；张学勇和廖理，2011），这些有助于提高平台业务水平，降低平台退出风险。②与其他背景平台相比，民营类平台获得外部融资的可能性最小，其退出风险也是最高的。该结果证实了上市公司、风险投资机构对平台有一定的监督和指导作用。

表 5-1　不同背景平台生存比例对比

类型	指标	平台背景			
		风险投资	上市公司	国资	民营
正常平台	数量/家	39	85	161	1399
	行比例	2.3%	5.0%	9.6%	83.1%
	列比例	65.0%	77.3%	58.5%	23.1%
	总比例	0.6%	1.3%	2.5%	21.6%
已退出平台	数量/家	21	25	114	4646
	行比例	0.4%	0.5%	2.4%	96.7%
	列比例	35.0%	22.7%	41.5%	76.9%
	总比例	0.3%	0.4%	1.8%	71.6%
总计	数量/家	60	110	275	6045
	总比例	0.9%	1.7%	4.2%	93.1%

注：表中数据进行过修约，存在合计不等于 100%的情况

二、不同背景平台的退出方式比较

根据表 5-2 可以看出，在已退出的 4806 家平台中，跑路欺诈方式退出的平台占 26.3%，提现困难方式退出平台占 23.1%，停业转型退出的平台占 50.6%；风险

投资类和上市公司类平台占比仅为0.4%和0.5%，民营平台占比高达96.7%。因此，现有退出平台中呈现出：一是停业转型退出的平台最多，跑路欺诈和提现困难的平台也较多；二是民营类平台退出最多，其次为国资类平台，而风险投资和上市公司类平台退出较少。

表5-2　不同背景平台退出方式交叉表

退出类型	指标	平台背景			
		风险投资	上市公司	国资	民营
跑路欺诈	数量/家	5	0	17	1242
	行比例	0.4%	0	1.3%	98.3%
	列比例	23.8%	0	14.9%	26.7%
	总比例	0.1%	0	0.4%	25.8%
提现困难	数量/家	12	6	57	1037
	行比例	1.1%	0.5%	5.1%	93.3%
	列比例	57.1%	24.0%	50.0%	22.3%
	总比例	0.2%	0.1%	1.2%	21.6%
停业转型	数量/家	4	19	40	2367
	行比例	0.2%	0.8%	1.6%	97.4%
	列比例	19.0%	76.0%	35.1%	50.9%
	总比例	0.1%	0.4%	0.8%	49.3%
总计	数量/家	21	25	114	4646
	总比例	0.4%	0.5%	2.4%	96.7%

不同背景平台的退出方式存在较大差异。从表5-2不同背景平台的退出方式占比来看，呈现如下特征：已退出的21家风险投资类平台中，以提现困难方式退出的平台占比为57.1%，以跑路欺诈方式退出的平台占23.8%，停业转型平台占19.0%；在已退出的25家上市公司类平台中，提现困难方式退出平台占比为24.0%，停业转型平台占76.0%；在已退出的114家国资类平台中，跑路欺诈方式退出的平台占14.9%，提现困难方式退出平台占比为50.0%，停业转型平台占35.1%；在已退出的4646家民营类平台中，跑路欺诈方式退出平台占比为26.7%，提现困难方式退出的平台占22.3%，停业转型平台占50.9%。因此，不同背景平台的退出方式有较大不同，其中民营类平台选择跑路欺诈退出的可能性最大，上市公司类平台选择停业转型退出的比例最高，风险投资类和国资类平台以提现困难方式退

出的可能性较大。其原因可能是：与其他背景平台相比，民营类平台既缺少外部监督，也缺乏外部融资渠道，因此其出现跑路欺诈的可能性最大，该结果与前文理论分析结果基本一致。

三、不同背景平台的注册资本对比

在正常运营的四种背景平台中，上市公司类平台的平均注册资本最高，达到22 601.24万元，其次为风险投资类平台，而国资类平台的平均注册资本最低。在已退出的平台中，上市公司类平台的平均注册资本最高，达到132 271.79万元，其次为风险投资类平台，而民营类平台的平均注册资本最低。

根据表5-3的统计可以看出，除了上市公司类平台外，风险投资类、国资类和民营类正常运营平台的平均注册资本均高于已退出平台。而造成上市公司类已退出平台平均注册资本高于正常运营平台的原因是，在已退出上市公司类平台中存在一些极端值，如小企业e家、中财所和普邦金控，其注册资本分别为252亿元、35亿元和16亿元，这些极大值拉高了上市公司类平台的平均注册资本。在剔除这三个极端值平台后，已退出的上市公司类平台的平均注册资本仅为6455万元。

表5-3　不同背景平台注册资本描述性统计量

平台类型		样本数/家	平均注册资本/万元	标准差	最小值/万元	最大值/万元
正常平台	风险投资类	39	8 860.23	1 910.82	1 000	50 000
	上市公司类	84	22 601.24	8 361.98	1 000	512 612
	国资类	161	6 717.87	586.16	500	50 000
	民营类	1 386	6 816.61	835.58	100	931 004
已退出平台	风险投资类	21	5 939.05	1 023.01	118	20 000
	上市公司类	24	132 271.79	105 079.50	1 000	2521 984
	国资类	113	5 719.94	362.96	500	20 000
	民营类	4 344	4 288.52	160.40	10	500 000

上述分析显示：一是在不同背景平台中，已退出平台的资本实力都相对较弱，发展遭遇资金瓶颈可能是其退出的重要原因之一；二是与上市公司类和风险投资类平台相比，民营类平台的平均注册资更低，因此其面临的融资难问题可能更严峻，退出风险也更高。

第二节　风险投资机构对平台投资偏好的理论分析①

考虑到网络借贷平台为新型企业，风险投资对平台的投资决策受到诸多不确定性因素的影响。本节借鉴了李善民和李昶（2013）、王媛（2015）应用实物期权理论分析和研究现实问题的思想，将实物期权理论应用于网络借贷平台能否获得风险资本投资机会的分析，从而探讨风险投资机构在选择投资对象时，重点关注网络借贷平台哪些潜质，受到哪些外部因素影响。本节与李善民和李昶（2013）、王媛（2015）的研究不同之处在于：一是关注的行业和领域不同。本节关注网络借贷行业的风险投资进入决策分析，而李善民和李昶（2013）侧重外国直接投资进入模式分析，王媛（2015）则集中房地产行业的房屋销售期权分析。二是模型中关注的因素不同。本节不仅考虑需求增长和波动的影响，还考虑了利率政策和政府优惠力度的影响。

一、目标网络借贷平台的价值

假设潜在可接受风险投资的网络借贷平台（以下简称目标平台）面临的服务需求变动服从如下几何布朗运动。

$$\mathrm{d}q = \alpha q\mathrm{d}t + \sigma q\mathrm{d}W \tag{5-1}$$

其中，q 为目标平台的服务需求；α 为漂移率，反映了在运营过程中，目标平台网络借贷服务需求的平均增长速度；σ 为波动率，用于反映服务市场需求的不确定性程度，而且 $\sigma > 0$，$\alpha > 0$；$\mathrm{d}W$ 为标准随机维纳过程的增量。

假定目标网络借贷平台提供单位服务获得利润 p 不变（迪克西特和平迪克，2002；李善民和李昶，2013），则目标平台可以实现利润 $\pi = pq$，此时利润的波动主要受服务需求不确定性的影响。根据伊托引理，可得到

$$\mathrm{d}\pi_t = \alpha\pi_t\mathrm{d}t + \sigma\pi_t\mathrm{d}W \tag{5-2}$$

其中，π_t 为如果目标平台按照市场最大需求来提供服务，在时刻 t 可以获得的最大利润。这意味着，如果时刻 t 目标平台提供的服务能力低于市场服务需求，目标平台需要增加投资或引进外部投资，提高其服务供应能力才能实现最大利润 π_t。另外，目标平台在初始时刻 $t=0$ 处，其利润是确定的，之后利润流随漂移率 α 增长，波动率为 σ。假定无风险利率为 r，且 $r > \alpha > 0$。由于 π_t 服从几何布朗运动，可得在时刻 t 目标平台增加投资或获得外部投资后其预期价值为

① 本节内容是在李先玲和王彦（2017）论文理论模型和数值分析部分的基础上修改而来。

$$V_t = \frac{\pi_t}{r-\alpha} \tag{5-3}$$

由式（5-3）可以看出时刻t目标平台的预期价值V_t是目标平台该时刻利润π_t和常数$\frac{1}{r-\alpha}$的乘积，根据伊托引理，可推导出V_t同样服从几何布朗运动：

$$\mathrm{d}V_t = \alpha V_t \mathrm{d}t + \sigma V_t \mathrm{d}W \tag{5-4}$$

由式（5-4）可以看出，与平台利润π_t一样，目标平台在时刻t实现的预期价值增量的大小取决于漂移率和波动率，这表明目标平台价值变化受到来自平台面临的市场服务需求不确定性的影响。

二、风险投资机构投资偏好的实物期权分析

假定目标平台在时刻$t=0$获得投资I_1，该投资来自外部风险投资机构。目标平台在时刻t可能具有的价值为$V_t = \frac{\pi_t}{r-\alpha}$，其来自投资的回报为$V_t-(1-\theta)I_1 = \frac{\pi_t}{r-\alpha}-(1-\theta)I_1$。其中，$\theta$为目标平台所在地区政府对其新增投资的税收优惠力度，取值范围为$[0,1]$。θ越大，表示当地政府对网络借贷行业风险投资给予的税收优惠条件越多，平台能够以更少的投资，获得更多的收益。假定风险资本投资目标平台的期权价值为$F(\pi_t)$。根据贝尔曼最优化原理，风险投资机构需要在各时刻决定是否投资目标平台，其目标是使投资目标平台的期权价值$F(\pi_t)$最大化：

$$F(\pi_t) = \max\{E[F(\pi_{t+\Delta t})]\} \tag{5-5}$$

在目标平台是风险中性的假定下，r为无风险利率，根据动态规划中的无套利原则，可得到如下的贝尔曼方程。

$$rF(\pi_t)\mathrm{d}t = E[\mathrm{d}F(\pi)] \tag{5-6}$$

由于期权价值$F(\pi_t)$是目标平台最大利润π_t的函数，根据伊托引理展开式（5-6），并将式（5-2）代入可得

$$\frac{1}{2}\sigma^2\pi_t^2F''(\pi_t) + \alpha x_t F'(\pi_t) - rF(\pi_t) = 0 \tag{5-7}$$

据迪克西特和平迪克（2002）的结论，形如式（5-7）的偏微分方程通解可表示为

$$F(\pi_t) = A_1\pi_t^{\beta_1} + A_2\pi_t^{\beta_2} \tag{5-8}$$

其中，β_1和β_2为满足特征方程$\frac{1}{2}\sigma^2\beta(\beta-1)+\alpha\beta-r=0$的解，分别为

$$\beta_1=\frac{1}{2}-\frac{\alpha}{\sigma^2}+\sqrt{\left(\frac{1}{2}-\frac{\alpha}{\sigma^2}\right)^2+\frac{2r}{\sigma^2}}$$

$$\beta_2=\frac{1}{2}-\frac{\alpha}{\sigma^2}-\sqrt{\left(\frac{1}{2}-\frac{\alpha}{\sigma^2}\right)^2+\frac{2r}{\sigma^2}}$$

因为$0<\alpha<r$，从β_1和β_2的表达式，容易看出$\beta_1>1$，$\beta_2<0$。A_1和A_2为待定常系数。

按照实物期权理论，存在最优执行点π^*，当$\pi_t<\pi^*$时，风险投资机构会等待投资机会，投资期权不会被执行；当$\pi_t\geqslant\pi^*$时，风险投资机构会执行投资期权。根据边界条件、价值匹配条件和平滑粘贴条件，有

$$\begin{cases}F(0)=0\\ F(\pi^*)=\dfrac{\pi^*}{r-\alpha}-(1-\theta)I_1\\ F'(\pi^*)=\dfrac{1}{r-\alpha}\end{cases}\tag{5-9}$$

式（5-9）中边界条件$F(0)=0$为自然约束条件。在目标平台价值服从几何布朗运动的假定下，$F(0)=0$意味着：当目标平台能够获得的最大利润π很小时，该平台以后的利润也会一直很小，那么风险资本投资该目标平台的价值同样小。因此，风险投资机构执行该投资期权的可能性微乎其微，从而该期权存在的价值为0。为确保当$\pi\to0$时，$F(\pi)\to0$，式（5-8）中A_2必须为0。

式（5-9）中$F(\pi^*)=\dfrac{\pi^*}{r-\alpha}-(1-\theta)I_1$为价值匹配条件，代表无套利原则，表示风险资本投资目标平台的实物期权价值等于目标平台获得投资后实现的最大净利润。式（5-9）可变形为：$\dfrac{\pi^*}{r-\alpha}=F(\pi^*)+(1-\theta)I_1$，反映了目标平台获得投资后的最大价值等于该风险投资的有形成本和机会成本的总和。式（5-9）中$F'(\pi^*)=\dfrac{1}{r-\alpha}$为平滑粘贴条件，意味着风险资本的投资期权价值函数$F(\pi)$与平台获得投资后的净回报函数$\dfrac{\pi}{r-\alpha}-(1-\theta)I_1$在临界值$\pi^*$处相切。

将式（5-8）代入式（5-9），可得如下方程：

$$\begin{cases}A_1(\pi^*)^{\beta_1}=\dfrac{\pi^*}{r-\alpha}-(1-\theta)I_1\\ \beta_1A_1(\pi^*)^{\beta_1-1}=\dfrac{1}{r-\alpha}\end{cases}\tag{5-10}$$

解式（5-10），可得风险资本投资目标平台的实物期权价值：

$$F(\pi)=\begin{cases} A_1\pi^{\beta_1}, & \text{当}\pi<\pi^* \\ \dfrac{\pi}{r-\alpha}-(1-\theta)I_1, & \text{当}\pi\geqslant\pi^* \end{cases} \tag{5-11}$$

其中，$\pi^*=\dfrac{\beta_1(r-a)(1-\theta)I_1}{\beta_1-1}$； $A_1=\dfrac{(\beta_1-1)^{\beta_1-1}[(1-\theta)I_1]^{1-\beta_1}}{[\beta_1(r-a)]^{\beta_1}}$。

式（5-11）中π^*为风险投资机构执行投资期权时目标平台的利润临界值。据式（5-3）$V_t=\dfrac{\pi_t}{r-\alpha}$，可知获得投资后平台的价值临界值$V^*=\dfrac{\pi^*}{r-\alpha}=\dfrac{\beta_1(1-\theta)I_1}{\beta_1-1}$。当目标平台利润$\pi_t<\pi^*$，目标平台的预期价值$V_t<V^*$时，风险投资机构会等待投资机会，此时存在的延迟投资期权价值为$A_1\pi^{\beta_1}$；当目标平台利润$\pi_t\geqslant\pi^*$或价值$V_t\geqslant V^*$时，风险投资机构立即投资目标平台，期权价值函数与平台最终收益函数相同。设置参数分别为：$\alpha=0.01$，$I_1=1$，$r=0.05$数值模拟绘制式（5-11）的曲线如图5-1和图5-2，可以看出风险资本的投资期权价值$F(\pi)$随着平台利润π、目标平台价值V增加而递增。

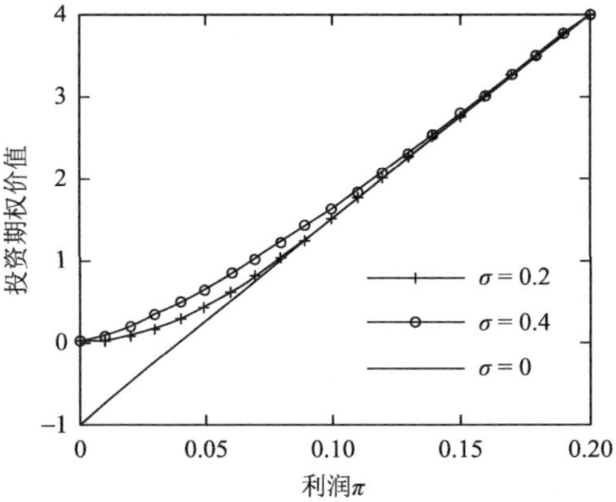

图 5-1 不同波动率下利润与投资期权价值

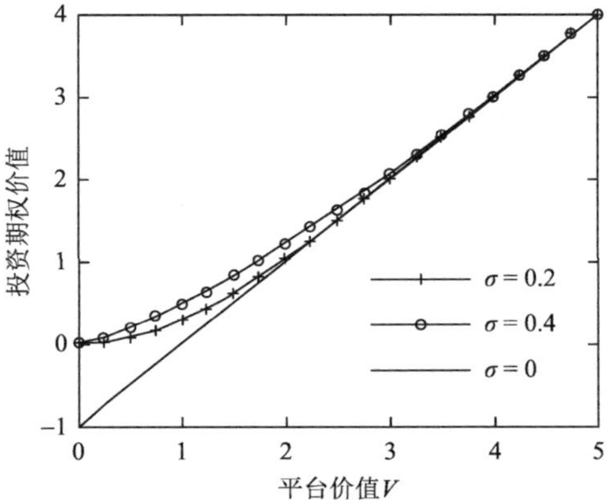

图 5-2 不同波动率下目标平台价值与投资期权价值

三、风险资本投资决策的数值模拟分析

借鉴迪克西特和平迪克（2002）对实物期权最优投资规则的分析方法，将目标平台价值的临界值视为风险投资机构进行投资决策的唯一标准，当$\pi_t<\pi^*$，即平台的利润π低于投资期权行权的利润临界值π^*时，风险资本的投资期权价值$F(\pi)$大于平台投资净回报$R(\pi)=V(\pi)-(1-\theta)I_1$，此时风险投资机构最佳选择是等待投资机会，暂时不增加投资；当$\pi_t\geqslant\pi^*$，即平台的利润π高于投资期权行权

的利润临界值π^*时，风险资本的投资期权价值$F(\pi)$小于平台投资净回报$R(\pi)=V(\pi)-(1-\theta)I_1$，此时风险投资机构最佳选择是立即投资，等待投资已经没有意义。本节以下内容将围绕利润临界值讨论漂移率、波动率和地方政府政策对风险投资机构投资决策的影响。

（一）漂移率对风险投资机构投资决策的影响分析

在目标平台服务需求服从几何布朗运动的假定下，式（5-1）、式（5-2）和式（5-4）中漂移率α，反映了目标平台在运营过程中其网络借贷服务需求的平均增长速度。不同网络借贷平台面临的客户群体、市场竞争环境和主营业务都会或多或少存在差异，因此各网络借贷平台相应的漂移率必然不尽相同。这种漂移率的差异会直接影响风险投资机构对目标平台的投资决策。

命题1：随着漂移率的提高，执行投资期权的利润临界值会随之下降，风险投资机构倾向于执行对网络借贷平台进行投资的期权。

证明：从理论上看，令$Q=\frac{1}{2}\sigma^2\beta(\beta-1)+\alpha\beta-r=0$，可以看出$Q$是关于$\beta$的二次函数，形态是开口向上的抛物线，与横轴有两个交点，分别是$\beta_1>1$，$\beta_2<0$。由于$\beta_2<0$不满足边界条件，被舍弃，因此下文仅讨论正根β_1。求Q关于α的全微分可得

$$\frac{\partial Q}{\partial \beta_1}\frac{\mathrm{d}\beta_1}{\mathrm{d}\alpha}+\frac{\partial Q}{\partial \alpha}=0$$

而且$\frac{\partial Q}{\partial \alpha}=\alpha>0$，$\frac{\partial Q}{\partial \beta_1}>0$，所以有$\frac{\mathrm{d}\beta_1}{\mathrm{d}\alpha}<0$，表明$\beta_1$随着$\alpha$递增而递减。而$\pi^*$、$V^*$、$F(\pi^*)$对$\alpha$求偏导后，表达式比较复杂，本节采用数值模拟展示它们之间的关系。

图5-3和图5-4中相关参数设置分别为$\sigma=0.2$，$\theta=0.03$，$I_1=10$，$r=0.05$。图5-3显示了服务需求漂移率α在$[0,0.10]$取不同值时，如果风险资本执行投资期权，利润临界值和目标平台价值临界值的变化轨迹。图5-3显示风险投资机构执行投资期权的利润临界值π^*随着α提高而逐渐下降，而风险投资机构执行期权的目标平台价值临界值V^*则随α增加呈现分段式的递增。当$\alpha<r$时，V^*随着α递增，当$\alpha=r$时，V^*趋于无穷大，当$\alpha>r$时，V^*都为负。这反映出随着α的逐步提高，风险资本执行投资期权的可能性在逐渐增加。

由图5-4可以看出，尽管$\alpha=0.01$的利润临界值π^*高于$\alpha=0.03$的利润临界值，但它们相应的投资期权价值$F(\pi)$大小关系则恰好相反，即$\alpha=0.03$时平台投资期权价值更高，而$\alpha=0.01$时投资期权价值较低。这说明需求漂移率越高，投

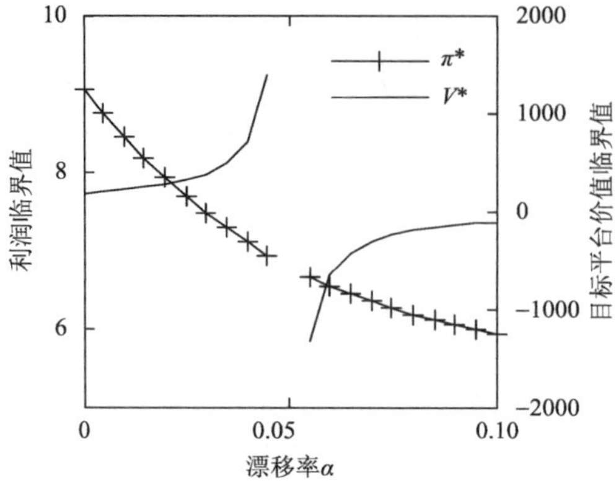

图 5-3　漂移率与利润临界值、目标平台价值临界值

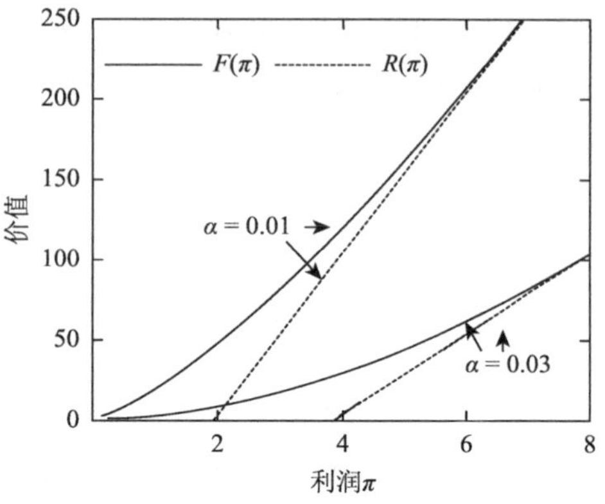

图 5-4　不同漂移率下利润与价值关系图

资期权行权的利润临界值越低，投资回报价值越高，风险投资机构越可能偏好投资目标平台。

另外，由于V服从几何布朗运动，可知$\ln(V)$服从均值为$\left(\alpha-\dfrac{\sigma^2}{2}\right)t$，方差为$\sigma^2 t$的正态分布。在目标平台价值临界值$V^*$处，可得到风险资本投资目标平台的等待时间估计值为：$T^*=\dfrac{\ln(V^*)}{\alpha-\sigma^2/2}-t_0$。由于$T^*$是$\alpha$的减函数，因此，可得到结论：随着漂移率$\alpha$的提高，风险投资机构最优期权执行时间会提前。

从实际来看，当漂移率α比较小时，平台利润π和目标平台价值V的预期增长率较小，投资期权价值$F(\pi)$同样较小，这也意味着投资的机会成本相对较高，投资期权被执行的可能性较小。当α比较高，接近无风险利率r时，目标平台价值V远远高于投资期权价值$F(\pi)$，投资期权被执行的可能性很大。另外，漂移率α越大，平台服务需求增长率越高，风险资本投资回报和期权价值上升越快，越可能更早达到执行期权的利润临界水平。因此，漂移率α越大，风险投资机构越可能追加投资，扩大目标平台服务供给能力。

（二）需求不确定对风险投资机构投资决策的影响分析

波动率反映了服务市场需求的不确定性程度，同样会对外部机构投资决策产生影响。虽然网络借贷平台具有不受地域限制的特点，但在中国由于征信体系不完善，多数平台业务仍然仅面向其所在的城市或地区。受中国区域经济发展不平衡影响，不同地域网络借贷平台面临的市场需求不确定性会有差别。这种波动率的差异会直接影响风险投资机构对目标平台的投资决策。

命题2：波动率σ越高，执行投资期权的利润临界值越高，风险投资机构越倾向于等待投资机会。

证明：从理论上看，令$Q=\frac{1}{2}\sigma^2\beta(\beta-1)+\alpha\beta-r=0$，可以看出$Q$是关于$\beta$的二次函数，形态是开口向上的抛物线，与横轴有两个交点，分别是$\beta_1>1$，$\beta_2<0$。由于$\beta_2<0$不满足边界条件，所以β_2被舍弃，因此下文仅讨论正根β_1。求Q关于σ的全微分可得

$$\frac{\partial Q}{\partial \beta_1}\frac{\mathrm{d}\beta_1}{\mathrm{d}\sigma}+\frac{\partial Q}{\partial \sigma}=0$$

而且$\frac{\partial Q}{\partial \sigma}=\sigma\beta(\beta-1)>0$，$\frac{\partial Q}{\partial \beta_1}>0$，所以有$\frac{\mathrm{d}\beta_1}{\mathrm{d}\sigma}<0$，表明$\beta_1$随着$\sigma$递增而递减。而将$\pi^*$、$V^*$分别对$\sigma$求偏导，可得

$$\begin{cases}\dfrac{\partial \pi^*}{\partial \sigma}=-\dfrac{(r-\alpha)(1-\theta)I_1}{(\beta_1-1)^2}\dfrac{\mathrm{d}\beta_1}{\mathrm{d}\sigma}>0\\[2ex]\dfrac{\partial V^*}{\partial \sigma}=-\dfrac{1}{r-\alpha}\dfrac{\partial \pi^*}{\partial \sigma}>0\end{cases}$$

由上述两个式子中$\frac{\partial \pi^*}{\partial \sigma}>0$和$\frac{\partial V^*}{\partial \sigma}>0$，可以看出随着波动率$\sigma$递增，$\pi^*$、$V^*$递增。因此，上述理论分析表明网络借贷平台需求波动性越大，风险投资机构选择投资对象时，对该平台的利润和投资价值会的要求越高。

由于目标平台价值V服从几何布朗运动，可知$\ln(V)$服从均值为$\left(\alpha-\frac{\sigma^2}{2}\right)t$，方差为$\sigma^2 t$的正态分布。在目标平台价值临界值$V^*$处，可得到风险投资机构投资目标平台的等待时间估计值为$T^*=\frac{\ln(V^*)}{\alpha-\sigma^2/2}-t_0$。由于$T^*$是$\sigma$的增函数，因此，可得到结论：随着波动率的提高，风险投资机构最优期权执行时间会出现延迟。

图5-5和图5-6中相关参数设置分别为$\alpha=0.01$，$\theta=0.03$，$I_1=100$，$r=0.05$。图5-5的数值模拟显示了波动率σ在[0,1.00]取不同值时，如果风险投资机构执行投资期权，利润率临界值和目标平台价值临界值的变化轨迹。图5-5表明风险投资机构执行投资期权的利润率临界值π^*和目标平台价值临界值V^*随着σ提高而逐渐上升，与理论证明结论一致。图5-6的数值模拟显示$\sigma=0.4$时平台投资期权价值比$\sigma=0.2$时更高，而且相应的执行期权的利润临界值也越高。这表明随着波动率的提高，风险投资机构执行投资期权的可能性随之下降。

结合实际情况来看，当波动率σ提高时，市场服务需求不确定性增加，目标

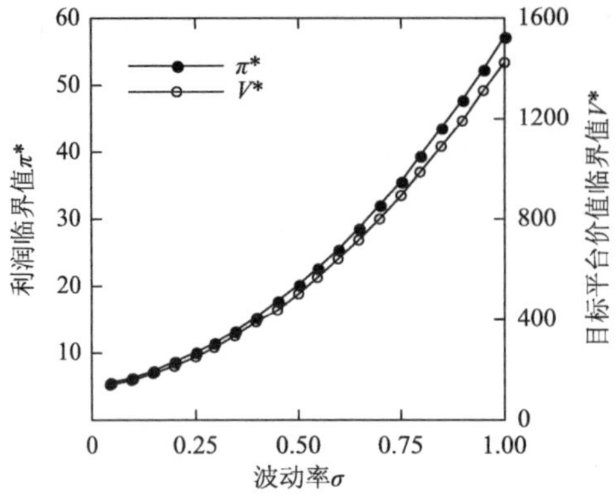

图 5-5 波动率与利润临界值、目标平台价值临界值

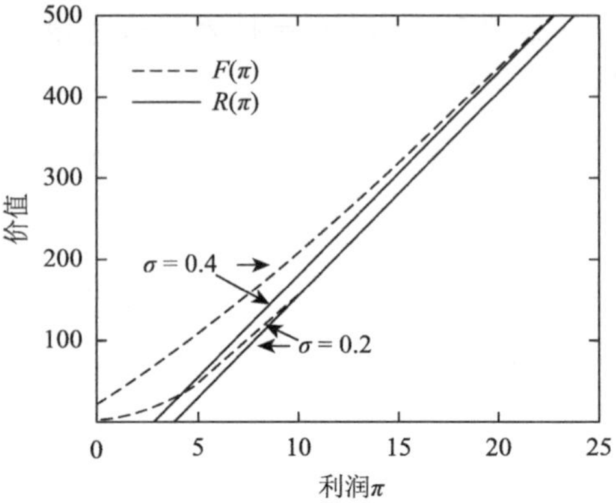

图 5-6 不同波动率下利润与价值

平台获得预期利润的不确定性也同样增加。因此，风险投资机构对目标平台的投资将趋于谨慎。这种谨慎可能表现为：一是σ越高，投资风险也越高，风险投资机构向目标平台投资时，会要求与高风险相匹配的预期回报，从而推高了它们对平台预期利润和投资价值水平的要求，提高了投资期权行权的利润和投资回报临界值；二是从投资安全角度来考虑，σ越高，风险投资机构等待投资机会将变得越有价值，投资期权被延后执行的可能性增加。因此，波动率σ越高，风险投资机构执行投资期权的利润临界值越高，风险投资机构将越倾向于延期投资，等待更佳的投资机会。

（三）地方政府政策对风险投资机构投资决策的影响分析

在式（5-13）中θ为政府支持度，反映了地方政府对网络借贷发展的支持程度，其取值位于 0 到 1 之间，θ越趋于 1，表示当地政府对网络借贷平台投资越支持，风险投资机构能够从投资网络借贷平台中获得越多的利润。目前中国各地方政府对网络借贷发展给予的优惠政策及力度有较大差异，这些不仅会影响网络借贷平台的区位分布，而且会影响风险投资机构对网络借贷平台的投资决策。分别求利润临界值π^*和目标平台价值临界值V^*关于θ的一阶偏导，可得到：

$$\begin{cases} \dfrac{\partial \pi^*}{\partial \theta} = -\dfrac{(r-\alpha)I_1\beta_1}{(\beta_1 - 1)} < 0 \\ \dfrac{\partial V^*}{\partial \theta} = -\dfrac{I_1\beta_1}{(\beta_1 - 1)} < 0 \end{cases}$$

从上述两个式子中$\dfrac{\partial \pi^*}{\partial \theta} < 0$和$\dfrac{\partial V^*}{\partial \theta} < 0$，可以看出随着$\theta$提高，$\pi^*$和$V^*$同时

降低。这表明政府对网络借贷支持力度越大，风险投资机构对目标平台的利润和平台价值要求越低，其越可能对网络借贷平台进行投资。

另外，同样由于 V 服从几何布朗运动，可知 $\ln(V)$ 服从均值为 $\left(\alpha-\dfrac{\sigma^2}{2}\right)t$，方差为 $\sigma^2 t$ 的正态分布。在目标平台价值临界值 V^*处，可得到风险投资机构投资目标平台的等待时间估计值为 $T^*=\dfrac{\ln(V^*)}{\alpha-\sigma^2/2}-t_0$。由于 V^*是 θ 的减函数，而 T^*是 V^*的增函数，因此，T^*是 θ 的减函数。可得到结论：随着 θ 的提高，风险投资机构投资目标平台的期权执行时间会提前。

图 5-7 的数值模拟显示了政府支持度 θ 在 $[0,0.20]$ 取不同值时，如果风险投资机构执行投资期权，利润临界值和目标平台价值临界值的变化轨迹。图 5-7 和图 5-8 中相关参数设置分别为 $\alpha=0.01$，$\sigma=0.2$，$I_1=100$，$r=0.05$。图 5-7 显示风险投资机构执行投资期权的利润临界值 π^* 和目标平台价值临界值 V^* 随着 θ 提高而逐渐下降，与理论证明结论一致。图 5-8 的数值模拟显示 $\theta=0.2$ 时平台投资期权的利润临界值比 $\theta=0.01$ 时更低，因此，$\theta=0.2$ 时的平台投资期权比 $\theta=0.01$ 时更容易达到执行临界点。数值模拟同样显示，政府对网络借贷支持力度越大，风险投资机构越容易对网络借贷平台进行投资。

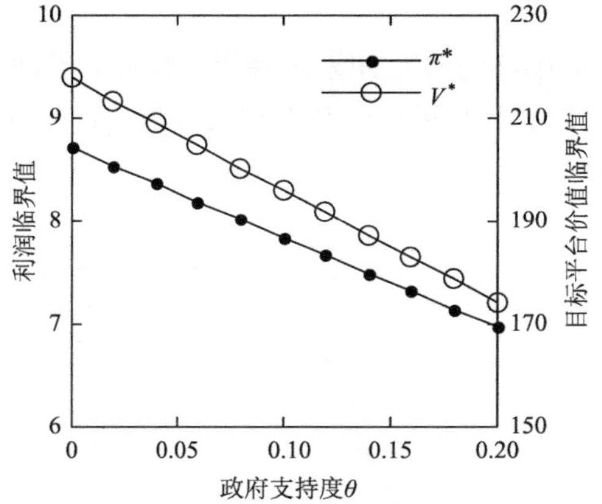

图 5-7　政府支持度与利润临界值、目标平台价值临界值

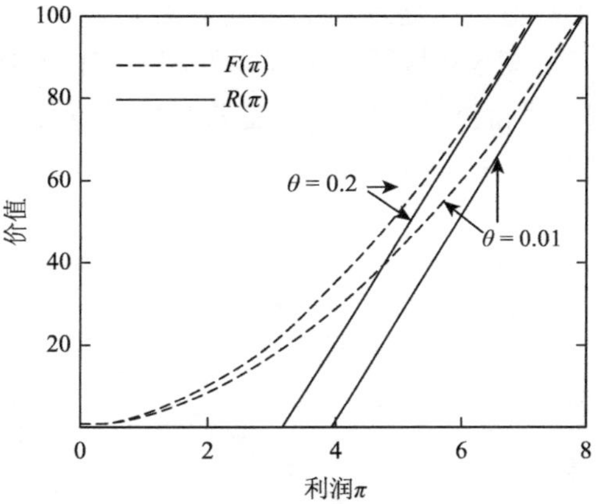

图 5-8　不同政府支持度下利润与价值

从实际来看，当 θ 提高时，地方政府对网络借贷的支持度加大，目标平台获得预期利润的外部政策环境改善，能够激励风险投资机构对目标平台进行投资，从而降低投资期权执行的利润临界值，使风险投资机构更倾向于执行投资期权，而非等待投资机会。因此，可得到如下命题 3。

命题 3：地方政府的政府支持度 θ 越高，执行投资期权的利润临界值越低，风险投资机构越倾向于投资网络借贷平台。

（四）无风险利率对风险投资机构投资决策的影响分析

在风险投资机构进行投资决策过程中，无风险利率 r 反映了风险投资机构投资目标平台的机会成本。由于网络借贷平台在运营过程中，宏观金融环境时刻发生着变化，这种变化会反映到无风险利率 r 中，从而影响风险投资机构的投资决策。

从理论上看，令 $Q=\frac{1}{2}\sigma^2\beta(\beta-1)+\alpha\beta-r=0$，可以看出 Q 是关于 β 的二次函数，形态是开口向上的抛物线，与横轴有两个交点，分别是 $\beta_1>1$，$\beta_2<0$。由于 $\beta_2<0$ 不满足边界条件，β_2 被舍弃，因此下文仅讨论正根 β_1。求 Q 关于 r 的全微分可得

$$\frac{\partial Q}{\partial \beta_1}\frac{\mathrm{d}\beta_1}{\mathrm{d}r}+\frac{\partial Q}{\partial r}=0$$

由于 $\frac{\partial Q}{\partial r}=-1<0$，$\frac{\partial Q}{\partial \beta_1}>0$，所以上面等式要成立必然有 $\frac{\mathrm{d}\beta_1}{\mathrm{d}r}>0$，这表明 β_1 随着 r 增加而递增。而 π^*、V^*、$F(\pi)$ 对 r 求偏导后，表达式比较复杂，本节采用数值模拟展示它们之间的关系。

图 5-9 显示了无风险利率 r 在 $[0,0.10]$ 取不同值时，如果风险资本执行投资期权，利润和目标平台价值临界值的变化轨迹。图 5-9 和图 5-10 中相关参数设置分别为 $\sigma=0.2$，$\theta=0.03$，$I_1=100$，$\alpha=0.01$。图 5-9 显示风险资本执行投资期权的

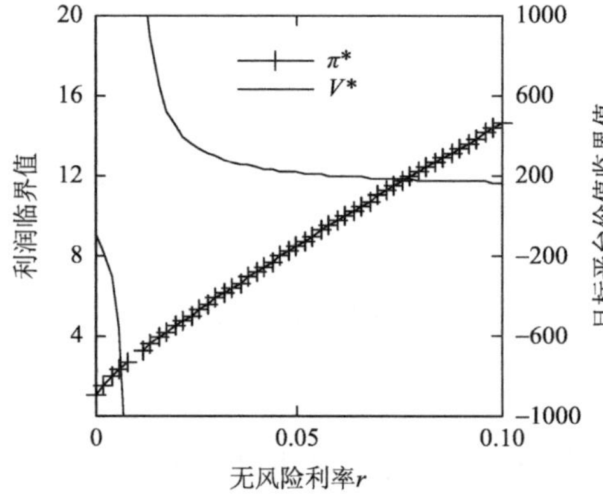

图 5-9 无风险利率与利润临界值、目标平台价值临界值

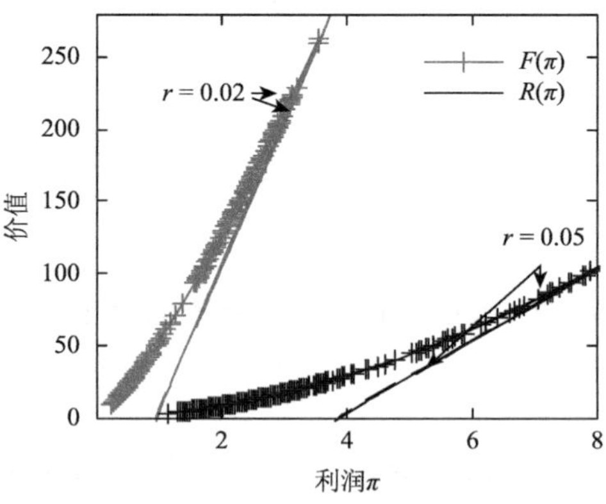

图 5-10 不同无风险利率下利润与价值

利润临界值π^*随着r提高而逐渐上升，而目标平台价值临界值V^*则随r增加呈现分段式的递减。图 5-10 显示$r = 0.05$时投资期权的利润临界值远远高于$r = 0.02$时的利润临界值。这表明随着无风险利率r的提高，风险投资机构投资网络借贷平台的可能性随之下降。

从实际来看，当无风险利率r提高时，意味着风险投资机构投资的机会成本上升，这将导致风险投资机构在是否增加投资的决策上趋于谨慎。这会表现为：一是对目标平台的利润有更高要求，这导致只有那些利润高的平台才可能获得风险投资机构增加投资的机会；二是风险投资机构的最优决策选择为等待投资机会。因此，可得到如下命题 4。

命题 4：无风险利率r越高，执行投资期权的利润临界值越高，风险投资机构越趋向于等待投资机会。

第三节　风险投资机构对平台投资偏好的实证分析

本节使用中国网络借贷行业数据，建立 Logistic 模型分析那些受到风险投资机构青睐的平台规模、业务、管理等方面的特征，并检验前文实物期权模型分析的结论，以期为防范网络借贷风险和制定行业规范和监管标准提供参考。

一、变量设置

因变量为平台有无风险投资，使用该平台是否得到风险投资机构融资表示，取值为 1 表示有风险投资，0 表示无风险投资。

尽管网络借贷需求大小无法直接观察，但是平台成交量、投资者人数、借款者人数、投资金额和借款金额都能够从不同角度反映需求。因为成交量既包含平台客户数量信息，又包含客户借贷金额信息。所以，平台成交量能够比其他指标更全面地反映需求。在选择需求增长漂移率的替代指标时，借鉴王媛（2015）、Bulan 等（2008）采用历史变量增长速度作为预期增速的思想，本节采用平台成交量增长率表示平台网络借贷漂移率。选择需求不确定的替代指标时，借鉴 Cunningham（2006）采用变量方差估计的方法，本节以平台成交量标准差表示平台网络借贷服务需求不确定性。

目前关于无风险利率替代指标选取有两种方法：一是使用国债利率表示；二是使用银行定期存款利率表示。本节先采用三年定期存款利率表示无风险利率建立回归模型，然后使用三年期国债利率表示无风险利率，对模型进行稳健性检验。主要考虑到如下原因：一是中国各网络借贷平台获得外部融资的时间跨度较大，如信用宝早在 2005 年就开始获得外部风险投资，有些平台则是在 2015 年才获得外部投资；二是自 2005 年 1 月到 2015 年 9 月，中国政府对银行存款基准利率进行了 24 次调整；三是网络借贷平台在运营初期都处于烧钱状态，难以实现盈利，投资平台应该属于中长期投资。另外，当采用三年定期存款利率表示无风险利率时，对于已经获得融资的平台，选取其获得外部融资的那个时间，中国人民银行规定的三年定期存款利率为无风险利率；而对于那些尚未获得外部风险融资的平台，其无风险利率为 2005 年 1 月至 2015 年 12 月三年定期存款利率最高值和最小值的平均水平。当采用三年期国债利率作为无风险利率时，对于已经获得融资的平台，其相应的无风险利率为其获得风险投资融资时，对应年份发行的三年期国债利率；而那些尚未获得风险投资融资的平台，其无风险利率为 2005 年 1 月至 2015 年 12 月发行的三年期国债利率算术平均值。

根据 Stuart 等（1999）、Bertoni 等（2011）的研究，由于存在信息不对称，风险投资机构需要根据初创企业发出的信号来判断其质量。Hsu 和 Ziedonis（2013）、Espenlaub 等（2014）认为初创企业的团队经验、管理潜力、是否获得过风险投资融资等都能够在一定程度上传递其质量信息，因此这些因素都是风险投资机构选择投资对象时的重要参考标准。考虑到一方面平台获得风险投资融资，可能促使其提高管理水平和效率，另一方面平台管理团队水平也会最终体现在平台效率上，因此为避免这两方面信息重复对估计结果的不利影响，采用非定向 SBM（slacks-based model，基于松弛变量的模型）三阶段 DEA（data envelopment analysis，数据包络分析法）模型测度的平台管理效率表示平台管理团队经验和能力，在模型中使用平台管理效率的对数。

由于网络借贷平台为获得风险投资机构的融资，可能主动向风险投资机构发送其质量信号，如在中国部分平台主动进行用户资金托管，就可以看作其向客户和风险投资机构发送的信号，因此本节采用平台是否进行用户资金托管作为平台质量信号之一。

中国各地方政府大多出台或即将出台相关互联网金融支持政策，截至 2015 年 9 月具体政策情况如表 5-4 所示。各地政策对互联网金融的支持力度都较大，优惠政策大多涉及企业落户、人才引进、企业融资和配套设施等多方面。由于各地政府支持互联网金融发展的政策出台时间存在差异，出台政策相对较早的地区对网络借贷企业吸引力更大，平台、配套设施及环境相对更成熟，更可能吸引到外部融资。因此，本节以政策出台时间顺序的分类变量代表政府优惠政策，该分类变量取值原则为：1 代表 2013 年出台优惠政策的地区；2 代表 2014 年上半年出台优惠政策的地区；3 代表 2014 年下半年出台优惠政策的地区；4 代表 2015 年出台优惠政策或尚未出台优惠政策的地区。另外，针对有些地区如广东、浙江、江苏、山东和广西存在部分城市率先出台支持互联网金融政策，而其他地区可能尚未正式出台相关政策的问题，也一律按照上述分类原则，判断平台所在城市出台优惠政策时间的所属类型，确定其政府优惠政策变量的取值。例如，杭州地区的平台优惠政策取值为3，而浙江其他地区的平台取值为4。

表 5-4　各地发展互联网金融的相关政策文件

地区	文件名及出台时间
北京	《石景山区支持互联网金融产业发展办法（试行）》（2013年8月）
	《北京市海淀区人民政府关于促进互联网金融创新发展的意见》（2013年10月）
上海	《黄浦区关于建设外滩金融创新试验区的实施意见细则（暂行）》（2013年9月）
	《关于促进本市互联网金融产业健康发展的若干意见》（2014年8月）
天津	《天津开发区推进互联网金融产业发展行动方案（2014—2016）》（2014年3月）
深圳	《深圳市人民政府关于支持互联网金融创新发展的指导意见》（2014年3月）
南京	《秦淮区关于促进互联网金融集聚发展的扶持政策》（2014年3月）
	《关于加快互联网金融产业发展的实施办法》（2014年7月）
贵阳	《支持贵阳市互联网金融产业发展的若干政策措施（试行）》（2014年6月）
成都	《成都高新区推进"三次创业"加快金融业发展的若干政策》（2014年10月）
青岛	《鼓励发展新型业态和商业模式若干政策措施》（2014年9月）
杭州	《杭州市人民政府关于推进互联网金融创新发展的指导意见》（2014年11月）
浙江	《浙江省促进互联网金融持续健康发展暂行办法》（2015年1月）
广州	《广州市人民政府办公厅关于推进互联网金融产业发展的实施意见》（2015年3月）
福建	《加快互联网经济发展十条措施》（2015年3月）
武汉	《关于促进互联网金融产业创新发展的实施意见》（2015年7月）
南宁	《南宁市促进互联网金融产业健康发展若干意见》（2015年6月）

资料来源：部分来自网贷之家，另一部分为笔者收集和整理

考虑到如下几个方面因素：一是模型如果遗漏重要变量，可能导致模型拟合不足及估计的系数存在偏误等问题；二是风险投资等外部资本在对P2P网络借贷平台进行投资前，还可能会综合考察平台的规模、业务能力、风险控制能力等。因此，模型还有必要引入平台运营时间、月平均成交量、平均借款利率、满标时间、前十大借款人待还金额占比等作为控制变量。

二、模型方法及资料来源

（一）模型方法

1. Logistic 模型

本节采用Logistic模型对平台是否能够获得风险投资及影响因素进行分析，从而对风险投资机构的偏好进行实证研究。其中，若X为影响平台是否获得外部

融资的诸变量组成的向量，设 P_j 表示 P2P 网络借贷平台 j 获得风险投资的条件概率，则 $(1-P_j)$ 表示 P2P 网络借贷平台没有获得风险投资的条件概率。假定 P_j 是 X_j 的一个逻辑分布函数，存在非线性函数关系：

$$\ln\left(\frac{P_j}{1-P_j}\right)=\alpha+\beta X_i \tag{5-12}$$

其中，$\frac{P_j}{1-P_j}$ 为平台获得风险投资的机会比，是平台 i 获得风险投资的条件概率与没有获得风险投资的条件概率之比。式（5-12）为 Logistic 模型表示形式，是平台获得风险投资的机会比对数。

2. 平台管理效率测算模型[①]

Fried 等（2002）提出了三阶段 DEA 模型，该方法结合使用 SFA（stochastic frontier approach，随机前沿分析）方法和 DEA，在对决策单元效率进行评价时能够消除环境因素和随机因素的影响，估计出的效率值能更真实地反映决策单元的管理水平。Avkiran 和 Rowlands（2008）认为三阶段 DEA 分析中需要采用更为全面的非定向 SBM 模型，可同时兼顾输出最大化和投入最小化。

第一阶段：采用原始投入产出数据，选取 DEA 模型，计算平台管理效率和松弛变量。考虑到中国目前 P2P 网络借贷行业仍然处于结构调整时期，多数平台当前面临着如何扩大市场份额的问题，既要考虑投入最小问题，也要兼顾最大化产出的问题。因此，本书选取非定向的规模报酬可变（variable returns to scale，VRS）的 SBM 模型进行第一阶段的 DEA 估计，以同时兼顾平台的输出最大化和投入最小化问题。假设有 N 个网络借贷平台，每个平台有 n 个输入和 m 个输出，用 $x_i(i=1,2,\cdots,n)$ 表示输入变量，$y_r(r=1,2,\cdots,m)$ 表示输出变量。当平台投入和产出非径向冗余比值 $\rho=1$ 时，表示平台充分有效，当 $0\leqslant\rho<1$ 时，代表平台存在效率损失。

第二阶段：应用 SFA 模型考察环境变量对平台效率的影响，并得到调整后的投入和产出。在该阶段将对第一阶段的产出和投入松弛变量进行 SFA 回归分析，分离出管理无效、环境无效和运气好坏等误差因素的影响，根据 SFA 回归结果调整产出量，本书投入和产出具体调整方法借鉴 Avkiran 和 Rowlands（2008）提出的方法。

首先，利用 N 个网络借贷平台的 n 个投入松弛变量对可观测的环境变量、代表测量误差和管理无效率的合成误差项进行 SFA 回归分析，其中管理无效率是单边非对称的误差成分，而测量误差是对称的误差成分。投入松弛变量的 SFA 回归模型可表示为式（5-13）。

---

① 该部分模型介绍是在李先玲等（2017）的研究方法的基础上修改而来的。

$$s_{ij}^{-}=f^{i}(z_j,\beta^{i})+v_{ij}+u_{ij},\quad i=1,2,\cdots,n;\ j=1,2,\cdots,N \tag{5-13}$$

其中，s_{ij}^{-}为第一阶段平台j的第i个投入的松弛变量，等于平台实际投入量减去期望投入量；z_j为对第j个平台产生影响并且可观察的外生环境变量；β^{i}为可行冗余前沿的待估参数，且$f^{i}(z_j,\beta^{i})=z_j\beta^{i}$；$v_{ij}$为第$j$个平台在第$i$个投入上的测量误差，假定$v_{ij}$服从正态分布$N(0,\sigma_v^2)$；$u_{ij}$为第$j$个平台在第$i$个投入上的管理无效率，且$u_{ij}$大于等于0，假定其服从截断性正态分布$N^{+}(0,\sigma_u^2)$。

同理，利用N个网络借贷平台m个产出的松弛变量对可观测的环境变量、代表测量误差和管理无效率的合成误差项进行SFA回归分析，回归模型形式如式（5-14）所示：

$$s_{rj}^{+}=f^{r}(z_j,\beta^{r})+v_{rj}+u_{rj},\quad r=1,2,\cdots,m;\ j=1,2,\cdots,N \tag{5-14}$$

其中，s_{rj}^{+}为第一阶段平台j的产出松弛变量，是平台目标产出量与实际产出量之差；v_{rj}为第j个平台在第r个产出上的测量误差，假设v_{rj}服从正态分布$N(0,\sigma_v^2)$；u_{rj}为第j个平台在第r个产出上的管理无效率，且u_{rj}大于等于0，假定其服从截断性正态分布$N^{+}(0,\sigma_u^2)$。

根据Battese和Coelli（1995）的方法，在Frontier 4.1中采用SFA估计式（5-13）和式（5-14），求出β^{r}、β^{i}、σ_v^2、σ_u^2等未知参数。然后，根据SFA回归结果来调整平台的产出。Fried等（2002）指出，其调整的基本思想是熨平环境和运气对投入或产出的影响，该调整既可以将投入或产出冗余进行向上调整，也可以进行向下调整。为避免调整后的投入和产出出现负数，本节对投入和产出都采用Avkiran和Rowlands（2008）的向上调整方法。平台投入调整具体公式如下：

$$x_{ij}^{A}=x_{ij}+|\max_i\{z_j\hat{\beta}^{i}\}-z_j\hat{\beta}^{i}|+|\max_i\{\hat{v}_{ij}\}-\hat{v}_{ij}|,\quad i=1,2,\cdots,n;\ j=1,2,\cdots,N \tag{5-15}$$

其中，x_{ij}为投入冗余调整前，第j个平台在第i种生产要素上的投入量；x_{ij}^{A}为投入冗余调整后，第j个平台在第i种生产要素上的投入量；$z_j\hat{\beta}^{i}$为受到环境因素影响，导致第j个平台出现生产无效率，在第i种生产要素上产生的投入冗余；$\hat{v}_{ij}$为由随机因素影响导致第j个平台生产无效率，在第i种生产要素上产生的投入冗余。

式（5-15）中$|\max_i\{z_j\hat{\beta}^{i}\}-z_j\hat{\beta}^{i}|$是环境调整项，其作用是让所有网络借贷平台都处于最差环境状态，即所有单元面临相同的差环境，可消除环境因素对投入的影响。式（5-15）中$|\max_i\{\hat{v}_{ij}\}-\hat{v}_{ij}|$是随机误差项调整项，用于将所有网络借贷平台运营调整到遇到最不利的随机因素情况下，即所有单元面临相同的最差运气，可消除随机因素对投入的影响。平台产出调整具体公式如下：

$$y_{ij}^{A}=y_{ij}+|\max_r\{z_j\hat{\beta}^{r}\}-z_j\hat{\beta}^{r}|+|\max_r\{\hat{v}_{rj}\}-\hat{v}_{rj}|,\quad r=1,2,\cdots,m;\ j=1,2,\cdots,N \tag{5-16}$$

其中，y_{ij}为产出冗余调整前第j个平台的第r个产出量；y_{ij}^{A}为产出冗余调整后第j个平台的第r个产出量；$z_j\hat{\beta}^r$为由环境因素影响导致第j个平台在第r个产出上的冗余；$\hat{v}_{rj}$为由随机因素影响导致第j个平台在第r个产出上的冗余。

式（5-16）中$|\max_r\{z_j\hat{\beta}^r\}-z_j\hat{\beta}^r|$是环境调整项，其作用是让所有网络借贷平台都处于最佳环境状态，即所有单元面临相同的好环境，可消除环境因素对产出的影响。式（5-16）中$|\max_r\{\hat{v}_{rj}\}-\hat{v}_{rj}|$是随机误差项调整项，用于使所有网络借贷平台具有相同的最有利的随机因素，即所有单元面临相同的最好运气，可消除随机因素对产出的影响。

要计算式（5-15）和式（5-16），关键是从投入和产出管理无效率中分离出随机因素。本节采用 JLMS①技术来分解复合残差（Jondrow et al.，1982），求出平台管理无效率$E[u_{ij}|v_{ij}+u_{ij}]$的估计值，具体估计公式及方法如下：

$$E[u_{ij}|v_{ij}+u_{ij}]=\frac{\sigma\lambda}{1+\lambda^2}\left[\frac{f(\varepsilon_{ij}\lambda/\sigma)}{1-F(\varepsilon_{ij}\lambda/\sigma)}-\frac{\varepsilon_{ij}\lambda}{\sigma}\right] \quad (5\text{-}17)$$

其中，$\sigma^2=\sigma_u^2+\sigma_v^2$；$\varepsilon_{ij}=u_{ij}+v_{ij}$；$\lambda=\sigma_u/\sigma_v$；$f(\cdot)$为标准正态分布的密度函数；$F(\cdot)$为正态分布相应的累积分布函数。

估算出平台管理无效率$E[u_{ij}|v_{ij}+u_{ij}]$后，还可估算出平台的随机因素导致的投入和产出冗余估计值。随机因素导致的产出和投入冗余估计值的具体计算公式分别如式（5-18）和式（5-19）：

$$\hat{E}[v_{ij}|v_{ij}+u_{ij}]=s_{ij}^{-}-z_j\hat{\beta}^i-\hat{E}[u_{ij}|v_{ij}+u_{ij}],\quad i=1,2,\cdots,n;\ j=1,2,\cdots,N \quad (5\text{-}18)$$

$$\hat{E}[v_{rj}|v_{rj}+u_{rj}]=s_{rj}^{+}-z_j\hat{\beta}^r-\hat{E}[u_{rj}|v_{rj}+u_{rj}],\quad r=1,2,\cdots,m;\ j=1,2,\cdots,N \quad (5\text{-}19)$$

在第三阶段，以第二阶段得到的调整后产出量和投入量分别作为模型的投入和产出，再次利用 SBM 模型，重新估计各平台效率。该阶段估算出的各平台效率，就是剔除了环境及运气好坏等随机因素影响后的净效率，仅剩下管理要素影响的那部分效率。

（二）资料来源②

在运用 DEA 模型评价传统金融机构效率时，通常采用生产法和中介法来划分其投入和产出要素。其中，生产法将金融机构视为是存款和贷款的生产者，而中介法则将金融机构看作金融市场资金转换者。尽管角度不同，但两种方法都强调

① JLMS 为 JLMS 技术四位创始人的姓的缩写。

② 该部分模型资料来源分为两个部分：测算效率的数据是在李先玲等（2017）论文相应部分基础上修改而来的；平台运营的数据则是另外收集整理而来。

人力和资金是两种重要的投入要素。考虑数据的可得性，本节将投入要素指标选定为注册资本和员工数，产出要素指标选为投资者人数和借款者人数。

尽管环境因素对企业管理效率影响的实证研究结果存在分歧，但普遍认为影响企业管理效率的环境因素有内部和外部之分。其中，外部环境因素包括影响企业运营的外部宏观经济、制度和社会等因素，内部环境因素主要是指企业内部文化、员工素质等。选取平台所在地区网络借贷成交量和所在城市的人均 GDP（gross domestic product，国内生产总值）表示外部环境变量。其中，城市人均 GDP 代表平台所面临的宏观经济环境，地区网络借贷成交量能够反映出政府关于网络借贷的支持力度。由于内部环境因素主要涉及企业内部文化、员工素质等，因此选取 P2P 网络借贷平台技术积分和透明度积分表示内部因素。其中，技术积分是根据 P2P 网络借贷平台系统自主研发情况、网站人均响应时间、网站安全漏洞检测、App（application，应用程序）、微信客户端、数据传输安全、账户安全、IT（information technology，信息技术）团队实力等得出的评分。技术积分越高，表明该平台技术实力越强，平台员工素质越高。透明度积分是根据平台对公司信息、运营数据、借款资料的公布程度给予的相应评分。平台的透明度积分高低，不仅能够反映平台信息公开程度高低，还能够反映出平台管理者和员工综合素质的高低。透明度积分越高，表明平台管理者和员工素质也越高。

平台管理效率测算涉及的投资者人数、借款者人数、注册资本数据来自网贷之家的网络借贷平台 2015 年 10 月的交易数据库，平台雇用的员工数量、平台地域、平台有无风险投资、平台是否具有国资背景等数据主要来自网贷天眼的平台数据库。对于少数在网贷天眼的数据库中找不到员工统计数据的平台，由笔者通过网络或电话聊天向各平台进行直接询问而获得。城市人均 GDP 来自《中国城市统计年鉴》，地区网络借贷成交量数据来自网贷之家。网络借贷平台技术积分和透明度积分数据，来源于网贷之家网贷研究院编制的 2015 年 5 月至 12 月的平台评级数据。

Logistic 模型使用的 207 个 P2P 网络借贷平台的相关运营数据，如平台运营时间、注册资本、月平均成交量、平均利率、前十大借款人待还金额占比、投资人数和借款人数全部来源于网贷之家的统计数据库。其中，月平均成交量、平均利率、前十大借款人待还金额占比是 207 个平台 2015 年 4 月到 2015 年 10 月相应指标的平均值，成交量增长率是 207 个平台 2015 年 4 月到 2015 年 10 月日成交量增长率的平均值，成交量标准差是 207 个平台 2015 年 4 月到 2015 年 10 月日成交量的标准差。平台是否获得外部融资变量则是笔者通过在百度中输入关键词“P2P”和“风投”，搜索获得相关信息，收集有风险投资机构涉足的网络借贷平台名单，最初名单上有将近 80 个平台，但是这些平台中能够获得运营数据的仅有 62 个。无风险利率和政府优惠政策数据均是笔者通过网络采集相关信息，进行处理而来。本节所涉及的主要变量统计描述如表 5-5 所示。

表 5-5 变量含义及描述性统计结果

变量名	变量含义	最大值	最小值	均值	标准差
平台有无风险投资	0 为无风险投资，1 为有风险投资	1	0	0.30	0.46
成交量增长率	单位：%	663	22	23.25	54.10
成交量标准差	成交量标准误差	89 022.5	25	4 310.95	11 389.48
三年定期存款利率	单位：%	4.25	3	3.25	0.26
三年期国债利率	单位：%	5.35	4.1	4.34	0.23
平台运营时间	单位：月	99	4	20.81	13.89
月平均成交量	平台的月平均成交量，单位为万元	735 561	91	20 694.13	58 702.46
平均利率	单位：%	0.26	0.08	0.14	0.04
前十大借款人待还金额占比	前十大借款人待还金额占比，单位：%	1	0	0.49	0.36
优惠政策	1、2、3、4 分别表示支持政策出台时间早、中、晚以及没有出台的地区	4	1	2.57	1.16
满标时间	平台借款标的的平均满标时间，单位：分钟	6 381.89	0	661.33	956.23
平台管理效率	非定向 SBM 三阶段 DEA 方法测算平台管理效率的对数	0	−1.18	−0.45	0.28

三、回归结果分析

（一）平台效率测算结果①

使用非定向 SBM 三阶段 DEA 方法测算出来的平台效率总体特征如表 5-6、表 5-7 所示，在 10%的显著性水平下，东部、中部、西部三个地区平台的综合技术效率和纯技术效率差异都不显著，而规模效率差异在 10%的水平下显著。这表明剔除环境因素影响后，东部、中部和西部地区平台的效率并不存在显著差异。上市公司和非上市公司背景平台综合技术效率在 1%的显著性水平下显著，纯技术效率和规模效率的均值都在 5%的水平下存在显著差异。这表明上市公司和非上市公司背景平台综合技术效率差异一方面来自平台纯技术效率差异，另一方面来源于规模效率差异。在 10%的显著性水平下，有风险投资和无风险投资平台综合技术效率和纯技术效率的均值存在显著差异，而规模效率不存在显著差异。因此，有风险投资平台的综合技术效率和纯技术效率在数值上和统计上都显著高于无风险投资平台，由此可以看出有无风险投资平台的综合技术效率差异主要来源于纯

① 该部分平台效率测算结果仅汇总了李先玲等（2017）论文实证分析的主要结果。如需了解更详细的平台效率测算结果及分析，请参阅该论文原文。

技术效率的差异。在5%的显著性水平下，民营和国资背景平台的综合技术效率、纯技术效率和规模效率都不存在显著差异。

表 5-6　不同类型平台第三阶段效率的均值比较检验结果

观测变量	控制变量（1为是，0为否）	控制变量值为1时的效率均值	控制变量值为0时的效率均值	t统计量
综合技术效率	是否上市公司	0.798	0.675	3.529***
	是否国资	0.637	0.697	0.81
	是否有风险投资	0.747	0.677	2.337**
纯技术效率	是否上市公司	0.942	0.865	2.506**
	是否国资	0.87	0.905	−1.621
	是否有风险投资	0.927	0.895	−2.041*
规模效率	是否上市公司	0.843	0.756	2.528**
	是否国资	0.741	0.77	−0.73
	是否有风险投资	0.804	0.758	1.571

注：t统计量为独立样本均值t检验结果

*、**、***分别表示在10%、5%和1%的显著性水平下显著

表 5-7　不同地域平台第三阶段效率的均值比较检验结果

观测变量	控制变量	列文统计量	F统计量
综合技术效率	地域	0.450	1.684
纯技术效率		1.181	0.043
规模效率		0.146	2.374*

注：表中列文统计量和F统计量为单因素方差分析结果

*表示在10%的显著性水平下显著

（二）Logistic模型回归结果

表5-8的回归结果显示了以模型①为基准模型，逐步引入控制变量，并挑选出最合适模型的过程。从模型的信息准则来看，随着变量的逐步引入，从模型①到模型④，模型的赤池信息准则和贝叶斯信息准则逐步下降；而从模型④到模型⑧，模型的赤池信息准则和贝叶斯信息准则逐步上升。按照信息准则最小化原则，模型④的赤池信息准则和贝叶斯信息准则分别为193.23和228.14，是八个模型中最小的。因此，模型④是最合适的模型。从模型设定的似然比检验结果来看，同样显示模型④是最合适的模型。另外，从模型参数稳定性角度来看，随着控制变量的逐步引入，模型①到模型⑧的估计系数仅有数值上的细微变化，系数符号完全一致，而且变量的显著性也未发生明显变化。

表 5-8 Logistic 模型回归结果

变量	模型①		模型②		模型③		模型④		模型⑤		模型⑥		模型⑦		模型⑧	
	β	e^{β}	β	e^{β}	β	e^{β}	β	e^{β}	β	e^{β}	β	e^{β}	β	e^{β}	β	e^{β}
三年定期存款利率	−0.62	0.54	−0.58	0.56	−0.90	0.41	−0.47	0.628	−0.53	0.59	−0.47	0.63	−0.45	0.64	−0.47	0.63
成交量增长率	1.60**	4.93**	1.82***	6.15***	1.71**	5.54**	1.70**	5.44**	1.68***	5.37***	1.69**	5.43**	1.72**	5.58**	1.68**	5.36**
成交量标准差	0	1	0	1	0	1	0	1	0	1	0	1	0	1	0	1
优惠政策 = 1																
优惠政策=2	−1.00**	0.37**	−1.19***	0.31***	−1.13*	0.32*	−1.10*	0.33*	−1.14*	0.320*	−1.07**	0.34**	−1.12**	0.33**	−1.10***	0.33***
优惠政策=3	−1.03*	0.36*	−1.35**	0.26*	−1.23**	0.29**	−1.35**	0.26**	−1.41**	0.24**	−1.37*	0.26*	−1.37*	0.25*	−1.35**	0.26**
优惠政策=4	−2.76***	0.06**	−2.94***	0.05***	−2.87***	0.06***	−3.06***	0.05***	−3.12***	0.04***	−2.99***	0.05***	−3.08***	0.05***	−3.06***	0.05***
平台运营时间			0.04**	1.04**	0.03**	1.03**	0.04*	1.04*	0.03	1.04	0.04**	1.04**	0.04*	1.04*	0.04*	1.04*
平台管理效率					1.67***	5.41***	1.75**	5.78**	1.59**	4.91**	1.67*	5.30*	1.77**	5.89**	1.75**	5.74**
资金是否托管=1							1.55***	4.70***	1.54***	4.65***	1.52***	4.58***	1.54***	4.68***	1.55***	4.71***
月平均成交量									0	1						
平均利率											−3.58	0.03				
前十大借款人待还金额占比													0.30	1.35		
满标时间															0	1
截距	1.75	5.75	1.04	2.83	1.51	4.53	0.66	1.93	0.83	2.29	1.09	2.97	0.42	1.52	0.69	1.99
准拟合优度	0.19		0.22		0.24		0.31		0.31		0.31		0.31		0.31	
似然比检验		6.92**		6.03**		12.17***		3.23*			1.3		1.4		1.3	
赤池信息准则	217.47		213.70		209.53		193.23		195.64		195.91		196.12		196.36	
贝叶斯信息准则	242.56		240.32		239.83		228.14		232.05		233.32		233.86		234.12	

注：本表中似然比检验显示内容为相邻两个模型的模型设定似然比检验的统计量及显著性

***、**和*分别表示在 1%、5%和 10%的显著性水平下显著

1. 漂移率影响分析

从表5-8的回归结果可以看出模型④成交量增长率的系数在5%的显著性水平显著，这表明在其他条件不变时，平台成交量每增长1%，平台获得风险投资的对数机会比将平均增加1.70%，即平台获得风险投资的机会比是原来的1.017倍①。这意味着，平台的成交量增长率越高，平台获得风险投资的可能性越大，越可能避免因资金短缺而产生的平台退出风险。该实证结果一方面印证了前文理论及数值分析结果，另一方面也与中国P2P网络借贷行业实际情况及风险投资偏好基本吻合。具体表现在：一是那些获得外部融资的平台成交量增长率往往高于尚未获得融资的平台。根据本节收集数据的分类统计结果，已经获得融资的39家平台成交量的月平均增长率高达41.49%，而其余未获得融资的238家平台成交量增长率仅为20.95%。二是风险投资决策过程中，企业未来的成长性是风险投资注重的关键因素之一。那些成交量保持高速增长（即漂移率大）的平台，往往有着简单而且清晰的盈利模式，其业务的潜在成长性更好，必然更容易获得外部风险投资的青睐。例如，有利网最早在国内引入与小额贷款机构合作的业务模式，为平台投资者推荐优质借款人，该模式使其业务增长较快，获得多个风险投资基金的青睐，已经完成多轮融资。反观那些尚未获得投资的平台，多数平台经营模式单一，业务涉及领域大致相同，处于低水平重复竞争状态，业务增长性难以保障。三是获得了外部融资的平台，不仅能够增加人力资本投资以吸引优秀网络借贷人才，还可增加其业务创新、运营管理方面投入，为其业务高增长提供财力保证，为其进一步获得新的外部融资奠定基础。例如，人人贷、拍拍贷、有利网和积木盒子等平台都成功获得了多次的外部融资，这些平台都已经在外部融资与业务增长之间呈现出良性互动和促进关系。四是未获得外部融资的平台，在其业务增长过程中始终受到紧张的资金链制约，其未来业务的潜在增长空间受到限制，而且随时面临倒闭风险。因此，这类平台自然难以获得追逐利润的外部资本青睐。这些都从不同角度验证和说明成交量增长率越大（即漂移率越大）的平台，越可能得到风险投资。

2. 需求不确定性影响分析

表5-8的回归结果显示成交量标准差的系数为0，同时该系数在10%的水平

① 将对数机会比 $\ln\left(\frac{P}{1-P}\right)$ 取以e为底的指数，可转换成非对数机会比 $\frac{P}{1-P}$ 。在本处非对数机会比 $\frac{P}{1-P}=e^{0.017}\approx 1.017$ ，代表了平台获得风险投资的机会比。本节后面的分析采取类似的处理方法。

下不显著，这表明该系数无论在统计上还是实际上都不显著。这意味着平台的成交量标准差增大对平台获得风险投资的机会比几乎没有影响，这与命题2有一定差异。其原因可能在于：一是本节采集的平台成交量数据时间跨度有限。由于资料有限，本书仅采集了207个平台2015年4月到10月的日成交量数据，而这些平台在考察的这7个月内成交量波动并不大；二是网络借贷主要面向那些难以从银行等传统金融机构获得融资的中小企业和个人，而这些对象的金融需求长期得不到满足，其需求本身存在刚性，所以各平台成交量变动不大；三是在中国长期存在居民投资渠道单一的问题，早期的网络借贷平台提供的产品或项目综合收益率大幅度高于传统银行定期存款，而且绝大多数平台承诺保证投资人本金安全，导致大量普通投资者低估网络借贷的潜在风险，为追逐高投资收益，放弃传统投资方式，转向投资网络借贷平台项目，其结果是各平台业务稳定增长，波动幅度较小。因此，实证结果并不能观测到需求不确定性对平台融资机会比存在显著影响。

3. 政府优惠政策影响分析

表5-8的回归结果显示地方政府优惠政策对平台获得风险投资的机会比的影响无论在统计上还是实际上都是显著的。以2013年出台优惠政策的北京为参照组，模型④回归结果显示：2014年上半年出台优惠政策的地区，其平台获得风险投资的对数机会比系数是−1.10，该系数在10%的水平下显著；2014年下半年出台优惠政策的地区平台获得风险投资的对数机会比系数是−1.35，该系数在5%的水平下显著；2015年出台优惠政策地区平台获得风险投资的对数机会比系数是−3.06，该系数在1%的水平下显著。这意味着：与2013年出台优惠政策的北京相比，2014年上半年出台优惠政策地区的平台获得风险投资的机会比仅为其0.33倍，即出台优惠政策最早的北京地区的平台获得风险投资的机会比较2014年上半年出台优惠政策的地区平台大约高出67%；2014年下半年出台优惠政策的地区平台获得风险投资的机会比仅为2013年的0.26倍，即出台优惠政策最早的北京地区平台获得风险投资的机会比较2014年下半年出台优惠政策的地区平台高出74%左右；2015年出台优惠政策或尚未出台优惠政策的地区平台获得风险投资机会仅为2013的0.05倍，即出台优惠政策最早的北京地区平台获得风险投资的机会比较2015年出台优惠政策或尚未出台优惠政策的地区平台高出大约95%。

上述结果表明2013年出台互联网金融政策地区（北京），其平台获得风险投资的机会比最高，而2014年上半年出台优惠政策的地区平台获得风险投资的机会比次之，2014年下半年出台优惠政策地区平台获得风险投资机会更小，2015年出台优惠政策或尚未出台优惠政策的地区平台获得风险投资的机会最低。该结果意味着，互联网金融优惠政策出台时间越早的地区，该地区网络借贷平台获得风险投资的机会比越高，越受风险投资机构的青睐。该实证结论与现实情况基本相符，据本节数据统计，出台互联网金融优惠政策最早的北京汇集了 18 家获得外部融资的网络借贷平台，出台政策时间稍晚的深圳有 9 家平台获得外部融资，而政策出台再晚一些的上海、成都仅有 3 家平台获得外部融资。已获得外部融资的平台向出台优惠政策早的地区集中，其原因可能在于：一是出台优惠政策早的北京等地区相关信息技术配套基础设施和金融法规更完善，这些地区平台运营过程中面临的技术和制度障碍更少；二是出台优惠政策较早的地区往往是中国民营经济发达或活跃的地区，也是中国人口稠密的城市，遍布着各类中小企业和大量创业者，为 P2P 平台提供了充足的资金需求者和供给者；三是优惠政策出台早的地区已经具备 P2P 网络借贷先行者优势，其行业规模更大，行业竞争更为激烈，为了生存平台有不断创新的充足动力，保证其业务持续增长，因此更容易获得外部融资。该实证结果与命题 3 情况基本相符，这表明在网络借贷行业发展中，地方政府的政策支持发挥着至关重要的作用。

4. 无风险利率影响分析

表 5-8 的回归结果显示无风险利率对平台获得风险投资机会比的回归系数为 –0.47，该系数符号与命题 4 的理论基本相符，但是该系数在统计上并不显著。这表明在统计上无风险利率对平台的融资机会比并不存在显著的影响。该结论与命题 4 的理论结果存在一定差异，其原因可能在于：一是理论上的无风险利率变化可以不受限制，而现实中无风险利率一般变动幅度较小，因此，在实际期权定价中无风险利率通常被认为是既定的常数；二是中国正处于利率完全市场化进程中，尚未形成完善的债券二级市场，缺乏债券收益率大幅度波动的市场环境。从本节变量的描述性统计分析可以看出，2005～2015 年来中国三年期国债利率最小值为 3.37%，最高值为 5%，其标准差仅为 0.14。这些同样显示出，这十年中国经济运行较为稳定，无风险利率波动幅度较小。因此，从近年中国网络借贷平台运营数据来看，无风险利率对其融资机会比没有显著影响，既有共同的实际原因，也有中国特殊的现实原因。

5. 平台管理效率和水平影响分析

表 5-8 的回归结果显示平台管理效率对平台融资对数机会比的回归系数为 1.75，并且该系数在 5%的显著性水平下显著，具体而言，平台管理效率提高 1%，平台获得风险投资的机会比将平均上升 1.75%。这说明平台管理效率越高，越可能获得风险投资。其原因可能在于：一是在网络借贷行业起步阶段，绝大多数平台的盈利性往往不足，而管理效率高效的平台业务增长潜力更大，因此获得外部融资

的可能性必然更高。二是风险投资方对平台存在监管效应（Barry et al.，1990），有利于促进平台提高管理效率，增强其对外部风险投资机构的吸引力。平台一旦获得外部风险投资后，风险投资方为帮助平台快速成长，实现自身投资增值并快速得到回报，一方面会对平台的公司治理、业务经营模式和发展战略等进行指导（Davila et al.，2015；Croce et al.，2013；张学勇和廖理，2011），另一方面会对平台运营和信息披露等形成监督（Barry et al.，1990），从而规范平台经营管理，提高平台管理效率，使其对外部融资方更具有价值吸引力。三是优质 P2P 网络借贷平台需要通过获得风险投资进行认证。按照认证效应理论（Barry et al.，1990；Sahlman，1990；Megginson and Weiss，1991），风险投资方凭借其专业投资的团队和背景，对新成立企业进行价值评估，筛选出有价值的企业作为其投资对象，因此，风险投资在一定程度上具有第三方认证的功能。在中国网络借贷行业，平台数量多，投资者与平台之间存在严重的信息不对称，优质且管理高效率的平台为让投资者了解其价值和安全性，会更加积极寻求获得风险投资机构的融资，以证明其价值和公信力。因此，效率高的平台更容易获得风险投资。

资金是否托管对平台融资对数机会比的回归系数为 1.55，且该系数在 1%的显著性水平下显著，即与没有资金托管的平台相比，有资金托管的平台获得融资的机会比是前者的 4.70 倍。这说明有资金托管的平台更可能获得风险投资。第三方资金托管将用户资金存入第三方资金账户，能够使平台用户资金账户与平台账户分离，进而在一定程度上防止平台擅自占用或挪用用户资金，防止平台卷款逃跑（陆松新和兰虹，2015）。因此，第三方资金托管能够降低平台与投资者之间的信息不对称，让平台赢得投资者的信任。另外，一般而言，平台自愿进行第三方资金托管，也是平台向风险投资方发出的质量信号，以方便风险投资机构甄别。

6. 其他控制变量的影响分析

表 5-8 的回归结果显示其他控制变量对平台融资对数机会比的影响程度存在较大差异。其中，平台运营时间对平台融资对数机会比的回归系数为 0.04，并且该系数在 10%的显著性水平下显著，具体而言，平台运营时间增加一个月，平台获得融资的机会比将平均增加 4%，这说明平台运营时间越长，越可能获得风险投资。该结论与实际情况基本相符，已经获得风险投资的平台平均运营时间为 25.532 个月，而尚未获得融资平台平均运营时间为 18.745 个月。其原因可能在于：一是平台运营时间越长，其业务和经营模式经受市场洗礼的时间更长，表明平台经营管理者具有较强业务能力，能够适应市场需求变化；二是平台运营时间长短，能够反映平台应对各种风险实现稳健经营的能力，运营时间长的平台在风险控制体系和管理制度相对更加完善，其风险和管理水平更高；三是运营时间长的平台

能够积累深厚的用户基础和人气，在行业中具有一定知名度和影响力，更能够保障其业务增长的稳定性。因此，这些因素是风险投资机构关注的重点，能在一定程度上降低风险投资机构对平台进行投资的风险。

而月平均成交量、前十大借款人待还金额占比及满标时间对平台融资机会比的影响在统计上都不显著。这表明月平均成交量、前十大借款人待还金额占比及满标时间都不是影响其获得外部融资的主要因素。

（三）Logistic 模型回归结果稳健性分析

为检验模型结果的稳定性，使用三年期国债利率表示无风险利率，然后重新进行回归分析，得到表 5-9 的回归结果。表 5-9 的回归结果仍然显示模型④是最合适的模型，同时成交量增长率、成交量标准差、优惠政策、平台运营时间、平台管理效率和资金是否托管等变量前的系数符号符合理论预期。与表 5-8 中回归结果相比，各回归系数符号、显著性都没有明显变化，仅其数值有微小变化。在无风险利率替换为三年期国债利率后，无风险利率的回归系数在数值上发生了较大变化，其原因可能在于 2005 年 1 月到 2015 年 9 月中国基准利率水平出现了 24 次调整，因此，两个模型无风险利率数值差异较大。虽然两个模型中无风险利率变量系数数值有一定差异，但是两个模型中该系数都不显著。这表明无风险利率对平台获得融资机会比的影响都不显著。另外，两个模型中其他变量的系数变化都很微小。因此，可认为本节估计的模型是稳定的。

四、实证结果及启示

本节通过对网络借贷平台获得风险投资的影响因素进行实证分析，研究发现：网络借贷平台的漂移率（即预期需求增长率）越高，其获得风险投资的机会比越高；平台所在地区互联网金融优惠政策出台时间越早，该地区平台越容易获得风险投资；平台自身管理水平和接受监督意识越高，或者平台运营时间越长，平台获得风险投资可能性就越大。这些结果对网络借贷平台发展的启示表现在以下几个方面。

一是通过业务创新等方式，继续保持网络借贷平台的业务增长率，是吸引风险投资的关键。网络借贷行业作为新型产业，普遍预期有较好的市场前景。但是由于早期监管滞后和进入门槛不明确，目前中国网络借贷行业的平台数量庞大，而且业务同质化问题严重。因此，只有那些通过业务创新，能够保持较高业务增长率的平台才会受风险投资机构青睐。

表 5-9　Logistic 模型稳健性检验结果

变量	模型①		模型②		模型③		模型④		模型⑤		模型⑥		模型⑦		模型⑧	
	β	e^{β}	β	e^{β}	β	e^{β}	β	e^{β}	β	e^{β}	β	e^{β}	β	e^{β}	β	e^{β}
三年期国债利率	−1.26	0.28	−1.22	0.30	−1.60	0.20	−1.07	0.34	−1.13	0.33	−1.08	0.34	−1.06	0.35	−1.08	0.34
成交量增长率	1.60^{***}	4.96^{***}	1.87^{***}	6.15^{***}	1.70^{***}	5.49^{***}	1.73^{**}	5.49^{**}	1.69^{**}	5.42^{**}	1.70^{*}	5.47^{*}	1.73^{**}	5.61^{**}	1.68^{**}	5.39^{**}
成交量标准差	0	1	0	1	0	1	0	1	0	1	0	1	0	1	0	1
优惠政策 = 1																
优惠政策 = 2	-1.02^{***}	0.36^{***}	-1.21^{*}	0.30^{*}	-1.16^{**}	0.31^{**}	-1.12^{*}	0.33^{*}	-1.17^{**}	0.31^{**}	-1.09^{*}	0.34^{*}	-1.14^{**}	0.32^{**}	-1.12^{*}	0.33^{*}
优惠政策 = 3	−1.02	0.36	-1.33^{**}	0.27^{**}	-1.21^{*}	0.30^{*}	-1.32^{**}	0.27^{**}	-1.38^{*}	0.25^{*}	-1.33^{*}	0.26^{*}	-1.34^{**}	0.26^{**}	-1.32^{*}	0.27^{*}
优惠政策 = 4	-2.76^{***}	0.06^{***}	-2.93^{***}	0.05^{***}	-2.86^{***}	0.06^{***}	-3.05^{***}	0.05^{***}	-3.11^{***}	0.05^{***}	-2.98^{***}	0.05^{***}	-3.07^{***}	0.05^{***}	-3.06^{***}	0.05^{***}
平台运营时间			0.04^{**}	1.04^{**}	0.03	1.03	0.04^{*}	1.04^{*}	0.03^{*}	1.04^{*}	0.04	1.04	0.04^{*}	1.04^{*}	0.04^{*}	1.04^{*}
平台管理效率					1.80^{***}	6.02^{***}	1.84^{**}	6.32^{**}	1.68^{**}	5.34^{**}	1.76^{**}	5.81^{**}	1.864^{**}	6.45^{**}	1.84^{**}	6.28^{**}
资金是否托管 = 1							1.50^{***}	4.50^{***}	1.49^{***}	4.45^{***}	1.48^{***}	4.38^{***}	1.50^{***}	4.47^{***}	1.51^{***}	4.51^{***}
月平均成交量									0	1						
平均利率											−3.62	0.03				
前十大借款人待还金额占比													0.27	1.32		
满标时间															0	1
截距	5.20	181.82	4.43	83.60	6.89	978.48	3.84	46.62	4.05	57.11	4.30	73.10	3.61	36.89	3.89	48.81
准拟合优度	0.20		0.23		0.25		0.31		0.32		0.32		0.32		0.31	
赤池信息准则	217.16		211.92		207.65		193.80		194.32		194.68		195.02		195.96	
贝叶斯信息准则	240.72		238.52		237.02		228.19		232.64		233.08		233.88		234.93	
观测值数	207		207		207		207		207		207		207		207	

***、**和*分别表示在 1%、5%和 10%的显著性水平下显著

二是网络借贷平台管理效率越高，其对风险投资机构的吸引力越大。从目前实际情况来看，那些获得过风险投资机构（特别是著名风险投资机构）融资的网络借贷平台，在风险投资机构的监督和指导下，平台的经营管理更加规范和高效，再次获得风险投资的可能性也更高。因此，网络借贷平台要获得外部融资，突破资金瓶颈，必须规范其经营行为，提升其管理水平。

三是网络借贷平台的运营经验同样被风险投资机构所看重。网络借贷平台作为初创型企业，具有脆弱性，其生存能力较弱。但是随着网络借贷平台运营时间的增加，平台管理人员逐渐熟悉网络借贷运行环境和业务，不断积累应对各种市场风险的经验，逐步开拓和积聚客户资源，使其适应能力和生存能力增强。对风险投资机构而言，投资那些适应能力和生存能力更强的网络借贷平台，其投资风险更低，实现投资回报可能性更大。因此，网络借贷平台要吸引风险投资，还需要提高其自身经营能力和水平。

四是地方政府对互联网金融的支持力度也是风险投资机构看重的要素。网络借贷是互联网与金融的融合，最终要为实体经济服务，达到促进生产和便利生活的目的。网络借贷平台具有初创企业的脆弱性，地方政府的支持力度会直接关系到平台的成本和利润。早期，北京、深圳、杭州、上海等地方政府对互联网金融相关支持力度较大，这也是网络借贷平台汇集到这些地区的主要原因。另外，这些地方政府对互联网金融的大力支持，也使这些地区获得了互联网金融发展的先行优势，形成了适合网络借贷发展的外部环境。因此，政府需要适当引导风险投资机构投资互联网金融行业。

第四节　构建网络借贷监督体系的建议[①]

本节以风险投资为例，分别采用实物期权和 Logistic 模型研究风险投资机构影响网络借贷平台投资决策的因素，发现平台业务增长率、管理效率、运营经验和地方政府支持力度都会显著影响到风险投资机构的投资决策。这些实证分析结论对于构建网络借贷外部监管体系，充分发挥市场监督力量启示有以下几个方面。

一是政府需要继续鼓励和支持网络借贷等互联网金融的有序发展。政府对互联网金融发展的支持，并非简单地放松监管或无监管。政府的鼓励和支持可以体现在：一方面继续鼓励风险投资机构对网络借贷行业的投资，充分发挥风险投资对该行业的认证、监督和指导作用；另一方面改善互联网金融发展的外围环境，逐步完善个人和企业信用体系。中国曾经出现过许多网络借贷平台为吸引投资者，

① 本节是在李先玲和王彦（2017）论文结论部分基础上修改而来的。

发布虚假获得风险投资信息，故意误导投资者的欺诈行为。因此，为消除投资者、平台和风险投资机构之间的信息不对称，鼓励风险资本投资网络借贷行业，可采取的措施是：①政府制定对风险投资的鼓励性政策，引导其投资网络借贷行业。②政府主持建立高效规范的风险投资信息中介平台，畅通网络借贷平台与风险投资机构之间的信息交流，并建立网络借贷平台获得风险投资的信息数据库。③建立网络借贷平台规范经营行为档案，并及时披露相关信息。

二是完善和规范网络借贷评级服务体系。目前中国网络借贷评级主要以市场运作方式为主，政府干预较少。例如，网贷之家、网贷天眼等第三方机构都已经涉足网络借贷评级业务。但是，从评级对象来看，这些机构主要针对平台进行综合评级，在评级指标选取方面也各有侧重，导致这些机构对平台的综合评级和排名结果差异较大，对平台真实经营状况和实力评价的可靠性也值得商榷。因此，目前中国第三方机构对网络借贷平台评价结果的整体市场认可度并不高。另外，目前国内尚未有第三方机构针对平台业务及网络借贷行业进行评级。在国内网络借贷行业中，平台发布的借款项目真实性、信用等级等都由平台进行调查和评估后给出的，普通投资者难以对平台发布信息的真实性进行验证。因此，需要有专门的第三方机构，对平台发布的借款项目进行评级，防止平台出现编造虚假借款项目或汇报虚假评估结果等欺诈投资者的行为。因此，中国需要有专业而且权威的第三方机构对网络借贷平台、行业、平台借贷项目进行评级，保障网络借贷行业信息透明度。

三是网络借贷平台需要加强自我和同业监督。中国网络借贷行业的现实表明：那些获得过著名风险投资机构投资的网络借贷平台，不仅经营管理更加规范和高效，而且再次获得风险投资的可能性更高。例如，拍拍贷在 2012 年获得红杉资本（Sequoia Capital）首轮融资后，2014 年和 2015 年又获得红杉资本、光速安振中国创业投资基金等的多次风险投资。因此，网络借贷平台要获得外部融资，突破资金瓶颈，必须规范其经营行为，提升其管理水平。要规范平台经营，一方面需要成立全国性行业自律组织，制定自律规则，这样既能让平台对照自律规则约束自身行为，还能让同行互相监督，从而有效防范潜在的风险；另一方面，国家或地方还可以通过立法对网络借贷行业自律组织进行规范和约束，从而更好地搭建政府与网络借贷平台之间直接沟通的桥梁，更好地协调、监督平台的行为，促进网络借贷行业的健康发展。

第六章　外部环境对网络借贷平台退出风险的影响研究

网络借贷行业作为一个新兴行业，其发展与外部环境变化密不可分。一方面，政策制度、政府监管、宏观经济环境都对平台日常决策至关重要，甚至在一定程度直接影响其生存和发展（Anderson and Tushman，2001）；另一方面，网络借贷行业的发展也会促进政府政策修订完善，影响宏观经济运行。

作为一种综合性的风险，网络借贷平台退出风险可由其他类型的网络借贷风险在一定条件下转化而来。因此，本章首先采用典型相关分析方法，分别研究地区经济结构和发展水平在平台退出风险演变中的作用；其次，分析中国网络借贷监管政策对平台退出行为影响的地区差异和平台异质性；最后，探讨契约制度在网络借贷风险形成中的作用，进而分析制度对平台退出风险的影响。

第一节　经济环境对平台退出风险影响分析

金融发展理论对金融发展与经济增长之间关系进行了大量的理论和实证探讨，其主要观点可归为三类：一是金融发展促进经济增长（Beck et al.，2000；Rioja and Valev，2004；Berger et al.，2004；Aghion et al.，2004；张军和金煜，2005；李敬等，2007；杨胜刚和朱红，2007）；二是经济增长推动金融发展（Boulila and Trabelsi，2004；赵勇和雷达，2010）；三是金融发展和经济增长相互促进（谈儒勇，1999；王志强和孙刚，2003；武志，2010；Calderón and Liu，2003）。

金融发展理论表明金融发展和经济发展之间存在密切关系。互联网金融作为金融的一种重要补充形式，其发展同样与经济发展紧密联系在一起。互联网金融与经济发展之间的相互影响表现在：一是经济发展水平的高低，在一定程度上决定了互联网金融发展水平。互联网金融发展程度往往是一个社会在经济、文化、信息技术等水平的综合表现，经济文明程度越高，其互联网金融发展基础越坚实。二是互联网金融发展可能进一步推动经济发展。互联网金融将金融服务对象延伸至中低收入的“长尾群体”（汪炜和郑扬扬，2015），促进金融产品创新，改善金融服务质量，提高资金配置效率（李炳和赵阳，2014），有利于促进地区经济发展（周斌等，2017；张李义和涂奔，2017）。三是经济结构的差异可能会影响其互联网金融发展的进程。经济结构调整既需要金融支持，也可能制约金融发展，两者存在一定程度的互动关系。如果网络借贷平台能够适应支持地区经济结构转型升级的需求，其业务规模可能得到较大的提升，不仅会增加平台盈利收入，而且有利于降低平台运营风险。反之，如果地区经济结构转型升级不顺，会使网络借贷运行的外部环境恶化，从而导致平台借贷业务违约率上升，使平台退出风险增加。

一、指标选取及数据来源

在选择经济结构的替代变量时，借鉴传统三次产业比重评价产业结构的思想，选取第三产业产出比重（gdp3rate）作为经济结构指标之一。然而传统的第二产业既包括工业也包括建筑业，如果直接使用第二产业比重可能高估经济发展水平和潜力，因此将工业产值占 GDP 比重（indrate）也作为经济结构指标之一。网络借贷作为互联网金融的重要成员，其发展与传统金融密不可分，其监管需要更多现代科技手段，因此引入科技投入占比（techrate）、金融业产值占 GDP 比重（finrate）作为衡量经济结构的指标之一。

在选择经济发展水平的替代变量时，鉴于传统的经济发展水平指标——人均收入，仅考虑了收入方面的因素，尚未考虑消费、投资、科技、贸易等方面因素。为更加全面地度量经济发展水平，引入人均科技投入（ptech）、人均储蓄（psave）、人均消费（prur）、人均进出口（export）代表经济发展总体水平。

网络借贷平台退出行为指标选取时，为区分不同类型的平台退出行为，采用累计跑路欺诈平台数量（plnum）、提现困难平台数量（txrnum）和停业转型平台数量（tynum）来反映平台退出行为和特征。

计算经济结构和发展水平指标涉及的总人口、GDP、第三产业产值、工业产值、金融业产值、居民消费、居民储蓄、进出口贸易额和政府科技投入等数据来自《2017 中国统计年鉴》。网络借贷平台退出行为替代指标的数据来自网贷之家。由于西藏的数据缺失，因此最终采集了中国 30 个省、自治区、直辖市的数据（港澳台除外）。

二、经济结构与平台退出行为的典型相关性检验

（一）典型相关系数整体显著性检验

典型相关系数整体显著性检验的原假设为所有典型相关系数都为 0，即两组变量之间无相关性；备选假设为典型相关系数不全为 0，即两组变量存在相关性。从表 6-1 中经济结构与平台退出变量组的检验结果可以看出，皮莱迹（Pillai's trace）检验统计量相应的 p 值为 0.01，而威尔克斯 λ（Wilks' lambda）、劳利–霍特林迹

（Lawley-Hotelling trace）和罗伊最大根（Roy's largest root）检验统计量相应的 p 值都为 0.00，这表明在 5%显著性水平下，四个检验的 p 值都小于显著性水平 5%，拒绝原假设：所有典型相关系数都为 0，接受备选假设。这意味着两组变量之间典型相关系数不全为 0，经济结构与平台退出行为变量组之间存在相关性。

表 6-1　典型相关系数整体显著性检验

检验名称	经济结构					经济发展水平				
	统计量	自由度 1	自由度 2	F 统计量	p 值	统计量	自由度 1	自由度 2	F 统计量	p 值
威尔克斯 λ	0.26	12	61.14	3.44	0.00	0.19	12	61.14	4.43	0.00
皮莱迹	0.87	12	75	2.56	0.01	1.15	12	75	3.90	0.00
劳利-霍特林迹	2.43	12	65	4.39	0.00	2.64	12	65	4.77	0.00
罗伊最大根	2.22	4	25	13.90	0.00	2.00	4	25	12.49	0.00

从表 6-1 中经济发展水平与平台退出变量组的检验结果可以看出，威尔克斯 λ、劳利-霍特林迹、皮莱迹和罗伊最大根检验统计量相应的 p 值都为 0，这表明在 5%显著性水平下，四个检验的 p 值都小于显著性水平 5%，拒绝原假设：所有典型相关系数都为 0，接受备选假设。这意味着两组变量之间典型相关系数不全为 0，经济发展水平与平台退出行为变量组之间存在相关性。

（二）典型相关系数个体显著性检验

从表 6-2 可以看出，经济结构与平台退出行为的第一典型相关变量的相关系数为 0.83，这表明两者之间存在很强的相关性。经济结构与平台退出行为的第二典型相关变量的相关系数为 0.39，这表明两者之间存在较强的相关性。其中，第一典型变量对经济结构和平台退出行为两组变量的解释能力达到 91.4%，超过了 85%，而其余两组典型变量的解释能力仅为 8.6%。这表明第一典型变量起主要作用。另外，表 6-2 中第一典型变量相关系数显著性检验的 p 值为 0.00，这表明在 5%的显著性水平下，拒绝原假设：相关系数为 0，接受相关系数不为 0 的备选假设。而第二和第三典型变量相关系数显著性检验的 p 值分别为 0.56 和 0.69，这表明在 5%的显著性水平下，不能拒绝原假设：相关系数为 0。因此，上述三个典型相关系数显著性检验显示，在 5%的显著性水平下，第一典型变量相关系数显著不为 0，而第二和第三典型变量相关系数并不显著。这意味着：第一典型相关变量能够代表经济结构变量与平台退出行为变量的主要信息，可以提取第一典型相关变量进行后续分析。

表 6-2　典型相关系数单个显著性检验

经济环境	序号	典型相关系数	特征值	累计解释百分比	威尔克斯 λ	F统计量	自由度 1	自由度 2	p 值
经济结构	1	0.83	2.22	91.4%	0.26	3.44	12	61.14	0.00
	2	0.39	0.18	98.8%	0.82	0.82	6	48	0.56
	3	0.17	0.03	100%	0.97	0.37	2	25	0.69
经济发展水平	1	0.82	2.00	75.6%	0.19	4.43	12	61.14	0.00
	2	0.52	0.37	89.6%	0.57	2.58	6	48	0.03
	3	0.47	0.28	100%	0.78	3.45	2	25	0.05

从表 6-2 可以看出，经济发展水平与平台退出行为的第一典型相关变量的相关系数分别为 0.82，这表明两者之间存在很强的相关性。经济发展水平与平台退出行为的第二典型相关变量的相关系数为 0.52，这表明两者之间也存在较强的相关性。其中，第一典型变量对经济发展水平和平台退出行为两组变量的解释能力达到 75.6%，第二典型变量对经济发展水平和平台退出行为两组变量的解释比例为 14%，因此第一和第二组对经济发展水平和平台退出行为两组变量的累积解释比例高达 90%。这表明第一和第二典型变量起主要解释作用。另外，表 6-2 中第一和第二典型变量相关系数显著性检验的 p 值分别为 0.00 和 0.03，这表明在 5%的显著性水平下，拒绝原假设：相关系数为 0，接受相关系数不为 0 的备选假设。而第三典型变量相关系数显著性检验的 p 值为 0.05，这表明在 5%的显著性水平下，不能拒绝原假设：相关系数为 0。因此，上述三个典型相关系数显著性检验显示，在 5%的显著性水平下，第一和第二典型变量相关系数显著不为 0，而第三典型变量相关系数并不显著。这意味着：第一和第二典型相关变量能够联合代表经济发展水平与平台退出行为变量组的主要信息，可以提取第一和第二典型相关变量进行后续分析。

三、典型相关模型

为避免不同变量量纲差异造成结果分析的偏差，选择标准化的典型相关权重系数进行分析，并据此构建经济结构、经济发展水平与平台退出行为的典型相关变量模型如表 6-3 所示。

表 6-3　典型相关模型

经济环境	序号	典型相关系数	典型相关模型
经济结构	1	0.83	$w_1 = -0.65\text{gdp3rate} - 0.27\text{indrate} - 0.49\text{techrate} + 0.12\text{finrate}$ $z_1 = 1.18\text{plnum} - 0.04\text{txrnum} - 2.02\text{tynum}$

续表

经济环境	序号	典型相关系数	典型相关模型
经济发展水平	1	0.82	$u_1 = -0.41\text{ptech} - 0.91\text{psave} + 0.49\text{prur} + 0.12\text{export}$ $v_1 = 1.74\text{plnum} + 0.48\text{txrnum} - 2.91\text{tynum}$
	2	0.52	$u_2 = 1.18\text{ptech} + 0.52\text{psave} - 1.44\text{prur} - 0.65\text{export}$ $v_2 = -2.26\text{plnum} - 0.99\text{txrnum} + 2.48\text{tynum}$

在表 6-3 中经济结构与平台退出行为的第一典型相关变量模型中，w_1 是经济结构变量按照不同权重重新组合而成的典型代表变量，因此典型相关权重的大小能够反映出原始经济结构变量对典型代表变量的影响程度。在 w_1 中，gdp3rate 的权重系数绝对值为 0.65，是最大的，techrate 的权重系数绝对值为 0.49，indrate 的权重系数绝对值为 0.27，分别位列第二和第三。这表明 gdp3rate 和 techrate 是经济结构典型变量 w_1 的主要决定因素。z_1 是平台退出方式变量的典型代表变量。在 z_1 中，tynum 的权重系数绝对值最大，为 2.02，plnum 的权重系数绝对值为 1.18，位居第二，txrnum 的权重系数绝对值仅为 0.04，是最小的。这表明 tynum 和 plnum 是平台退出方式典型变量 z_1 的主要决定因素。w_1 中 gdp3rate 和 techrate 的符号都为负，表明 gdp3rate、techrate 与经济结构典型变量负相关。z_1 中 tynum 的符号为负，plnum 的符号为正，即 tynum 与平台退出方式典型变量负相关，而 plnum 与平台退出方式典型变量正相关。又因为典型变量 w_1 和 z_1 的相关系数为 0.83，即两者之间存在正相关性。所以，gdp3rate、techrate 与 plnum 负相关，与 tynum 正相关。这意味着当 gdp3rate 和 techrate 越高，平台选择跑路欺诈的越少，选择停业转型的越多。

在表 6-3 中经济发展水平与平台退出行为的第一典型相关变量模型中，u_1 是经济发展水平变量按照不同权重重新组合而成的典型代表变量，其典型相关权重的大小能够反映出原始变量对典型变量的影响程度。在 u_1 中，psave 权重系数绝对值为 0.91，是四个系数中最大的，prur 的权重系数绝对值为 0.49，ptech 的权重系数绝对值为 0.41，分别位列第二和第三。这表明 psave、prur 和 ptech 是经济发展水平典型变量 u_1 的主要决定因素。v_1 是平台退出方式变量的典型变量。在 v_1 中，tynum 的权重系数绝对值为 2.91，是最大的，plnum 的权重系数绝对值为 1.74，位居第二，txrnum 的权重系数绝对值仅为 0.48，是最小的。这表明 tynum 和 plnum 是平台退出方式典型变量 v_1 的主要决定因素。u_1 中 ptech 和 psave 的系数符号都为负，prur 和 export 的系数符号为正，这表明 ptech、psave 与经济发展水平的第一典型变量 u_1 负相关，而 prur 和 export 与经济发展水平的第一典型变量 u_1 正相关。v_1 中 tynum 的符号为负，plnum 的符号为正，即 tynum 与平台退出方式第一典型变量 v_1 负相关，而 plnum 与平台退出方式第一典型变量 v_1 正相关。又因为典型变

量 u_1 和 v_1 的相关系数为 0.82，两者之间存在正相关性。所以 psave 、ptech 与 plnum 负相关，与 tynum 正相关；prur 与 plnum 正相关，与 tynum 负相关。这意味着 ptech 和 psave 越高，平台选择跑路欺诈的越少，选择停业转型的越多。在第二典型相关变量模型中，u_2 的 prur 和 ptech 的权重系数绝对值较大。这表明 prur 和 ptech 是经济发展水平第二典型变量 u_2 的主要决定因素。在平台退出方式变量的第二典型变量 v_2 中， tynum 和 plnum 的权重系数绝对值较大。这表明 tynum 和 plnum 也是平台退出方式典型变量 v_2 的主要决定因素。 u_2 中 ptech 的系数符号为正， prur 的系数符号为负，表明 ptech 与经济发展水平的第二典型变量正相关，而 prur 与经济发展水平的第二典型变量负相关。v_2 中 tynum 的符号为正，plnum 的符号为负，即 tynum 与平台退出方式第二典型变量正相关，而 plnum 与平台退出方式第二典型变量负相关。又因为典型变量 u_2 和 v_2 的相关系数为 0.52，两者之间存在正相关性。所以 ptech 与 plnum 负相关，与 tynum 正相关；prur 与 plnum 正相关，与 tynum 负相关。该结果同样意味着 ptech 越高，平台选择跑路欺诈的越少，选择停业转型的越多。

四、典型结构分析

典型结构分析中的典型载荷表示原始变量和典型变量之间的简单相关系数，可据此进一步分析典型变量受各原始变量影响的程度与方向。从表 6-4 中可看出，平台退出方式变量 tynum 、txrnum 和 plnum 都与典型变量 z_1 负相关。其中，tynum 、txrnum 和 plnum 的典型载荷分别为–0.93、–0.85 和–0.78，这表明平台退出方式的第一典型变量 z_1 对 tynum 、 txrnum 和 plnum 有较强的预测能力。平台退出方式变量 tynum 、 txrnum 和 plnum 都与典型变量 w_1 负相关。其中， tynum 、 txrnum 和 plnum 的典型载荷分别为–0.77、–0.71 和–0.64，这表明经济结构典型变量 w_1 对 tynum 、 txrnum 和 plnum 等代表的平台退出方式有较强的预测能力。因此，改善地区经济结构，能影响平台退出方式选择。经济结构水平变量 gdp3rate 、 indrate 、 techrate 和 finrate 都与典型变量 w_1 负相关。其中， gdp3rate 和 techrate 的典型载荷分别为–0.80 和–0.83，其绝对值相对较大，这表明经济结构典型变量 w_1 对 gdp3rate 和 techrate 有较强的预测能力。经济结构水平变量 gdp3rate 、 indrate 、 techrate 和 finrate 也与典型变量 z_1 负相关。其中， gdp3rate 和 techrate 的典型载荷分别为–0.66 和–0.69，其绝对值相对较大，这表明平台退出方式典型变量 z_1 对 gdp3rate 和 techrate 有较强的预测能力。因此，提高 gdp3rate 和 techrate ，优化地区经济结构，可改善平台退出方式；平台退出方式改变也在一定程度上反映了经济结构的调整。该结果进一步印证了典型相关模型分析结论。

表 6-4　典型结构分析表

经济结构			经济发展水平				
变量	w_1	z_1	变量	u_1	u_2	v_1	v_2
gdp3rate	−0.80	−0.66	ptech	−0.96	−0.09	−0.78	−0.05
indrate	−0.47	−0.39	psave	−0.98	−0.00[1]	−0.80	−0.00[2]
techrate	−0.83	−0.69	prur	−0.83	−0.45	−0.68	−0.24
finrate	−0.42	−0.35	export	−0.67	−0.70	−0.54	−0.37
plnum	−0.64	−0.78	plnum	−0.61	−0.76	−0.50	−0.40
txrnum	−0.71	−0.85	txrnum	−0.65	−0.70	−0.53	−0.37
tynum	−0.77	−0.93	tynum	−0.82	−0.57	−0.67	−0.30

注：该表中上标[1]和[2]的−0.00 分别为−0.004 和−0.002 精确到小数点后两位数的结果

从表 6-4 中原始变量和典型变量之间的简单相关系数可看出，平台退出方式变量 tynum 、 txrnum 和 plnum 都与典型变量 v_1 和 v_2 负相关。其中， tynum 、 txrnum 和 plnum 与典型变量 v_1 的典型载荷分别为−0.67、−0.53 和−0.50，这表明平台退出方式的第一典型变量 v_1 对 tynum 、 txrnum 和 plnum 有较强的预测能力。而平台退出方式的第二典型变量 v_2 对 tynum 、 txrnum 和 plnum 的预测能力则相对较弱。平台退出方式变量 tynum 、 txrnum 和 plnum 都与典型变量 u_1 、 u_2 负相关。其中， tynum 、 txrnum 和 plnum 与第一典型变量 u_1 的典型载荷分别为−0.82、−0.65 和 −0.61，而 txrnum 和 plnum 与第二典型变量 u_2 的典型载荷绝对值较大。这表明经济发展水平第一典型变量 u_1 对 tynum 代表的平台退出方式的预测能力最强，经济发展水平第二典型变量 u_2 对 plnum 和 txrnum 代表的平台退出方式的预测能力强。因此，改善地区经济发展水平，能影响平台退出方式选择。

经济发展水平变量 ptech 、 psave 、 prur 和 export 都与典型变量 u_1 、 u_2 负相关。其中，经济发展水平第一典型变量 u_1 对 ptech 、psave 和 prur 的预测能力更强，而经济发展水平第二典型变量 u_2 对 export 的预测能力更强。经济发展水平变量 ptech 、 psave 、 prur 和 export 都与典型变量 v_1 、 v_2 负相关。其中，平台退出方式第一典型变量 v_1 对 ptech 、 psave 、 prur 和 export 预测能力相对更强，而平台退出方式第二典型变量 v_2 的预测能力相对较弱。因此，提高人均科技投入、改善居民消费和储蓄，能够优化地区经济发展水平，从而改善平台退出方式；平台退出方式也在一定程度上反映了地区经济发展水平。该结果进一步印证了典型相关模型分析结论基本一致。

五、典型冗余分析

典型冗余分析主要是比较已提取的典型变量对两组原始变量变异的解释能力。

从表 6-5 可以看出典型变量 w_1 能够解释经济结构变量 43%的变异，能够解释平台退出方式变量 29.7%的变异。典型变量 z_1 能够解释平台退出方式变量 73.1%的变异，能够解释经济结构变量 50.4%的变异。这表明典型变量 w_1 对经济结构和平台退出方式有一定的解释能力，而典型变量 z_1 对平台退出方式和经济结构的解释百分比都超过 50%，说明典型变量 z_1 对经济结构、平台退出方式都有较好的解释和预测能力。因此，经济结构和平台退出方式两组变量有一定的相关性，而且平台退出方式对经济结构变量影响更显著。这表明规范平台退出方式，有利于改善产业结构。

表 6-5　典型变量的解释能力

经济环境	典型变量	经济结构	平台退出方式	典型相关系数平方
经济结构	w_1	43%	29.7%	0.691
	z_1	50.4%	73.1%	—
经济发展水平	u_1	75.2%	32.6%	0.666
	u_2	17.7%	12.6%	0.269
	u_1+u_2	92.9%	45.2%	—
	v_1	50.1%	48.8%	0.666
	v_2	4.8%	46.8%	0.269
	v_1+v_2	54.9%	95.6%	—

从表 6-5 可以看出：经济发展水平能够由自身典型变量 u_1 和 u_2 解释的比例高达 92.9%，其中第一典型变量 u_1 能够解释经济发展水平变量组 75.2%的变异，而第二典型变量 u_2 仅能解释经济发展水平 17.7%的变异；平台退出方式能够由自身典型变量 v_1 和 v_2 解释的比例高达 95.6%，其中典型变量 v_1 和 v_2 对平台退出方式变量组的解释能力差别不大。这表明两组典型变量对自身原始变量组的解释能力都非常强。

另外，经济发展水平和平台退出方式典型变量的交叉解释能力也较强。经济发展水平典型变量 u_1 和 u_2 能够累计解释平台退出方式变量 45.2%的变异；平台退出方式典型变量 v_1 和 v_2 能够累计解释经济发展水平变量 54.9%的变异。而且，两组典型变量的典型相关系数平方分别为 0.666 和 0.269，这说明第一对典型相关变量的解释能力非常强。这表明经济发展水平和平台退出两组变量有一定的交互作用。因此，规范平台退出方式和促进经济发展水平之间可能存在相互影响。

六、典型分析的结论

上述经济结构、经济发展水平与和平台退出方式的典型相关分析结论可总结如下。

（1）在经济结构与平台退出方式的两对典型相关变量模型中，gdp3rate、techrate、indrate 都与跑路 plnum 平台数量反号，而与 txrnum、tynum 同号。这说明第三产业产出比重和科技投入占比提高，不仅有利于抑制平台跑路欺诈，而且会增加平台规范退出可能性。其原因可能在于：一是政府科技投入增加，必然提高互联网金融监管手段和技术，使网络借贷平台进行违规经营或监管套利的空间减少，可从源头上抑制平台跑路欺诈现象。二是第三产业比重和工业比重越高，意味着网络借贷等第三产业越可能对工业发展形成良性支持，互联网金融与工业融化程度越高，平台业务也越广泛，其违规跑路退出的可能性越小。因此，提高第三产业产出比重和科技投入占比，能够优化地区经济结构，改善平台退出方式。

（2）经济结构与平台退出行为两组变量之间存在较强的相关性。这意味着：一方面经济结构可能会影响网络借贷平台的退出方式。具体而言，在发展第三产业的同时，政府需要制定政策鼓励科技投入，这样既可以改善经济结构，又能引导平台规范退出。另一方面网络借贷平台退出方式也会影响经济结构调整进程。中国当前处于经济结构调整的关键时期，各地区的经济结构也有较大差异，处理好各地区网络借贷平台退出问题，不仅关系未来中国普惠金融发展，也会直接影响地区经济结构的金融支持力度，从而影响经济结构调整进程。

（3）在经济发展水平与平台退出方式的典型相关变量模型中，psave、ptech 均与 tynum 同号，与 plnum 、txrnum 反号。这说明增加 psave 和 ptech，会使 tynum 增加。其原因可能在于：一是在收入水平既定条件下，居民储蓄增加，其用于投资和理财的资金必然下降，因此平台借贷资金供给减少，不利于其借贷规模扩大；二是政府科技投入增加，可提升互联网金融监管手段和技术水平，使平台进行违规经营或监管套利的空间减少；三是政府科技投入增加，有助于实现对互联网金融平台实时监控，使平台经营行为处于可控范围，从源头上抑制其违规动机。这些方面的影响，既可能使平台面临经营困境，使其主动退出可能性增大，也可能使平台经营更加谨慎，出现提现困难或跑路欺诈的可能性下降。

（4）经济发展水平与网络借贷平台退出行为两组变量间存在较强的相互作用。这意味着：一方面经济发展水平会影响网络借贷平台退出方式；另一方面网络借贷平台退出方式可能的间接影响经济发展。中国各地区经济发展水平存在较大差异，这必然导致各地区互联网金融发展水平存在较大差异，网络借贷平台退出风险大小也不相同。同时，各地区金融监管能力参差不齐，对网络借贷平台监管可能出现地区差异，并最终影响地区经济发展。

第二节　中国政府监管对平台退出风险影响的实证分析

自网络借贷诞生以来，其监管问题就受到众多学者的关注。从其研究视角来看，主要集中在四个方面：一是政府是否应该监管。国内绝大多数学者认为应该对网络借贷等互联网金融进行适当监管（樊云慧，2014；黄震等，2014；卢馨和李慧敏，2015；刘海二和石午光，2015；郭田勇和李虹润，2016）。陈志武（2014）认为如果网络借贷交易涉及的人数和地理范围非常有限，那么政府可以不监管，但是当网络借贷交易人数庞大时，如果政府不监管，交易风险容易演变成大的社会问题和政治问题。Rogers 和 Clarke（2016）认为网络借贷行业从自我监管向正式监管的转变，在某种程度上是精英阶层串谋主导的“监管捕获”。二是政府应该如何监管。姚斌（2014）通过梳理英国的监管政策，提出中国应采取“基于程序”和“信息披露”的 P2P 网络借贷监管思路，摒弃“基于资产负债表”的传统监管方式。Aitken（2010）认为英国网络借贷监管以行动性声明为主，这表明政府监管不仅要管理还要使监管对象可控。Mollick（2014）认为政府实施监管时，需要明确网络借贷的消费者与普通消费者的不同之处，并据此制定消费者保护措施。三是现有政府监管中存在的问题。在网络借贷纳入监管之前，国内学者普遍认为中国网络借贷存在监管缺失风险（冯果和蒋莎莎，2013；罗斯丹和王苒，2014），平台业务存在监管套利（陈志武，2014；郑联盛，2014）。在网络借贷被纳入监管后，郭峰（2016）、赵丹妮等（2017）认为中国现有以属地管理为主的监管制度，会导致监管的地区差异，容易引发监管套利问题。Verstein（2011）、Chaffee 和 Rapp（2012）认为网络借贷监管应该与其业务类型、规模相称，否则会抑制其业务创新。四是网络借贷监管效果。邹欣（2017）评估了《网络借贷信息中介机构业务活动管理暂行办法（征求意见稿）》和《管理暂行办法》对网络借贷行业的影响，发现监管政策对该行业确实产生了显著的结构性影响，行业标准的形成有利于优胜劣汰。Slattery（2013）认为美国的网络借贷监管给平台带来了巨大的负担，沉重的“合规”成本迫使平台在监管不确定的情况下运营，可能激励平台通过论坛购买来获利和进行监管套利，从而可能增加平台微观风险。

现有关于监管政策及其存在问题的研究较为丰富，而对监管效果方面的研究相对较少。从现有网络借贷监管效果的少量研究来看，一部分学者（邹欣，2017）侧重监管政策的宏观层面影响研究，另一部分学者（Slattery，2013）侧重政策效果的规范分析，但是缺乏微观层面的监管政策效果实证研究。本节从平台退出行为的微观视角，研究中国网络借贷监管政策的实施效果，不仅能够拓展该领域的研究视角，而且有助于评价中国网络借贷监管政策的实际效果，为进一步完善其监管提供理论和政策提供参考。

一、假设提出及理论背景

金融脆弱假说认为银行在经营过程中通常追求利润最大化，这将增强其从事风险性业务和活动的动机，导致金融系统的内在不稳定性，从而引发严重的负外部性，因而需要对银行的经营行为进行监管。公共利益说则认为金融市场存在失灵会导致金融资源配置低效率，为消除和矫正这种市场失灵、提高配置效率，需要政府干预金融活动。按照监管理论的金融脆弱说和公共利益说，政府政策能够通过影响金融机构的经营行为，维持金融系统的稳定性或提高金融资源配置效率。

中国首个全国性规范管理文件《管理暂行办法》对网络借贷平台准入条件、业务范围、风险控制、信息披露及法律责任等方面进行了相关规定，必然会对平台退出行为决策产生影响。首先，《管理暂行办法》关于网络借贷平台业务边界的规定，明确了平台经营行为的禁区，既有助于规范平台经营行为，降低其倒闭退出风险，又可以在一定程度上抑制平台跑路欺诈行为的发生。其次，《管理暂行办法》明确了平台的责任和义务，不仅可有效防范不恰当担保引发的平台资金链断裂的退出风险，而且还能够让平台专注于借贷信息审查和筛选，增加平台核心竞争技术，从而降低平台因经营不善而引发的退出风险。再次，《管理暂行办法》明确了对平台违反法律法规和网络借贷有关监管规定的处罚，这将对平台的违规行为形成震慑，在一定程度上规范平台经营行为，降低其跑路意愿。最后，《管理暂行办法》对平台信息披露等的规定，一方面增加了平台在信息收集整理及上报方面的时间、人工和资金成本，使平台经营成本显著上升（Slattery，2013）；另一方面增加了对平台业务的外部监督，在一定程度上对其行为形成限制，可能影响其业务创新（Chaffee and Rapp，2012）。这将对平台经营产生负面影响，增加平台退出风险。根据上述分析提出假设 1。

假设 1：政府监管有助于规范平台退出行为，增加平台退出风险。

《管理暂行办法》中明确提出国务院银行业监督管理机构及其派出机构负责制定网络借贷信息中介机构业务活动监督管理制度，实施行为监管；地方政府负责其辖区内平台的机构监管[①]。这表明中国网络借贷行业平台进入、退出、经营、风险管理等日常监督都将由地方政府负责监管。因此，地方政府对其辖区的网络借贷平台的监督效果，将在很大程度上取决于地方政府的决策和能力（郭峰，2016）。首先，由于中国各地经济和金融发展水平存在较大差异，如果国家层面尚无统一的监管要求和规定，地方政府通常会结合自身实际，制定适宜自身金融发展的监管政策，这将导致地方政府执行《管理暂行办法》的政策力度存在差异，对平台退出行为及风险的影响也随之不同。在互联网金融发展水平相对较高的东部地区，政府对网络借贷行业认识更加深入，制定网络借贷监管政策的意愿也更加积极主

① 依据《管理暂行办法》第一章第四条中“国务院银行业监督管理机构及其派出机构负责制定网络借贷信息中介机构业务活动监督管理制度，并实施行为监管。各省级人民政府负责本辖区网络借贷信息中介机构的机构监管”的规定。

动。例如，2017 年 2 月厦门政府率先发布了《厦门市网络借贷信息中介机构备案登记管理暂行办法》，这是全国首个地方性的网络借贷管理政策文件；2017 年北京、广东、深圳、浙江也先后公布了平台登记备案管理办法的征求意见稿，而上海发布的是内容更加全面的平台业务管理实施办法的征求意见稿，而其他地区相关政策直到 2018 年才陆续出台。其次，国家层面政策在制定时，也充分考虑和尊重地区差异性①，给予了地方政府一定的制定政策的自由空间，这也必然导致各地网络借贷政策的差异性，从而对平台退出行为和风险的影响也迥然不同。以平台终止服务的注销程序为例，北京和深圳的征求意见稿中要求在终止业务前不少于 30 个工作日进行书面报备，并且需要准备终止决议、公告方案和应急预案等报备资料；而广东和上海则仅要求在终止业务前至少 10 个工作日进行书面告知，对告知材料无具体要求。因此，由于政府对平台退出要求存在地区差异，各地平台退出程序、难易程度及成本也会有所不同，从而对平台退出决策产生相应影响。由此提出假设 2。

假设 2：政府监管政策对不同地域平台退出行为和风险影响存在差异。

虽然目前无论是国家层面的行业管理制度还是地方政府的监管政策都未涉及网络借贷平台资金门槛问题，但是平台“合规经营”的隐性门槛仍然存在。在备案登记时，平台不仅要经过信用评估、合格经营法律评估和会计专项审计等程序，还需要与银行达成用户资金托管协议。在备案登记后，平台不仅要按照要求及时报送、上传、披露相关数据，还需定期接受律师事务所和会计事务所的评估审计，以及监管部门的监督检查。对于上述隐性门槛，不同资质平台实现“合规经营”的难易程度可能不尽相同。具体而言：一是与中小平台相比，大平台的前期投入更高，其业务内容及面向的客户群体基本成型，业务内容一旦调整，对平台的影响可能是致命的。因此，面临政策变化，平台大幅度调整其经营行为（包括退出行为）的可能性较小，这会导致政策对平台退出行为及风险影响有限。二是从运营成本角度来看，大平台可能具有规模效益，其运行的边际成本相对更低，实现合格经营的可能性更大，平台出现提现困难或停业转型的可能性更小。三是与大平台相比，小平台的声誉和品牌价值尚未形成，其维护其声誉的价值较小，因此小平台选择规范性退出的可能性更低，出现跑路欺诈等问题的概率更大（Wang et al.，2016）。四是从运营经验角度来看，经验丰富的平台应对政策调整的能力较强，会主动进行业务的有序调整，以满足合格经营条件，因此经验丰富平台主动停业的可能性更小。由此提出假设 3。

假设 3：政府监管对不同资质平台退出行为和风险影响存在差异。

① 《备案登记管理指引》的第五章第二十一条指出“地方金融监管部门可以根据本辖区实际情况，依据《网络借贷信息中介机构业务活动管理暂行办法》及本指引制定网络借贷信息中介机构备案登记的实施细则。”

二、变量定义及数据来源

平台退出行为能够反映其主观意愿及选择，间接反映平台退出风险。考虑到目前大多数中国网络借贷平台出问题时已停止经营，即发生了退出行为。因此，本节在借鉴网贷之家的问题平台类型基础上，将退出行为表示为三类：跑路欺诈、提现困难、停业转型。其分类依据在于：一是从平台退出的主观动机来看，跑路欺诈和“经侦介入”的平台大多动机不单纯，退出行为不规范，属于非良性退出；而停业和转型平台的退出行为较为规范，多为良性退出；二是经侦介入和转型的平台数量相对较少，因此可按照这两类退出平台的动机，分别并入跑路欺诈、停业转型。

政府监管主要反映政府对网络借贷行业的管理，本节以《管理暂行办法》出台时间 2016 年 8 月为分界点，2016 年 8 月之前缺乏全国统一监管规则，该变量取值为 0；2016 年 8 月之后有全国统一监管规则，该变量取值为 1。

为进一步分析政府监管对不同地区和不同类型平台退出风险影响的差异性。本节还引入了地区、资本实力和经营经验变量。其中，地区变量将中国 31 个省、自治区、直辖市（港澳台除外）分为东、中、西和东北四个区域，并分别赋值为 1、2、3 和 4。平台的经营经验采用平台运营时间表示，其取值为 1、2 和 3，分别表示平台运营时间为“1 年及以下”、“1 年至 2 年”和“2 年及以上”。平台注册资本类型用于反映平台的资本实力，其取值 1 表示注册资本在 5000 万元及以下，2 表示注册资本为 5000 万元至 10 000 万元，3 表示注册资本为 10 000 万元及以上。

为更加客观评价政府政策对平台退出行为和风险的影响，本节按照如下办法筛选问题平台：首先，以《管理暂行办法》出台时间 2016 年 8 月为分界点将问题平台分为监管前退出和监管后退出两类；其次，为减弱政策出台的信息污染，去掉 2016 年 7 月、8 月和 9 月出问题的平台；再次，分别从 2016 年 6 月向前、2016 年 10 月向后追溯一年，即选取出问题时间分别位于“2015 年 7 月至 2016 年 6 月”和“2016 年 10 月至 2017 年 9 月”两个时间段的平台；最后，筛选出 2489 个问题平台，其中监管前退出的平台有 1682 家，监管后退出的平台有 807 家。

三、实证结果分析

（一）政府监管与平台退出行为

从表 6-6 中监管前后退出平台总数量的比较来看，退出平台总数量从监管政策出台前的 1682 家下降为 807 家；按照监管前后平台退出行为的分类比较来看，停业转型的平台占比从监管政策出台前的52.7%上升为72.2%，跑路欺诈的平台占比从监管政策出台前的36.3%下降为10.8%，提现困难的平台比从监管政策出台前的11.1%上升为17.0%。这些数量和比例的变化能够直观显示政府监管前后平台退出行为结构发生明显变化，因此政府监管政策可能对平台退出行为和风险存在影响。但是，这种影响在统计上是否显著，还需借助于表6-6中的卡方检验结果来看，由于卡方统计量为176.589，该统计量的p值为0.000，这表明在5%的显著性水平下，拒绝原假设：政府政策与平台退出行为相互独立，接受备选假设。该卡方检验结果也表明，政府监管政策出台对平台退出行为存在显著影响。

表6-6　政府监管与退出行为的列联表分析结果

政府监管	统计指标	平台退出行为			合计	卡方统计量
		跑路欺诈	提现困难	停业转型		
监管前	频数/家	610	186	886	1 682	176.589（0.000）
	行比例	36.3%	11.1%	52.7%	100%	
监管后	频数/家	87	137	583	807	
	行比例	10.8%	17.0%	72.2%	100%	

注：表中卡方统计量为皮尔逊卡方统计量，括号中数据为卡方统计量相应的最低显著性水平p值

上述分析结果显示，政策出台后以跑路欺诈方式退出的平台数量及占比都明显下降，而以停业转型方式退出的平台占比明显上升，这说明监管政策在一定程度抑制了平台的跑路欺诈行为，规范了平台退出行为，与假设1的理论分析结果基本一致。但是，政策出台后发生提现困难的退出平台占比同样上升了，其原因可能是政策出台后，不但平台经营外部环境恶化，而且业务拓展受限，平台出现发生资金链断裂的可能性更大，退出风险更高。

（二）政府监管效果与地区差异

从表6-7中不同地区监管前后退出平台的比较可以发现：一是四个地区的退出平台总数量都在监管后明显减少。其中，东部、西部、中部和东北地区退出平台数量分别减少601家、151家、106家和17家。二是政府监管对平台退出行为和风险的影响存在地域差异性。虽然四个地区跑路欺诈类退出平台占比在监管后都普遍下降，但是东部和西部地区下降幅度相对更高。四个地区停业转型类退出平台占比在监管后都稳步提高，但是中部和西部地区的上升趋势更加明显。东北地区提现困难类退出平台占比在监管后明显上升，东部和西部地区的小幅增加，而中部地区的反而下降。三是从统计角度来看，除了东北地区之外，政府监管对

平台退出行为和风险都存在显著影响。从表 6-7 的卡方检验结果来看，东北地区的卡方统计量为 2.171，该统计量的 p 值为 0.338，这表明在 5%的显著性水平下，不能拒绝原假设：政府政策与平台退出行为相互独立。而其余东部、西部和中部地区的卡方统计量相应的 p 值都小于 0.05，这表明在 5%的显著性水平下，拒绝原假设，接受备选假设，即政府监管对平台退出行为和风险存在显著影响。

表 6-7　不同地区政府政策与退出行为的交叉表分析及检验

地区	政府监管	统计指标	平台退出行为			合计	卡方统计量
			跑路欺诈	提现困难	停业转型		
东北	监管前	频数/家	11	2	15	28	2.171（0.338）
		行比例	39.3%	7.1%	53.6%	100%	
	监管后	频数/家	2	2	7	11	
		行比例	18.2%	18.2%	63.6%	100%	
中部	监管前	频数/家	63	30	88	181	13.968（0.001）
		行比例	34.8%	16.6%	48.6%	100%	
	监管后	频数/家	11	9	55	75	
		行比例	14.7%	12.0%	73.3%	100%	
东部	监管前	频数/家	446	136	629	1211	142.828（0.000）
		行比例	36.8%	11.2%	51.9%	99.9%	
	监管后	频数/家	64	118	428	610	
		行比例	10.5%	19.3%	70.2%	100%	
西部	监管前	频数/家	90	18	154	262	26.052（0.000）
		行比例	34.4%	6.9%	58.8%	100.1%	
	监管后	频数/家	10	8	93	111	
		行比例	9.0%	7.2%	83.8%	100%	

注：东北地区的政策变量与平台退出行为的交叉表中存在期望频数小于 5 的单元格，皮尔逊卡方统计量会存在较大偏差，所以东北地区采用似然比卡方统计量，而其余地区都使用皮尔逊卡方统计量；括号中数据为卡方统计量相应的最低显著性水平 p 值；表中数据进行过修约，存在合计不等于 100%的情况

上述分析结果显示，政府监管对中国东部、中部、西部和东北地区平台退出影响存在差异。其中，监管对东北地区平台退出行为没有显著变化，而东部、中部、西部地区以跑路欺诈方式退出的平台占比明显下降，而以停业转型方式退出的平台占比大幅上升。这意味着：一是网贷监管政策影响存在地区差异性，与中国网贷监管实行属地化管理及地区经济和金融发展存在地区差异的现实基本相符。二是监管在一定程度上抑制了平台的跑路欺诈行为，规范了平台退出行为，

该结论同样印证了假设 1。但是，实证结果显示监管前后，东部、中部、西部地区出现提现困难的平台占比变化并不一致，东部地区上升幅度最大，其原因可能在于这三个地区互联网金融监管意识存在差异（郭峰，2016），导致各地监管力度不同，平台的经营难易程度不同，其面临的退出风险也存在差异。

（三）政府监管效果与平台异质性

从表 6-8 中政策出台前后不同资本类型退出平台的比较可以发现：一是三种资本类型的退出平台总数量都在政府监管政策出台后明显减少。与政府监管政策出台前相比，政策出台后注册资本在 5000 万元及以下、5000 万元至 10 000 万元、10 000 万元及以上的退出平台数量分别减少 769 家、90 家和 16 家。二是政府监管政策对注册资本雄厚程度不同的平台退出风险影响存在差异。虽然不同注册资本的跑路欺诈退出平台占比在监管后都普遍下降，但是注册资本在 5000 万元及以下的退出平台占比下降比例最高，其次为注册资本为 5000 万元至 10 000 万元的，最低的为注册资本在 10 000 万元及以上的平台。不同注册资本的停业转型退出平台占比在监管后都稳步提高，其中注册资本 5000 万元至 10 000 万元的上升幅度最小，而注册资本在 5000 万元及以下的最高。不同注册资本的提现困难退出平台占比在监管后变化趋势并不一致，注册资本 10 000 万元及以上的下降 4.8%，而注册资本在 5000 万元及以下、5000 万元至 10 000 万元的分别增加 5.6%和 8.6%。三是从统计角度来看，政府政策对不同注册资本的平台退出行为和风险的影响程度存在差异。从表 6-8 的卡方检验结果来看，注册资本在 5000 万元及以下、5000 万至 10 000 万元平台的卡方统计量相应 p 值都为 0.000，小于 0.05，这表明在 5%的显著性水平下，拒绝原假设，接受备选假设，即政府监管对注册资本处于中低水平平台的退出行为存在显著影响。而注册资本在 10 000 万元及以上的平台卡方统计量相应的 p 都为 0.391，大于 0.05，这表明在 5%的显著性水平下，不能拒绝原假设，即政府监管对注册资本在 10 000 万元及以上平台的退出行为不存在显著影响。

表 6-8 政府政策与不同资本类型平台退出行为的交叉表分析及检验

资本类型	政府监管	统计指标	平台退出行为			合计	卡方统计量
			跑路欺诈	提现困难	停业转型		
5 000 万元及以下	监管前	频数/家	517	143	737	1 397	152.749（0.000）
		行比例	37.0%	10.2%	52.8%	100%	
	监管后	频数/家	64	99	465	628	
		行比例	10.2%	15.8%	74.0%	100%	

续表

资本类型	政府监管	统计指标	平台退出行为			合计	卡方统计量
			跑路欺诈	提现困难	停业转型		
5 000 万至 10 000 万元	监管前	频数/家	75	29	128	232	25.635 (0.000)
		行比例	32.3%	12.5%	55.2%	100%	
	监管后	频数/家	14	30	98	142	
		行比例	9.9%	21.1%	69.0%	100%	
10 000 万元及以上	监管前	频数/家	18	14	21	53	1.876 (0.391)
		行比例	34.0%	26.4%	39.6%	100%	
	监管后	频数/家	9	8	20	37	
		行比例	24.3%	21.6%	54.1%	100%	

注：表中卡方统计量为皮尔逊卡方统计量，括号中数据为卡方统计量相应的最低显著性水平 p 值

上述分析结果显示，政策出台对注册资本不同的平台的退出风险影响存在差异，该结果印证了假设 3 的分析。其中，政府监管对注册资本在 10 000 万元及以下平台的退出行为有显著影响，而对注册资本在 10 000 万元及以上平台退出行为的影响在统计上并不显著。这意味着：一是政府监管对大型平台退出行为的规范作用并不明显，其原因可能在于，①目前中国的大型网络借贷平台普遍业务模式单一，存在转型困难问题；②大型网络借贷平台的声誉和品牌效应可能并不明显，所以大型平台跑路欺诈问题并未得到有效控制。二是监管在一定程度上规范了小平台的退出行为，其原因可能是监管政策不仅对平台退出程序进行了要求，也明确了对平台跑路等违规行为的处罚，这无疑增加了平台跑路欺诈的成本，促使小平台更多地选择其他退出方式。

另外，从表 6-9 中监管前后不同经营经验退出平台的比较也可以发现：一是三种不同经营经验的退出平台总数量在政府监管后变化趋势并不一致。其中，与政府监管前相比，监管后经营时间在 1 年及以下、1～2 年的退出平台数量分别减少 831 家和 178 家，而经营时间在 2 年及以上的退出平台数量增加 134 家。二是政府监管对不同经营经验平台退出的影响存在差异。不同经营经验的跑路欺诈退出平台占比在监管后明显减少，其中经营时间在 1 年及以下的退出平台占比下降幅度最大接近 23%，其次为经营时间在 2 年及以上的。不同经营经验的停业转型退出平台占比在监管后都明显上升，其中经营时间在 2 年及以上的平台占比上升幅度达到 23%，经营时间在 1～2 年的增幅为 15.9%，而经营时间在 1 年及以下的增幅不到 10%。不同经营经验的提现困难退出平台占比在监管后有升有降，其中经营时间在 1 年及以下的退出平台占比大幅增加，经营时间在 1～2 年的仅小幅增加，而经营时间在 2 年及以上的则明显下降。三是从统计角度来看，政府政策对

不同经营经验平台退出行为都存在显著影响。从表 6-9 的卡方检验结果来看，经营时间在 1 年及以下、1～2 年、2 年及以上的平台卡方统计量相应的 p 值都为 0.000，小于 0.05，这表明在 5%的显著性水平下，拒绝原假设，接受备选假设，即政府监管政策出台对平台退出行为存在显著影响。

表 6-9　政府政策与不同经验平台退出行为的交叉表分析及检验

经营经验	政府监管	统计指标	平台退出行为			合计	卡方统计量
			跑路欺诈	提现困难	停业转型		
1 年及以下	监管前	频数/家	452	101	504	1 057	56.690（0.000）
		行比例	42.8%	9.6%	47.7%	100.1%	
	监管后	频数/家	45	52	129	226	
		行比例	19.9%	23.0%	57.1%	100%	
1～2 年	监管前	频数/家	116	52	295	463	35.445（0.000）
		行比例	25.1%	11.2%	63.7%	100%	
	监管后	频数/家	22	36	227	285	
		行比例	7.7%	12.6%	79.6%	99.9%	
2 年及以上	监管前	频数/家	42	33	87	162	37.340（0.000）
		行比例	25.9%	20.4%	53.7%	100%	
	监管后	频数/家	20	49	227	296	
		行比例	6.8%	16.6%	76.7%	100.1%	

注：表中卡方统计量为皮尔逊卡方统计量，括号中数据为卡方统计量相应的最低显著性水平 p 值；表中数据进行过修约，存在合计不等于 100%的情况

上述分析结果显示，政府监管政策出台对不同经营经验平台退出行为影响存在差异，该结果同样印证了假设 3 的分析。其中，监管政策实施后，经营时间在 1 年及以上的平台以跑路欺诈方式退出的占比相对较小，而选择停业转型的平台占比则相对较高，这表明监管后，经营经验越丰富的平台选择跑路欺诈的可能性越小，选择良性退出的可能性更大。

四、实证分析结论与启示

本节通过比较监管前后网络借贷平台退出行为的变化，发现：一是现有监管政策能够抑制平台的跑路欺诈行为，规范平台退出行为；二是监管政策对平台退出行为影响存在地区差异性；三是监管政策对平台退出行为影响存在平台异质性。上述结论对网络借贷监管的启示在于以下几个方面。

一是建立全国统一的网络借贷平台退出机制及管理规范。在现有网络借贷属

地化管理制度和中国各地经济发展水平差异化的背景下，网络借贷监管强度会出现地区差异，甚至出现监管的洼地。如果政府对网络借贷平台退出行为管理存在地区差异，那些监管强度较弱的地区很可能成为滋生新型“庞氏骗局”的温床，不利于网络借贷行业长期健康发展。因此，为避免监管套利，有必要建立全国统一的平台退出机制及管理规范。

二是各地区需要建立对大型平台的重点监控体系。本节发现：现有网络借贷监管政策对大型平台退出行为影响有限，特别是监管后大型平台跑路欺诈问题没有明显改善。因此，有必要对注册资本在 10 000 万元及以上的平台实施重点监控，可以通过交易数据接入等方式，实时检测平台业务动态和现金流状态等信息，对平台可能发生的退出行为进行提前预警，尽可能将平台退出行为的不良影响降到最低。

三是建立全国性网络借贷平台及负责人的信誉机制。本节显示中国大型网络借贷平台也存在跑路欺诈等违规行为，其主要原因可能在于目前中国网络借贷行业尚未建立从业者声誉约束机制。郭峰（2016）的研究表明中国跑路欺诈的网络借贷平台很多，但是被标注“失信”的平台却很少。因此，为规范平台退出行为，降低平台退出风险，需要建立全国性的网络借贷平台及负责人信誉机制，主要涉及三个方面内容：一是建立全国性网络借贷平台及负责人信誉的权威动态数据库；二是加大对失信网络借贷平台及负责人的处罚力度；三是建立对失信网络借贷平台及负责人的联合惩罚机制。

第三节　契约与网络借贷风险

从经济学角度来看，借贷风险产生的根源在于借款人和贷款人之间存在信息不对称。在网络借贷中，平台在网络上发布借款人的信用水平、借款用途等方面信息，其目的是通过缓解借贷双方信息不对称，撮合借贷交易。因此，网络借贷平台与出借人形成了实际意义上的委托代理关系，由出借人委托网络借贷平台对借款人进行贷前审查和贷后监督，并向出借人汇报审查和监督信息。但是，网络借贷平台往往以自身利益最大化为目标，与出借人收益最大化存在目标不一致性，因此网络借贷平台为谋求私利，可能损害出借人利益，即存在道德风险问题。为解决委托人和代理人目标不一致问题，委托人需要设计一个最优合同，激励代理人在追求自身利益最大化时实现委托人目标（拉丰和马赫蒂摩，2002）。在网络借贷中，出借人作为委托人，希望网络借贷平台（可视为代理人）能够提高风险控制水平，及时汇报借款人的真实评估和调查信息，以降低网络借贷中借款人违约风险。为此，出借人需要设计一种合理的激励机制，使网络借贷平台在追求自身利益最大化时能够努力提高风险控制水平，并汇报真实的评估信息。然而，目前中国网络借贷行业中，许多平台风险控制水平低下，大量借款人违约事件是通过网络媒体曝光的，而非平台主动公开的。这表明，中国网络借贷风险的监控机制设计存在激励不相容问题，导致屡屡出现网络借贷平台误导或欺诈出借人的现象。本节将从激励机制角度探讨中国网络借贷行业出现大量欺诈现象，从而引发网络借贷风险的机理。

一、基准模型

假定初始模型中有两个参与者：一是出借人为委托人；二是借款人为代理人，委托代理关系标的物为借款项目质量水平 θ_1。借款项目质量水平 θ_1 是由借款人的工作努力程度 α_0 和随机因素 ε 共同决定的，即 $\theta_1=\theta_1(\alpha_0,\varepsilon)$，而且工作努力程度越高，借款人的借款质量水平越高。θ_1 越高意味着借款项目质量越好，项目成功概率 $\pi(\theta_1,\alpha_0)$ 越大。当借款项目成功时，借款人获得收入 $M(k)$，并向出借人支付本金和利息收入 t；如果项目失败，借款人收入为 0，出借人也会损失本金和利息。借鉴 Freixas 和 Laffont（1990）关于借贷双方效用函数的定义，设定出借人的收益函数为 $tk-rk$，其中，t 为借款人向出借人支付的本金和借款利息，r 为无风险利率，k 为出借人提供给借款人的借款总金额；设定借款人的收益函数为 $\pi(\theta_1,\alpha_0)[M(k)-tk]-C_A(\alpha_0)$，其中 α_0 为借款人在借款使用过程中的工作努力程度，ε 为影响借款项目质量的外在随机因素，其密度函数为 $f(\varepsilon)$，C_A 为借款人的成本函数，C_A 随 α_0 单调递增，即努力程度 α_0 的边际成本递增，$M(k)$ 为项目成功时 k 单位资本给借款人带来的产出。与 Freixas 和 Laffont（1990）相比，本节设定借款人的收益函数时，不仅考虑到借款人努力程度成本，还考虑了借款项目成功和失败的随机性，与现实情况更加贴近。

如果出借人能够观察到借款人的借款项目质量水平 θ_1，那么出借人能够设计一个激励合同 $t(\theta_1)$，直接对借款人进行奖惩。此时，出借人面临的问题是如何选择 α_0 和 $t(\theta_1)$，在满足激励相容条件下，最大化其预期效用水平。但是，现实中出借人难以观测到借款人的借款真实质量水平 θ_1 并进行奖惩，只能委托第三方（网络借贷平台）代为获取 θ_1 的信息。

因此，需要在上述初始的委托代理模型中引入一个新的参与者——第三方信息中介，即网络借贷平台。引入网络借贷平台后，平台、出借人和借款人之间形成了多重委托代理关系。

首先，平台和出借人之间存在委托代理关系。出借人委托平台进行事前的借款项目质量评估，以及事后的借款项目进展监督。假定网络借贷平台的职责是向出借人汇报借款人的借款项目质量水平 θ_1。网络借贷平台通过对借款人信用水平及其借款用途的资料进行调查和评估来观测 θ_1。平台通过对借款人及借款项目进行风险评估，得到借款人的借款项目质量水平 θ_1 的估计值 $\hat{\theta}$。假定 θ_1 服从正态分

布 $N(\theta_1,\sigma^2)$，则估计值 $\hat{\theta}$ 可以表示为 $\hat{\theta}=\theta_1(\alpha_0,\varepsilon)+\tau$。其中，$\tau$ 为评估误差，均值为 0，方差为 $D(\alpha_1,\mu)$，密度函数为 $f(\tau)$；μ 为风险控制技术水平，密度函数为 $f(\mu)$。上式意味着平台提高工作努力程度和风险控制水平都有助于提高估计值 $\hat{\theta}$ 的准确性。假定平台调查和评估借款项目的成本函数为 $C_R(\alpha_1)$，其中 α_1 为平台的努力程度水平。因此，出借人需要激励网络借贷平台努力工作，汇报准确的借款项目质量水平 θ_1。假定出借人对平台努力程度的激励合同为 $W(\cdot)$。如果出借人可以通过其他渠道信息 H，判断平台汇报的借款项目质量信息 θ^R 的真实性，并且当平台虚报借款项目质量信息 θ^R 时，对平台处以罚金 $P_R(H)$。

其次，出借人和借款人之间仍然存在委托代理关系。出借人通过平台将其自有资金借给借款人，其本质仍然是：出借人委托借款人进行投资，借款人行为决定着出借人收益能否实现。因此，出借人需要根据 θ^R 设计合同 $t(\theta^R)$ 对借款人进行激励，以激励借款人努力工作。假定 $t(\theta^R)$ 为线性形式，即 $t(\theta^R)=a-b\theta^R$，其中 $a,b>0$①。

最后，平台与借款人之间同样存在复杂的委托代理关系，具体表现在：一是由于平台的中介作用，可以将其视为借款人融资请求的代理人，如果借款人融资成功，向平台支付服务费 $S(\theta^R)=kx(\theta^R)$，借款人实际融到资金为 $(1-x)k$；如果融资失败，平台不能获得收入。其中，k 为借款人的融资总额，x 为平台服务费费率。平台向借款人收取的服务费费率 x 可能是固定费率，也可能是随借款项目质量水平 θ_1 上升而递减。二是借款人能否成功融资的概率在一定程度上受借款项目质量水平 θ_1 和借款利率 t 的影响。假定融资成功的概率为 $g(\theta_1,t)$，$g'_\theta(\theta_1,t)>0$，$g''_\theta(\theta_1,t)<0$，$g'_t(\theta_1,t)>0$，$g''_t(\theta_1,t)<0$，这意味着借款人融资成功的概率分别随借款项目质量水平 θ_1 和借款利率 t 增加而上升，但增加速度呈现下降趋势。假定平台向出借人汇报的借款项目质量评估信息为 θ^R。由于平台汇报的借款项目质量信息 θ^R 会直接影响借款人能否获得融资及支付给出借人的利息 $t(\theta^R)$，所以借款人与平台存在串谋的可能性，即借款人与平台之间可能达成一个串谋合同 $X(\theta^R)$，借款人向平台支付贿赂 $X(\theta^R)$，要求平台故意将借款人的借款质量误报为 θ^R。如果出借人可以通过其他渠道信息 H，判断借款人是否贿赂平台，并且当借款人实施贿赂时，对借款人处罚 $P_A(H)$。

为避免网络借贷平台与借款人串谋，平台故意误报信息，出借人可能委托第三方监管者（或政府部门）对网络借贷平台进行监管。因此，还可在模型中增加新的参与者——第三方监管者。假定第三方监管者的职责是监督并检查网络借贷平台是否向出借人汇报了借款项目质量水平 θ_1，出借人向第三方监管者支付固定工资 w_2。假定网络借贷平台评估的借款人项目有 N 个，第三方监管者需要从这

① $t(\theta^R)=a-b\theta^R$ 的含义为：借款质量水平越高，借款人获得借款的可能性越高，获得的借款利率越低。

N 个已评估过的借款项目中选择 n 个进行检查和评估。假定第三方监管者抽检并评估的成本函数为 $C_s(n,\alpha_2)$，其中 α_2 为第三方监管者检查的努力程度，并且 $C_s(n,\alpha_2)$ 对 n 和 α_2 都是凹函数，即 $C'_S>0$，$C''_S>0$，这表明监管者的成本随 n 和 α_2 的增加而加速上升。当第三方监管者发现网络借贷平台有项目误报信息时，对其实施惩罚 $P_R(H)$。

二、结果考核与平台欺诈风险

当无第三方监管时，假定出借人、借款人和网络借贷平台的博弈时序如下：①自然选择平台的风险控制技术水平 μ 的状态；②借款人与平台签订支付服务费用的合同 $S(\theta_1)$；③借款人选择是否贿赂，如果选择行贿，提供贿赂合同 $X(\theta^R)$；④平台选择是否接受贿赂合同，选择努力程度水平 α_1，得到借款项目评估结果 $\hat{\theta}$，并向出借人汇报评估结果 θ^R；⑤出借人根据平台汇报的借款质量信息 θ^R，与借款人签订事前合同 $t(\theta^R)$，与平台签订合同 $W(\theta^R)$，同时还依据其他信息 H，与借款人、平台分别签订处罚合同 $P_A(H)$ 和 $P_R(H)$；⑥借款人选择工作努力程度 α_0，并产生真实借款项目质量水平为 $\theta_1(\alpha_0,\varepsilon)$ 及产出；⑦出借人通过其他渠道获得信息 H；⑧所有合同执行。

现实中出借人一般难以观察到平台的努力程度水平 α_1，而且平台评估结果有效性受到其努力程度水平 α_1 和风险控制技术水平 μ 的影响。因此，出借人通常采用结果考核方法，即出借人按照平台评估结果对平台的努力程度进行考核，认为平台推荐的优质借款项目越多，平台工作越努力。在结果考核制下，出借人仅通过平台的借款项目评估结果获得借款项目质量信息，并据此结果设计对平台的激励合同 $W(\theta^R)$①。相应地，网络借贷平台需要选择是汇报真实评估结果还是汇报虚假评估结果。具体决策分析如下。

如果平台与借款人之间不存在串谋，当平台汇报真实评估结果 $\hat{\theta}$ 时，其期望效用为

$$\mathrm{EU}_1=\iint U[g(\hat{\theta},t)[W(\hat{\theta})+S(\hat{\theta})]f(\tau)f(\varepsilon)\mathrm{d}\tau\mathrm{d}\varepsilon]-C_R(\alpha_1) \tag{6-1}$$

当平台汇报虚假评估结果 θ^R 时，其期望效用为

$$\mathrm{EU}_2=\int U[g(\theta^R,t)[W(\theta^R)+S(\theta^R)]f(\varepsilon)\mathrm{d}\varepsilon]-C_R(\alpha_1) \tag{6-2}$$

通过比较式（6-1）和式（6-2）中的期望效应水平，网络借贷平台可以在是

① 在实际操作中，网络借贷平台首先对借款项目进行信用评估，并将评估信息发布在平台网站上，然后出借人根据平台发布的借款项目信用信息进行决策，当某个借款项目交易达成时，平台会从借款额中扣除借款人的服务费用，并扣留借款人的利息费用，这相当于平台在借款人偿还借款前，已经收取了借款人和出借人的服务费。另外，平台给借款人评估的风险等级越高，出借人愿意借出资金的可能性越小。这相当于出借人根据平台的评估结果给予平台服务费，平台项目的信用评估结果越好，出借人愿意借的钱越多，平台收取的服务费也越多。

否汇报真实评估结果之间做出决策。当 $EU_1 \geqslant EU_2$ 时，平台会汇报真实评估结果，而当 $EU_1 < EU_2$ 时，平台会汇报虚假评估结果。然而，通常情况下，$EU_1 \leqslant EU_2$，其原因在于：①由于期望效应 EU_1 受到借款质量估计值 $\hat{\theta}$ 的直接影响，即 EU_1 大小主要取决于借款项目实际质量水平高低；而期望效应 EU_2 受到平台汇报的借款项目质量水平 θ^R 直接影响。因此，在平台努力程度相同情况下，平台可以根据出借人提供的合同，选择报告何种借款质量水平 θ^R，使其虚报评估结果得到的预期效用 EU_2 最大化，甚至超过报告真实评估结果获得的预期效用 EU_1。②与期望效用 EU_1 通常是不确定的不同，期望效用 EU_2 中的 θ^R 和 α_1 是平台可以选择并控制的，因此 EU_2 对平台而言是确定性效用，无须支付风险成本。③一般而言，当平台虚报评估结果时，为获得更多收益，平台都会选择最低的努力程度，使评估成本最小化，而当平台汇报真实评估结果时，如果平台选择最低努力程度，贷款质量评估结果 $\hat{\theta}$ 的有效性会很低，平台需要承担的风险成本也会很高，所以汇报真实评估结果的平台一般不会选择最低努力程度①。④平台虚报借款项目质量等级时，一般选择将低质量的借款项目误报为高质量，即 $\theta^R \geqslant \hat{\theta}$，这表明虚报借款项目等级可能增加借款人融资成功的概率，从而增加平台获得服务费的机会。

因此，在结果考核制模式下，网络借贷平台汇报虚假的评估结果，欺骗出借人的问题，在一定程度上是不可避免的，这将必然增加平台出借人的投资风险。其原因在于：①由于出借人既缺乏了解借款项目质量水平的其他信息渠道，又缺少判断平台汇报的借款项目质量评估结果真实性的信息来源，因此出借人很难发现并阻止平台虚报评估结果。②从激励理论角度来看，出借人应该通过合同激励平台努力工作并汇报真实评估结果，但是结果考核制下出借人对平台的激励合同 $W(\theta^R)$ 不能满足激励相容约束条件，反而对平台汇报虚假评估结果有激励作用。因此，出借人对平台实施的结果考核制存在激励失灵问题，导致平台为获得更大的自身利益，存在将低质量借款人和借款项目虚报为高质量的动机，这无疑将增加出借人贷出资金的风险。③从激励合同 $W(\theta^R)$ 来看，激励机制的扭曲，导致平台更偏好汇报虚假评估结果，从而对平台提高工作努力程度产生负向激励，导致平台对借款项目质量评估结果不准确，这不仅会增加出借人投资的风险，而且会扭曲对借款人的激励机制，导致借款人违约风险上升。

综上所述，在无第三方监管时，如果实施结果考核制，网络借贷平台能够通过虚报借款项目质量评估信息获得更高的效用水平，会形成对平台汇报虚假评估

① 当平台的努力程度水平 α_1 不可观测时，如果平台选择最低努力程度，借款质量评估结果 $\hat{\theta}$ 的有效性会很低，平台需要承担的风险成本也会很高，所以平台一般不会选择最低努力程度。当平台的努力程度 α_1 可观测时，将 EU_1 中实现帕累托最优时平台的努力程度水平记为 α_1^*，那么在 EU_2 中，平台为消除出借人的怀疑，也会选择努力水平 α_1^*。

结果和不努力工作的激励，从而使网络借贷平台欺诈出借人成为一种常态，这无疑会增加网络借贷风险，从而增加平台退出风险。

三、逆向选择与网络借贷风险

在结果考核制下，借款人仍然拥有关于借款项目质量水平 θ_1 的私人信息。网络借贷平台评估出的借款项目质量结果 $\hat{\theta}$ 可能等于 θ_1，也可能不等于 θ_1。

当网络借贷平台汇报的借款项目质量信息为 θ^R 时，借款人的期望效用为

$$\mathrm{EZ}_1=\iint Z\{g(\theta^R,t)[\pi(\theta,\varepsilon)M(k-kx)-t(\theta^R)k-S(\theta^R)]\}f(\varepsilon)f(\tau)\mathrm{d}\varepsilon\mathrm{d}\tau-C_A(\alpha_0) \tag{6-3}$$

通常出借人倾向于为质量等级较高的借款项目提供融资，而不愿为质量较差借款项目提供融资。因此出借人常常以高利率杠杆来拒绝风险较大的借款项目，而高质量借款项目会获得相对较低的利率。由借款人的期望效用式（6-3）可以看出平台汇报的借款项目质量信息 θ^R 越高，借款人获得融资的机会 $g(\theta^R,t)$ 越大，需要支付给出借人的利息费用 $t(\theta^R)$ 越低，向平台支付的中介服务费用 $S(\theta^R)$ 也越少，借款人获得的期望效用越高。所以，借款人有将低质量借款项目伪装和包装成高质量借款项目的激励和动机。

在结果考核制下，当网络借贷平台汇报的借款项目质量信息为 θ^R，无风险利率为 r 时，出借人的期望效用为

$$\mathrm{EV}_1=\iint V\{g(\theta^R,t)[\pi(\theta_1,\varepsilon)t(\theta^R)k-[1-\pi(\theta_1,\varepsilon)]k]\}f(\varepsilon)f(\tau)\mathrm{d}\varepsilon\mathrm{d}\tau \tag{6-4}$$

从式（6-4）出借人的期望效用可以看出，出借人期望效用增加主要来源于两个方面：一是借款项目质量提升，意味着借款项目成功概率 π 上升，进而增加借款人的期望效用；二是如果不同质量等级借款项目利率相同或变化较小，当平台汇报的借款项目质量信息 θ^R 上升时，会增加出借人投资意愿 g，从而使出借人期望效用增加。

通过上述借款人和出借人期望效用的分析，可以看出在结果考核制下无外部监督和审查时，借款人存在将低质量借款项目伪装和包装成高质量借款项目的激励，这导致出借人难以通过借款利率高低来有效辨别借款项目质量高低，甚至可能导致网络借贷市场中充斥着低质量的借款项目，引发大面积的借款人违约，使网络借贷风险问题突出，平台因此而产生的退出风险更高。另外，从投资者角度来看，出借人可能对投资风险认识不够，往往容易被低质量借款项目的预期高回报吸引或引诱，做出错误的投资决策，增加其投资的信用风险。

四、串谋与道德风险

在现实中，由于出借人缺乏获取关于借款人及借款项目有效信息的其他渠道，

网络借贷平台提供的信息将是出借人能够获得的相对专业和可靠信息。因此，平台提供的信息对出借人而言应该是有价值的。对借款人而言，平台提供的信息则更加重要，不仅影响其融资计划成败，而且决定其未来收益。网络借贷平台发布的信息对借款人至关重要，所以借款人有动机贿赂平台，通过与平台签订串谋隐性合同，引诱平台报告虚假借款项目质量信息，共同欺诈出借人。平台与借款人串谋风险的决策分析可以从借款人和平台两个层面展开。

从借款人决策来看，在结果考核制下，当借款人不向网络借贷平台行贿时，平台会报告借款质量的真实评估结果，借款人的期望效用为

$$\mathrm{EZ}_1=\iint Z\{g(\hat{\theta},t)[\pi(\theta_1,\varepsilon)M(k-kx)-t(\hat{\theta})k-S(\hat{\theta})]\}f(\varepsilon)f(\tau)\mathrm{d}\varepsilon\mathrm{d}\tau-C_A(\alpha_0) \tag{6-5}$$

在假定 $\hat{\theta}=\theta_1(\alpha_0,\varepsilon)+\tau$ 、$S(\theta^R)=kx(\theta^R)$ 和 $t(\theta^R)=a-b\theta^R$ 下，由于评估误差 τ 是具有随机方差的随机变量，需要对其使用确定性等价方法，将其随机方差转换为近似的确定方差。对式（6-5）使用确定性等价方法后，得到借款人的期望效用如下：

$$\begin{aligned}\mathrm{EZ}_1=\iint Z\{g(\theta_1,t)\big[&\pi(\theta_1,\varepsilon)M(k-kx)-ak+b\theta_1(\alpha_0,\varepsilon)k-kx(\theta_1)\\&+\frac{\rho_B}{2}(b^2-x'k^2)D(\alpha_1,\mu)k\big]f(\varepsilon)f(\mu)\mathrm{d}\varepsilon\mathrm{d}\mu-C_A(\alpha_0)\end{aligned} \tag{6-6}$$

其中，ρ_B 为借款人的风险规避系数，假定借款人是风险规避的，即 $\rho_B=-\dfrac{Z''}{Z}<0$；$\dfrac{\rho_B}{2}(b^2-x'k^2)D(\alpha_1,\mu)k$ 为网络借贷平台评估误差导致借款人产生的风险成本。

在结果考核制下，当网络借贷平台报告借款项目的虚假评估结果时，借款人的期望效用为

$$\begin{aligned}\mathrm{EZ}_2=\int Z\{g(\theta^R,t)[&\pi(\theta_1,\varepsilon)M(k-kx)-ak+b\theta^R k-kx(\theta_1)\\&-kx(\theta_1)]\}f(\varepsilon)\mathrm{d}\varepsilon-C_A(\alpha_0)-P_A(H)\end{aligned} \tag{6-7}$$

通过比较式（6-6）和式（6-7）的最大期望效用，借款人能够决定是否贿赂网络借贷平台。一般而言，$\max(\mathrm{EZ}_2)>\max(\mathrm{EZ}_1)$，借款人会选择向网络借贷平台行贿。具体原因及分析如下。

在努力程度水平相同时，借款人通过借款项目创造的直接收益主要取决于该项目的质量水平。因此，无论行贿与否借款人通过借款项目创造的直接收入都相同。但是，比较 EZ_1 和 EZ_2 中借款人的支出项后，可以看出两者差异表现在：①风险规避的借款人不行贿时，需要支付风险成本 $\dfrac{\rho_B}{2}(b^2-x'k^2)D(\alpha_1,\mu)k$，而行贿时无须支付该风险成本；②当借款人行贿时，可以选择对其有利的借款项目质量信息 θ^R，要求平台向出借人汇报该水平，通常情况下，θ^R 会高于借款项目质

量水平 θ_1。因此，与不行贿的借款人相比，一方面行贿的借款人能够以较少的转移支付获得同等数额的融资，节省的融资成本为 $b(\theta^R-\theta_1)k$；另一方面借款人行贿时借款项目获得融资的机会高于不行贿时。③当借款人的工作努力程度 α_0 无法观测时，行贿的借款人已确定无论其工作努力与否，网络借贷平台都会虚报借款项目质量信息为 θ^R，因此，从成本最小化角度来看，行贿借款人的最佳选择是实施最低努力程度 $\underline{\alpha}_0$，与不行贿的借款人相比，可节省的生产成本为 $C_A(\alpha_0)-C_A(\underline{\alpha}_0)$。④借款人向平台行贿时，需要向平台支付贿赂 $X(\theta^R)$，还可能面临行贿被发现的处罚 $P_A(H)$，因此，与不行贿的借款人相比，额外增加的成本为 $X(\theta^R)+P_A(H)$。

在上述行贿和不行贿借款人的四个方面成本差异中，前三个方面都可以节省行贿借款人的成本，仅最后一项增加行贿借款人的成本。当借款人行贿得到的收益，即节省的总成本：

$$[1+b(\theta^R-\theta_1)k]\frac{\rho_B}{2}(b^2-x'k^2)D(\alpha_1,\mu)k+b(\theta^R-\theta_1)k+C_A(\alpha_0)-C_A(\underline{\alpha}_0)$$

超过其增加的总成本 $X(\theta^R)+P_A(H)$ 时，行贿将是借款人的必然选择。反之，当借款人行贿得到的收益小于其行贿成本时，不行贿才是借款人的必然选择。但是，通常情况下，借款人行贿的收益会大于其行贿成本，因此借款人有向网络借贷平台行贿的动机，其原因在于：①借款人行贿时，其获得融资的机会更大。②由于借款人行贿时，其收益的不确定性下降，无须支付风险成本，还可节省生产成本，因此风险回避的借款人必然选择行贿。③由于网络借贷中借款人和出借人并非面对面直接接触，在缺乏高效司法制度的情况下，出借人对借款人贿赂行为的处罚 $P_A(H)$ 可能难以执行。

从网络借贷平台决策来看，在借款人选择向平台行贿后，如果平台不接受贿赂，坚持汇报真实评估结果 $\hat{\theta}$ 时，平台的期望效用为

$$\mathrm{EU}_1=\iint U\{g(\hat{\theta},t)[W(\hat{\theta})+S(\hat{\theta})]\}f(\tau)f(\varepsilon)\mathrm{d}\tau\mathrm{d}\varepsilon-C_R(\alpha_1) \tag{6-8}$$

在借款人选择向平台行贿后，如果平台接受贿赂，平台汇报虚假评估结果 θ^R 时，平台的期望效用为

$$\mathrm{EU}_2=g(\theta^R,t)\{U[W(\theta^R)+S(\theta^R)]-C_R(\alpha_1)+X_R(\theta^R)-P_R(H)\} \tag{6-9}$$

通过比较式（6-8）和式（6-9）中的期望效用水平，平台可做出是否接受贿赂的决策。当 $\mathrm{EU}_1\geqslant\mathrm{EU}_2$ 时，平台会选择报告借款项目的真实评估结果，拒绝接受贿赂与借款人串谋；当 $\mathrm{EU}_1<\mathrm{EU}_2$ 时，平台可能选择报告虚假的借款评估结果，接受贿赂，与借款人形成串谋。当 $X_R(\theta^R)-P_R(H)\geqslant 0$ 时，EU_1 通常小于 EU_2，即平台倾向于虚报借款评估结果，与借款人串谋，其原因在于：一是由于通常 θ^R 会高于真实的借款项目质量水平 θ_1，平台接受贿赂后，通过虚报借款项目等级水

平，能够吸引更多出借人投资，增加平台交易量，使平台能够获得更多的交易中介服务费；二是当对平台虚报评估结果的处罚力度 $P_R(H)$ 较小时，平台虚报评估结果，不仅能够获得更高的确定性收益，而且还能通过串谋获得贿赂 $X_R(\theta^R)$，该贿赂金额足以补偿由于虚报结果而损失的 $P_R(H)$，这意味着平台选择与借款人串谋能够获得更高的收益。只有对平台虚报评估结果处罚力度 $P_R(H)$ 足够大时，平台才会选择报告真实的评估结果。但是，现实情况是：一方面出借人缺乏有效的信息渠道评判平台是否存在虚报评估结果的行为；另一方面即使能够证明平台有虚报结果行为，单个出借人力量有限，对平台进行处罚也不具有可操作性。因此，一般情况下，网络借贷平台都会接受借款人的串谋请求，共同欺诈出借人。

从上述分析可以看出：一是当借款人行贿的收益大于其行贿成本时，结果考核制会激励借款人向网络借贷平台行贿，并降低借款人工作努力程度；二是对平台虚报评估结果的处罚力度 $P_R(H)$ 不够大时，结果考核制还存在对网络借贷平台接受贿赂和不努力工作的激励；三是平台接受贿赂，能够获得更多的中介服务费。因此，当借款人和网络借贷平台形成串谋后，一方面，必然导致网络借贷平台向出借人汇报虚假借款评估结果，误导出借人据此做出错误的投资决策，增加网络借贷风险；另一方面还会降低平台和借款人的工作努力程度，特别是在融资成功后，如果借款人不付出合同中既定借款质量水平所必需的努力水平，借款人违约风险必将上升。因此，缓解网络借贷风险，必须调整基于平台借款项目评估水平签订合同的结果考核制度，以防范借款人和网络借贷平台形成串谋，共同侵害出借人或投资者利益。

五、引入第三方监管者的模型

在引入第三方监管者后，假定第三方监管者、出借人、借款人和网络借贷平台的博弈时序如下：①自然选择平台风险控制技术水平 μ 的状态；②借款人选择是否贿赂，如果选择行贿，提供贿赂合同 $X(\theta^R)$；③平台选择是否接受贿赂合同，选择努力程度 α_1，得到借款项目评估结果为 $\hat{\theta}$，并向出借人汇报评估结果 θ^R；④出借人根据平台汇报的借款项目质量信息 θ^R，与借款人签订事前合同 $t(\theta^R)$，与平台签订合同 $W(\theta^R)$，向第三方监管者支付固定费用 w_2，同时还依据其他信息 H，与借款人、平台分别签订处罚合同 $P_R(H)$ 和 $P_A(H)$；⑤借款人选择工作努力程度 α_0，这将影响真实借款质量水平 $\theta(\alpha_0,\varepsilon)$ 及产出；⑥第三方监管者在网络借贷平台的借款项目中抽检 n 个，并选择是否严格监管，向出借人汇报检测结果；⑦出借人通过其他渠道获得信息 H；⑧所有合同执行。

由于第三方监管者的职责是检查网络借贷平台是否误报信息，因此第三方监管者检查努力程度及抽检数量同样会影响其判断。这时监管者需要在宽松监管和严格监管之间做出选择。当监管者选择宽松监管时，其一般会选择最低努力程度和最少的抽检数量，从而难以侦测到网络借贷平台的误报行为。因此，假定宽松监管时监管者虽然抽检，但不能检测到平台的违规行为。当监管者选择严格监管时，假定网络借贷平台误报某个借款项目评估结果的概率为δ，误报时能够被严格监管者检查出的概率是γ_1，一旦被检查出误报，第三方监管者会对网络借贷平台实施惩罚P。而一旦某个借款项目的评估结果存在误报，却没有被第三方监管者检查出时，第三方监管者声誉受到损害，导致效用损失G。因此，第三方监管者的期望效用为

$$\begin{aligned}\mathrm{EH}=\max\{&H[w_2-C(\underline{n},\underline{\alpha}_2)-[1-(1-\delta)^n]G],\\&H[w_2-C(n,\alpha_2)+\delta^n P-\delta^n(1-\gamma_1)^n(P+G)]\}\end{aligned} \tag{6-10}$$

其中，EH为第三方监管者进行监管的期望效用，$H'>0$，$H''>0$；$H[w_2-C(\underline{n},\underline{\alpha}_2)-[1-(1-\delta)^n]G]$为选择宽松监管时，监管者的期望效用；$H[w_2-C(n,\alpha_2)+\delta^n P-\delta^n(1-\gamma_1)^n(P+G)]$为选择严格监管时，监管者的期望效用。

从式（6-10）可以看出，第三方监管者选择严格还是宽松监管，可能受到如下几个方面因素影响：一是实施严格监管的成本。如果对网络借贷行业实施严格监管的成本$C(n,\alpha_2)$太高时，第三方监管者没有实施严格监管的激励。结合现实来看，中国网络借贷行业风险问题突出，固然与开始时未实施严格监管有关系，但更与监管数量庞大、业务量小的网络借贷平台成本高有关。二是第三方监管者对违规平台的处罚水平P。如果第三方监管者有处罚违规平台的权利，而且处罚水平P较高时，第三方监管者实施严格监管，收取罚金能够增加其收益，有执行严格监管的激励。三是监管者声誉受损时损失的效用水平G。当不能准确侦测出平台违规行为带给监管者的效用损失越大，监管者越可能执行严格监管。四是监管者的检测技术水平。检测技术水平越高，检查出平台误报的概率越大，监管者实施严格监管的效用损失越小，越可能实施严格监管。因此，从第三方监管者来看，监管成本、技术、处罚权利等是影响其能否执行严格监管的重要因素。

在结果考核制下，即使存在第三方监管，如果网络借贷平台不接受贿赂，坚持汇报真实评估结果$\hat{\theta}$时，平台的期望效用依然为

$$\mathrm{EU}_1=\iint U\{g(\hat{\theta},t)[W(\hat{\theta})+S(\hat{\theta})]\}f(\tau)f(\varepsilon)\mathrm{d}\tau\mathrm{d}\varepsilon-C_R(\alpha_1) \tag{6-11}$$

而如果借款人和网络借贷平台串谋，平台汇报虚假评估结果θ^R时，平台的期望效用下降为

$$\begin{aligned}\mathrm{EU}_2=&\int U\{g(\theta^R,t)[W(\theta^R)+S(\theta^R)]\}f(\varepsilon)\mathrm{d}\varepsilon\\&-C_R(\alpha_1)+X_R(\theta^R)-\gamma_1 P-P_R(H)\end{aligned} \tag{6-12}$$

通过比较上述两种情况下的期望效应水平，平台可以做出是否接受贿赂的决策。当$\mathrm{EU}_1\geqslant\mathrm{EU}_2$时，平台会汇报真实评估结果，拒绝接受贿赂与借款人串谋；当$\mathrm{EU}_1<\mathrm{EU}_2$时，平台会汇报虚假评估结果，接受贿赂，与借款人形成串谋。而且

$X_R(\theta^R)-\gamma_1 P-P_R(H)\geqslant 0$时，如果$\mathrm{EU}_1\leqslant \mathrm{EU}_2$，平台倾向于虚报评估结果，与借款人串谋，其原因在于：一方面是出借人对平台虚报评估结果的处罚力度$P_R(H)$较小；另一方面是监管者对虚报评估结果的平台处罚力度小，而且监管检测技术水平低，就会对平台虚报借款评估结果产生激励，平台通过串谋获得的贿赂$X_R(\theta^R)$足以补偿虚报结果而导致的损失$P_R(H)+\gamma_1 P$，此时平台选择与借款人串谋能够获得更高的收益。只有对平台虚报评估结果的处罚力度$P_R(H)+\gamma_1 P$足够大，平台才会选择报告真实的评估结果。而在现实中，一是多数网络借贷平台信息披露不够，导致出借人和第三方监管者缺乏足够的信息判断平台是否存在虚报评估结果行为；二是即使平台有虚报评估结果的行为，单个出借人力量有限，对平台进行处罚也不具有可操作性；三是目前学术界和实务界对第三方监管者（特别是政府）是否应该严格监管网络借贷及如何监管仍然存在争议，导致相应的监管技术和强度都较弱。因此，存在第三方监管者时，如果监管力度和技术都不够，网络借贷平台仍然会接受借款人的串谋请求，共同欺诈出借人。

从借款人角度来看，如果第三方监管者的引入对借款人期望收益没有影响。那么，借款人决策将与无监管模式下完全相同，即当借款人行贿得到的收益超过其增加的总成本时，行贿将是借款人的必然选择。反之，当借款人行贿的收益小于其行贿成本时，不行贿才是借款人的必然选择。通常情况下，由于出借人对借款人的处罚难以实现，因此借款人行贿网络借贷平台获得的收益可能远远大于其行贿成本，借款人始终有向网络借贷平台行贿的激励。

综合来看，第三方监管者引入后，如果第三方监管者的监管成本过高、监管技术落后或者没有处罚平台的权利，都可能导致第三方监管者难以严格执行监管。另外，第三方监管者的监管力度和侦测技术可能影响网络借贷平台是否虚报评估结果的决策，但不会影响借款人贿赂网络借贷平台的决策。因此，当第三方监管者监管力度较弱时，结果考核制仍然存在对网络借贷平台虚报评估结果的激励，从而导致平台不会向出借人提供借款项目质量的真实信息，欺骗投资人，引发网络借贷风险。

六、结论与启示

从上述网络借贷风险形成机理分析，可以发现：一是结果考核制存在对平台的激励失灵问题，使平台偏好汇报虚假评估结果，会增加网络借贷欺诈而导致的平台退出风险；二是结果考核制下，如果无外部监督和审查，借款人存在将低质量借款项目伪装和包装成高质量借款项目的激励，使网络借贷信用风险突出，从而增加平台退出风险；三是当对平台和借款人串谋处罚力度不够大时，结果考核制会导致平台和借款人串谋，使网络借贷欺诈风险增加，从而平台退出风险也相应上升；四是如果第三方监管者的监管成本过高、技术落后或者监管力度不够，就会对平台欺诈行为产生激励，增加网络借贷风险。因此，结果考核制会增加网络借贷综合性风险，使平台退出风险增大。

这些结论对于防控网络借贷平台退出风险的启示在于：①改变现有网络借贷行业基于借款项目评估结果的利率及服务费用的定价机制。②增大对网络借贷平台与借款人串谋的处罚。③完善社会信用评级体系，鼓励平台与信用评级机构合作，明确平台对其发布的借贷项目评估结果的责任。④政府需要加强网络借贷监管力度，提高监管技术。

第四节　防范网络借贷风险的机制设计

虽然中国政府将网络借贷平台定位为信息中介，但是从激励理论来看，网络借贷风险产生的根源在于借款人、出借人和平台之间仍然存在信息不对称。网络借贷平台与出借人利益目标不一致，导致平台为谋求私利会做出损害出借人利益的行为——欺诈出借人。因此，缓解和防范网络借贷风险的关键在于：一方面要激励平台提高评估技术，另一方面要激励平台汇报借款项目的真实质量水平。具体激励机制讨论如下。

一、基于提高平台风险控制技术水平的激励机制

由于结果考核制会扭曲对网络借贷平台的激励机制，而且平台的努力程度 α_1 和风险控制技术 μ 都会影响其最终评估结果的准确性。因此，出借人可以考虑按照平台工作努力程度或风险控制技术水平进行考核，并据此设计对平台的激励合同 $W(D)$ 。在该机制下，如果网络借贷平台汇报真实评估结果 $\hat{\theta}$ 时，平台的期望效用为

$$\mathrm{EU}_1=\int U\{g(\hat{\theta},t)\,W[D(\alpha_1,\mu)]\}f(\mu)\mathrm{d}\mu+\iint U[g(\hat{\theta},t)s(\hat{\theta})]f(\tau)f(\varepsilon)\mathrm{d}\tau\mathrm{d}\varepsilon-C_R(\alpha_1)$$

使用确定性等价方法后，可变形为下式：

$$\begin{aligned}\mathrm{EU}_1=&\int U\{g(\hat{\theta},t)\,W[D(\alpha_1,\mu)]\}f(\mu)\mathrm{d}\mu\\&+\iint U[kx(\theta_1)+\frac{\rho_A}{2}x'k^2D(\alpha_1,\mu)]f(\varepsilon)f(\mu)\mathrm{d}\varepsilon\mathrm{d}\mu-C_R(\alpha_1)\end{aligned}\tag{6-13}$$

其中，$\frac{\rho_A}{2}x'k^2D(\alpha_1,\mu)$ 为网络借贷平台的评估误差给自身带来的收益风险。

如果平台接受贿赂，汇报虚假评估结果 θ^R 时，平台的期望效用为

$$\begin{aligned}\mathrm{EU}_2=&\int U\{g(\theta^R,t)\}W[D(\alpha_1,\mu)]f(\mu)\mathrm{d}\mu\\&+U[kx(\theta^R)]-C_R(\alpha_1)+X_R(\theta^R)-P_R(H)\end{aligned}\tag{6-14}$$

因此，与汇报真实结果一样，在该机制下网络借贷平台汇报虚假评估结果时，出借人支付给平台的费用都是不确定的。因此，出借人的期望效用也是不确定的，同样面临平台评估误差导致的收益风险。与结果考核制相比，该考核方法增加了平台虚报评估结果的收益风险，使平台虚报评估结果的收益同样具有不确定性，从而降低对网络借贷平台虚报评估结果的激励。另外，在该模式下，出借人支付给平台的费用取决于平台的评估误差，平台的评估误差越小，平台收入将越高，这有利于激励平台提高风险控制水平或工作努力程度。

假定在该种机制下当借款项目成功时，出借人获得本金和利息的概率为$\pi(\theta_1,\varepsilon)$，损失投资$k$的概率为$[1-\pi(\theta_1,\varepsilon)]$，出借人和网络借贷平台的委托代理关系可以描述为

$$\max_{\alpha_1,W}\mathrm{EV}=\iint V\left\{g(\theta^R,t)\left[\pi(\theta_1,\varepsilon)(a-b\theta_1(\alpha_0,\varepsilon))k-(1-\pi(\theta_1,\varepsilon))k\right.\right.$$
$$\left.\left.-\pi(\theta_1,\varepsilon)\frac{\rho_A}{2}b^2D(\alpha_1,\mu)k^2-W(D(\alpha_1,\mu))\right]\right\}f(\varepsilon)f(\mu)\mathrm{d}\varepsilon\mathrm{d}\mu \tag{6-15}$$

$$\text{s.t.}\quad \mathrm{EU}_1=\iint U\left(kx(\theta_1)+\frac{\rho_A}{2}x'k^2D(\alpha_1,\mu)\right)f(\varepsilon)f(\mu)\mathrm{d}\varepsilon\mathrm{d}\mu$$
$$+\int U\{g(\hat{\theta},t)W(D(\alpha_1,\mu))\}f(\mu)\mathrm{d}\mu-C_R(\alpha_1)\geqslant\underline{U} \tag{6-16}$$

$$\alpha_1\in\mathrm{Arg.}\quad \mathrm{EU}_1=\iint U\left(kx(\theta_1)+\frac{\rho_C}{2}x'k^2D(\alpha_1,\mu)\right)f(\varepsilon)f(\mu)\mathrm{d}\varepsilon\mathrm{d}\mu$$
$$+\int U\{g(\hat{\theta},t)W(D(\alpha_1,\mu))\}f(\mu)\mathrm{d}\mu-C_R(\alpha_1) \tag{6-17}$$

式（6-15）中$\frac{\rho_A}{2}b^2D(\alpha_1,\mu)k^2$为网络借贷平台评估误差给出借人带来的风险成本。式（6-16）为平台的参与约束，其中$\frac{\rho_A}{2}x'k^2D(\alpha_1,\mu)$为网络借贷平台评估误差给自身带来的风险成本。式（6-17）为平台的激励约束。出借人的最优规划问题可以表示为选择α_1和W，使其期望效用最大化。

当α_1可以观测时，网络监督平台的激励约束式（6-17）是冗余条件，参与约束是紧的。记λ为式（6-16）的乘子，可以写出上述问题的拉格朗日函数如下：

$$L(\alpha_1,W)=\iint V\{g(\theta^R,t)[\pi(\theta_1,\varepsilon)(a-b\theta_1(\alpha_0,\varepsilon))k-(1-\pi(\theta_1,\varepsilon))k$$
$$-\pi(\theta_1,\varepsilon)\frac{\rho_A}{2}b^2D(\alpha_1,\mu)k^2-W(D(\alpha_1,\mu))]\}f(\varepsilon)f(\mu)\mathrm{d}\varepsilon\mathrm{d}\mu$$
$$+\lambda\left[\iint U\left(kx(\theta_1)+\frac{\rho_C}{2}x'k^2D(\alpha_1,\mu)\right)f(\varepsilon)f(\mu)\mathrm{d}\varepsilon\mathrm{d}\mu\right.$$
$$\left.+\int U\left\{g(\hat{\theta},t)W(D(\alpha_1,\mu))\right\}f(\mu)\mathrm{d}\mu-C_R(\alpha_1)-\underline{U}\right]$$

对 $L(\alpha_1,W)$ 分别求关于 α_1 和 W 的一阶条件，可得

$$\frac{\partial L}{\partial W} = -\int V' f(\varepsilon)\mathrm{d}\varepsilon + \lambda U' = 0 \tag{6-18}$$

$$\begin{aligned}\frac{\partial L}{\partial \alpha_1} = &-\iint \pi(\theta_1,\varepsilon)\frac{\rho_A}{2}b^2\pi(\theta_1,\varepsilon)D'V' f(\varepsilon)f(\mu)\mathrm{d}\varepsilon\mathrm{d}\mu \\ &+\lambda\left[\iint \frac{\rho_C}{2}x'k^2D'U'f(\varepsilon)f(\mu)\mathrm{d}\varepsilon\mathrm{d}\mu - C_R'(\alpha_1)\right]=0\end{aligned} \tag{6-19}$$

将式（6-18）和式（6-19）整理后可得

$$\lambda = \int V' f(\varepsilon)\mathrm{d}\varepsilon / U' \tag{6-20}$$

$$\iint\left(\frac{\lambda}{2}\rho_C x'U' - \frac{\pi(\theta_1,\varepsilon)}{2}b^2V'\rho_A\right)k^2D'f(\varepsilon)f(\mu)\mathrm{d}\varepsilon\mathrm{d}\mu = \lambda C_R'(\alpha_1) \tag{6-21}$$

式（6-21）中 ρ_A 、 ρ_C 分别为出借人、平台的风险规避系数。因此，式（6-20）和式（6-21）能够确定实现帕累托最优状态时，网络借贷平台的工作努力程度 α_1^* 。式（6-21）表示网络借贷平台最优工作努力水平的实现条件，即出借人通过向网络借贷平台支付 W，激励平台提高工作努力程度，从而使出借人和平台的风险收益增加，由此获得的边际期望效用等于网络借贷平台的边际评估成本 $C_R'(\alpha_1)$ 。从式（6-21）可以看出：当其他因素保持不变时，出借人风险规避系数 ρ_A 越大，其风险规避程度越高，会增大平台评估误差带给出借人的风险成本，可能促使平台选择更高水平的工作努力程度 α_1^* ；平台风险规避系数 ρ_C 越大，平台风险规避程度越高，会增大平台评估误差带给自身的风险成本，可能导致平台选择较高的工作努力程度 α_1^* 。其他因素保持不变时，借款人的借款金额 k 越大，平台努力的边际成本越高，平台可选择的工作努力程度 α_1^* 越低。当借款利率对借款项目质量的敏感程度 b 越高时，平台努力的边际成本越大，平台可选择的工作努力程度 α_1^* 越低。因此，当 α_1 可以观测时，出借人对网络借贷平台的最优支付合同如下：

$$W^* = \begin{cases} W(D(\alpha_1^*,\mu)), & \alpha_1 \geqslant \alpha_1^* \\ \underline{W}, & \alpha_1 < \alpha_1^* \end{cases}$$

上式表明：当 $\underline{W}$ 很低时，意味着如果网络借贷平台选择的工作努力水平低于 α_1^* 时，出借人愿意支付给平台的费用很少，因此理性网络借贷平台的最优选择付出最佳工作努力水平 α_1^*，从而能够降低网络借贷风险。上述结果表明，如果平台的工作努力程度是可以观察的，出借人可以通过激励网络借贷平台提高其风险评估水平，实现控制网络借贷风险的目的。虽然在现实中，网络借贷平台的工作努力程度难以观测，但是激励网络借贷平台提高风险评估水平，从而控制网络借贷风险是可行的。具体应对措施涉及两个层面：一是重视投资者风险教育，引导其正确认识风险与收益的关系，理解网络借贷的潜在风险，能够自发将借款额度控制在合理范围；二是加强对网络借贷平台管理，强化其中介地位，防止其成为风险爱好者。其

中，加强网络借贷平台管理的措施包括以下几种。①推行平台对其发布的借款人及借款项目信息真实性和有效性的负责制。平台发布的借款项目质量水平是出借人进行投资决策的主要依据，会直接影响借款人融资成功的概率。如果出借人按照借款项目质量水平高低对平台进行激励，会导致平台汇报虚假借款信息，出借人难以获得平台借款项目的真实信息。因此，应该激励平台发布借款项目的真实有效信息，具体激励措施可以是政府规定如果出借人或其他社会组织通过其他渠道发现平台发布虚假信息，可以向有关监管部门举报，由监管部门对平台进行处罚，并立即责令其进行停业整改。②建立网络借贷平台的借贷违约率实时动态披露系统。由于出借人无法直接观察网络借贷平台的风险控制水平，只能通过平台历史交易的借贷违约数据来间接推测。因此，政府可以要求网络借贷平台报告其历史交易的借贷预期违约率和实际违约率，方便出借人通过比较平台预期违约率与实际违约率，对平台的风险控制技术水平高低有一个直观的认识，从而据此做出投资决策。另外，对平台借贷违约率的实时披露，有利于出借人和社会力量对平台的风险控制水平进行实时监督，从而督促平台自觉努力工作，提高风险控制水平，以获得更多投资者信任和中介收入。③对网络借贷平台和从业人员进行资质认定，并进行不定期的检查或抽查。网络借贷业务的金融属性，要求平台及工作人员必须具备金融方面的技能和素质，否则平台容易出现信用风险和流动性风险，其业务难以开展。因此，对平台及从业者的资质认定，能够保证平台具备开展网络借贷业务的资质。而对平台业务的不定期检查，用于保证平台的风险控制水平始终处于一定的合理范围内。

二、防范平台与借款人串谋的激励机制

网络借贷风险产生的一个重要来源是平台与借款人串谋，导致出借人利益受损。而防范串谋的关键在于设计出切实可行的激励机制。下面以结果考核制为例说明串谋的防范机制设计，假定平台与借款人串谋时，出借人通过其他途径核实，并发现串谋的概率为γ_2。并且假定出借人仅在借款人成功归还借款时，向平台支付 W，否则支付 0。当网络借贷平台不参与串谋时，平台的期望效用为

$$\mathrm{EU}_1 = \iint U\{g(\hat{\theta},t)[\pi(\theta_1,t)W(\theta_1)+S(\hat{\theta})]\}f(\tau)f(\varepsilon)\mathrm{d}\tau\mathrm{d}\varepsilon - C_R(\alpha_1)$$

而网络借贷平台参与串谋时，平台的期望效用为

$$\mathrm{EU}_2 = g(\theta^R,t)\{U[\pi(\theta_1,t)W(\theta_1)+S(\theta^R)]\} - C_R(\underline{\alpha}_1) + X_R(\theta^R) - \gamma_2 P_R(H)$$

因此，对于网络借贷平台而言，其参与串谋的必要条件是：串谋得到的期望效用不低于不串谋得到的期望效用，即$\mathrm{EU}_2 \geqslant \mathrm{EU}_1$，经简化后可得到如下条件：

$$\begin{aligned} X_R(\theta^R) \geqslant & \iint U\{g(\hat{\theta},t)[\pi(\theta_1,t)W(\theta_1)+S(\hat{\theta})]\}f(\tau)f(\varepsilon)\mathrm{d}\tau\mathrm{d}\varepsilon - C_R(\alpha_1) \\ & - g(\theta^R,t)\{U[\pi(\theta_1,t)W(\theta_1)+S(\theta^R)]\} + C_R(\underline{\alpha}_1) + \gamma_2 P_R(H) \end{aligned} \tag{6-22}$$

由于借款人不参与串谋时，其期望效用为

$$\mathrm{EZ}_1=\iint Z\{g(\hat{\theta},t)[\pi(\theta_1,\varepsilon)M(k-kx)-t(\hat{\theta})k-S(\hat{\theta})]\}f(\tau)f(\varepsilon)\mathrm{d}\tau\mathrm{d}\varepsilon-C_A(\alpha_0)$$

而借款人参与串谋时，其期望效用为

$$\begin{aligned}\mathrm{EZ}_2=&\int Z\{g(\theta^R,t)[\pi(\theta_1,\varepsilon)M(k-kx)-t(\theta^R)k-S(\theta^R)]\}f(\varepsilon)\mathrm{d}\varepsilon\\&-X(\theta^R)-C_A(\underline{\alpha}_0)-\gamma_2P_A(H)\end{aligned}$$

因此，对于借款人而言，参与串谋的必要条件是：其串谋的期望效用不低于不串谋的期望效用，即 $\mathrm{EZ}_2\geqslant\mathrm{EZ}_1$，经简化后可得到如下条件：

$$\begin{aligned}X(\theta^R)\leqslant&\int Z\{g(\theta^R,t)[\pi(\theta_1,\varepsilon)M(k-kx)-t(\theta^R)k-S(\theta^R)]\}f(\varepsilon)\mathrm{d}\varepsilon\\&-\iint Z\{g(\hat{\theta},t)[\pi(\theta_1,\varepsilon)M(k-kx)-t(\hat{\theta})k-S(\hat{\theta})]\}f(\tau)f(\varepsilon)\mathrm{d}\tau\mathrm{d}\varepsilon\\&-C_A(\underline{\alpha}_0)-\gamma_2P_A(H)+C_A(\alpha_0)\end{aligned}\tag{6-23}$$

当式（6-22）和式（6-23）同时成立时，网络借贷平台和借款人更可能选择串谋行为。因此，由式（6-22）和式（6-23），可得到网络借贷平台和借款人串谋的必要条件如下：

$$\begin{aligned}&\iint U\{g(\hat{\theta},t)[\pi(\theta_1,t)W(\theta_1)+S(\hat{\theta})]\}f(\tau)f(\varepsilon)\mathrm{d}\tau\mathrm{d}\varepsilon\\&-g(\theta^R,t)\{U[\pi(\theta_1,t)W(\theta_1)+S(\theta^R)]\}-C_R(\alpha_1)+C_R(\underline{\alpha}_1)+\gamma_2P_R(H)\\&\leqslant X_R(\theta^R)\leqslant C_A(\alpha_0)-C_A(\underline{\alpha}_0)-\gamma_2P_A(H)\\&\quad+\int Z\{g(\theta^R,t)[\pi(\theta_1,\varepsilon)M(k-kx)-t(\theta^R)k-S(\theta^R)]\}f(\varepsilon)\mathrm{d}\varepsilon\\&\quad-\iint Z\{g(\hat{\theta},t)[\pi(\theta_1,\varepsilon)M(k-kx)-t(\hat{\theta})k-S(\hat{\theta})]\}f(\tau)f(\varepsilon)\mathrm{d}\tau\mathrm{d}\varepsilon\end{aligned}\tag{6-24}$$

因此，要使网络借贷平台和借款人不能达成串谋，必须要寻找使式（6-24）不满足的条件。由式（6-24）可知，防范串谋的约束条件如下：

$$\begin{aligned}&\iint U\{g(\hat{\theta},t)[\pi(\theta_1,t)W(\theta_1)+S(\hat{\theta})]\}f(\tau)f(\varepsilon)\mathrm{d}\tau\mathrm{d}\varepsilon\\&-g(\theta^R,t)\{U[\pi(\theta_1,t)W(\theta)+S(\theta^R)]\}-C_R(\alpha_1)+C_R(\underline{\alpha}_1)+\gamma_2P_R(H)\\&\geqslant C_A(\alpha_0)-C_A(\underline{\alpha}_0)-\gamma_2P_A(H)\\&\quad+\int Z\{g(\theta^R,t)[\pi(\theta_1,\varepsilon)M(k-kx)-t(\theta^R)k-S(\theta^R)]\}f(\varepsilon)\mathrm{d}\varepsilon\\&\quad-\iint Z\{g(\hat{\theta},t)[\pi(\theta_1,\varepsilon)M(k-kx)-t(\hat{\theta})k-S(\hat{\theta})]\}f(\tau)f(\varepsilon)\mathrm{d}\tau\mathrm{d}\varepsilon\end{aligned}\tag{6-25}$$

由于 $C_R(\underline{\alpha}_1)-C_R(\alpha_1)\leqslant 0$，$C_A(\alpha_0)-C_A(\underline{\alpha}_0)\geqslant 0$，当这两个不等式为 0 时，式（6-25）仍然满足，并可简化为

$$\begin{aligned}&\iint U\{g(\hat{\theta},t)[\pi(\theta_1,t)W(\theta_1)+S(\hat{\theta})]\}f(\tau)f(\varepsilon)\mathrm{d}\tau\mathrm{d}\varepsilon\\&-g(\theta^R,t)\{U[\pi(\theta_1,t)W(\theta_1)+S(\theta^R)]\}+\gamma_2P_R(H)+\gamma_2P_A(H)\\&\geqslant\int Z\{g(\theta^R,t)[\pi(\theta_1,\varepsilon)M(k-kx)-t(\theta^R)k-S(\theta^R)]\}f(\varepsilon)\mathrm{d}\varepsilon\\&\quad-\iint Z\{g(\hat{\theta},t)[\pi(\theta_1,\varepsilon)M(k-kx)-t(\hat{\theta})k-S(\hat{\theta})]\}f(\tau)f(\varepsilon)\mathrm{d}\tau\mathrm{d}\varepsilon\end{aligned}\tag{6-26}$$

在结果考核机制下，如果防范串谋的约束条件式（6-26）满足，出借人的规划问题转换为无串谋情况下最优决策问题，即要激励平台努力工作。因此，该激励问题可以描述为

$$\max_{\alpha_1,W} \mathrm{EV}=\iint V\left\{g(\theta_1,t)\pi(\theta_1,\varepsilon)\left[a-b\theta_1(\alpha_0,\varepsilon)k+\frac{\rho_A}{2}b^2D(\alpha_1,\mu)k^2 -W(\theta_1)+\left(1-\frac{1}{\pi(\theta_1,\varepsilon)}\right)k\right]\right\}\mathrm{d}\varepsilon\mathrm{d}\mu$$

$$\text{s.t.}\quad \iint U\{g(\theta_1,t)[\pi(\theta_1,\varepsilon)W(\theta_1)+S(\hat{\theta})]\}f(\varepsilon)f(\tau)\mathrm{d}\varepsilon\mathrm{d}\tau-C_R(\alpha_1)\geqslant 0 \tag{6-27}$$

$$\alpha_1\in \mathrm{Arg.}\quad \max_{\alpha_1}\iint U[g(\theta_1,t)[\pi(\theta_1,\varepsilon)W(\theta_1)+S(\hat{\theta})]]f(\varepsilon)f(\tau)\mathrm{d}\varepsilon\mathrm{d}\tau-C_R(\alpha_1) \tag{6-28}$$

$$\iint Z\{g(\theta_1,t)[\pi(\theta_1,\varepsilon)M(k-kx)-t(\hat{\theta})k-S(\hat{\theta})]\}f(\varepsilon)f(\tau)\mathrm{d}\varepsilon\mathrm{d}\tau-C_A(\alpha_0)\geqslant 0 \tag{6-29}$$

$$\alpha_0\in \mathrm{Arg.}\quad \iint Z\{g(\theta_1,t)[\pi(\ominus,\varepsilon)M(k-kx)-t(\hat{\theta})k-S(\hat{\theta})]\}f(\varepsilon)f(\tau)\mathrm{d}\varepsilon\mathrm{d}\tau-C_A(\alpha_0) \tag{6-30}$$

$$\begin{aligned}&\iint U\{g(\hat{\theta},t)[\pi(\theta_1,t)W(\theta_1)+S(\hat{\theta})]\}f(\tau)f(\varepsilon)\mathrm{d}\tau\mathrm{d}\varepsilon\\&-g(\theta^R,t)\{U[\pi(\theta_1,t)W(\theta_1)+S(\theta^R)]\}+\gamma_2P_R(H)+\gamma_2P_A(H)\\&\geqslant\int Z\{g(\theta^R,t)[\pi(\theta_1,\varepsilon)M(k-kx)-t(\theta^R)k-S(\theta^R)]\}f(\varepsilon)\mathrm{d}\varepsilon\\&\quad-\iint Z\{g(\hat{\theta},t)[\pi(\theta_1,\varepsilon)M(k-kx)-t(\hat{\theta})k-S(\hat{\theta})]\}f(\tau)f(\varepsilon)\mathrm{d}\tau\mathrm{d}\varepsilon\end{aligned} \tag{6-31}$$

式(6-27)和式(6-28)分别表示网络借贷平台的参与约束和激励约束，式(6-29)和式（6-30）分别表示借款人的参与约束和激励约束。式（6-31）是防范串谋的约束条件。当平台和借款人的参与条件都满足时，式（6-31）可简化为

$$\begin{aligned}C_A(\alpha_0)+C_R(\alpha_1)\geqslant\ & g(\theta^R,t)U[\pi(\theta_1,\varepsilon)W(\theta_1)+S(\theta^R)]\\&+\int Z\{g(\theta^R,t)[\pi(\theta_1,\varepsilon)M(k-kx)-t(\theta^R)k-kx(\theta^R)]\}f(\varepsilon)\mathrm{d}\varepsilon\end{aligned}$$

该防范串谋约束条件决定了出借人给予平台的支付需要满足$W\leqslant W_1$，其中W_1为满足上述式（6-31）简化式子的最高支付水平。

当α_1可观测时，式（6-27）和式（6-29）是非紧的冗余条件。如果约束条件式（6-28）和式（6-30）是紧的，可以构造上式的拉格朗日函数，然后求一阶条件，即可得出借人的最优支付和网络借贷平台的最优努力水平满足如下方程：

$$\lambda_1=\int V'f(\varepsilon)\mathrm{d}\varepsilon/U' \tag{6-32}$$

$$\begin{aligned}&\iint\left[\frac{\rho_A}{2}\pi(\theta_1,\varepsilon)b^2k^2V'+\lambda_1\frac{\rho_C}{2}k^2x'U'-\lambda_2\frac{\rho_B}{2}k^2x'Z'\right.\\&\left.+\lambda_2\frac{\rho_B}{2}k^2b^2Z'\right]D'(\alpha_1,\mu)f(\varepsilon)f(\mu)\mathrm{d}\varepsilon\mathrm{d}\mu-\lambda_1C_R'(\alpha_1)=0\end{aligned} \tag{6-33}$$

$$\int bk\pi(\theta_1,\varepsilon)g(\theta_1,t)V'\theta_1'f(\varepsilon)\mathrm{d}\varepsilon+\lambda_2 C_A'(\alpha_0)=0 \tag{6-34}$$

其中，ρ_A、ρ_C 和 ρ_B 分别为出借人、网络借贷平台和借款人的风险规避系数。由于式（6-33）左边是非负的，而且 $C_A'(\alpha_0)\geqslant 0$，所以式（6-33）成立时必然有 $\lambda_2=0$。这表明约束条件式（6-30）是非紧的。因此，式（6-32）和式（6-33）显示的网络借贷平台最优努力水平的实现条件可以简化为

$$\lambda_1=\int V'f(\varepsilon)\mathrm{d}\varepsilon/U' \tag{6-35}$$

$$\iint\left[\frac{\rho_A}{2}\pi(\theta_1,\varepsilon)b^2k^2V'+\lambda_1\frac{\rho_C}{2}k^2x'U'\right]D'(\alpha_1,\mu)f(\varepsilon)f(\mu)\mathrm{d}\varepsilon\mathrm{d}\mu-\lambda_1 C_R'(\alpha_1)=0 \tag{6-36}$$

式（6-36）表明平台最优努力水平的实现条件是出借人通过向网络借贷平台支付 W^*，激励平台提高工作努力程度，使出借人和平台的风险成本减少而获得的边际效用，等于网络借贷平台的边际努力成本 $C_A'(\alpha_1)$。当平台工作努力程度 $\alpha_1\geqslant\alpha_1^*$ 时，出借人向平台支付 W^*，如果 W^* 满足防范串谋约束条件，即 $W^*\leqslant W_1$，则出借人能够通过向平台支付 W^* 激励其实现最优努力水平 α_1^*，并且不会与借款人串谋；如果 W^* 不满足串谋条件，平台与借款人之间存在串谋，不仅会导致平台努力程度偏离最优努力水平 α_1^*，也会使出借人向平台支付更多的无效酬劳。

以上分析显示要防范网络借贷平台与借款人串谋，其重点仍然是激励网络借贷平台努力工作。尽管在现实中平台的努力程度不可观测，但由上述分析可以看出，要防范网络借贷平台与借款人串谋，需要设计机制使其串谋与不串谋时收益无差异，或者无利可图。因此，防范串谋的具体措施包括：一是增大对串谋的处罚力度。由于实际中，出借人难以直接对网络借贷平台和借款人实施处罚，可以考虑由政府监管机构行使处罚权利，针对网络借贷平台的处罚措施包括警告、罚款、停业整顿等；而针对借款人的处罚措施包括纳入信用黑名单、罚金和没收违法所得等。这些处罚目的是加大平台和借款人选择串谋的风险成本，从而使他们的理性选择是不串谋。二是增加对平台不串谋的利益补偿。根据 Laffont 和 Tirole（1991）提出的防范串谋原理，如果出借人给予网络借贷平台足够的利益补偿，使网络借贷平台选择不串谋时获得的收益不少于串谋时的收益，从而使平台没有选择串谋的动力。对此，政府可以考虑建立网络借贷平台的诚信经营档案，并通过公开渠道发布平台诚信经营的相关数据及信息，让出借人能够获得平台资质方面的可靠信息，有利于出借人选择诚信的优质平台。三是出借人也可采用分权机制。根据 Laffont 和 N’Guessan（2000）的等价原理，在网络借贷平台资质有保证的条件下，出借人可以将资金投资的权利授予网络借贷平台，给予平台一揽子转移支付，再由平台与借款人签订借贷协议。在该分权机制下，网络借贷平台的作用类似于银行等信用中介，平台成为借贷投资收益的直接分享者，统一了平台与贷款

人原本冲突的利益目标，使平台与借款人之间出现利益目标冲突，从而破坏两者之间的串谋实现条件，达到防范串谋目的。例如，2016 年 11 月 Zopa 已向英国金融行为监管局和审慎监管局（Prudential Regulation Authority，PRA）申请银行牌照，开始向互联网 P2P 银行转型。四是畅通网络借贷违规行为的投诉和举报渠道。要防范网络借贷的串谋风险，还需要充分利用社会力量进行监督，一方面可以利用社会力量提供的信息来检查和验证平台发布信息的有效性；另一方面可以鼓励社会力量对网络借贷违规行为的举报。

第七章 国内外网络借贷监管现状及展望

网络借贷作为一种新生事物，对其认识仍然有待深入。从营利模式来看，既有定位于借贷信息中介的网络借贷平台（如早期的Lending Club），又有集信息和金融中介于一身的复合型网络借贷平台（如后期的Lending Club）。然而，无论哪种模式的网络借贷平台都无法回避两个核心问题：盈利性问题和风险控制问题。为防范网络借贷风险，各国或多或少都对网络借贷行业进行了监管。本章选取梳理法国、英国和中国三国的监管政策及动态，并以此进行展望，主要基于如下四个方面的考虑：①法国是世界上第一个对众筹类的参与性融资制定相关法律的国家，而英国则是P2P网络借贷的发源地；②与美国网络借贷的飞速发展相比，英国和法国网络借贷发展速度虽然相对缓慢，但是其发展更加理性和有序；③英国、法国早已成立更加规范的行业自律机构，由行业自律机构制定运作规范，进行实质性监管，而美国直到2016年4月才成立网络借贷行业协会；④中国网络借贷行业规模已经位居世界前列，而且近年中国政府高度重视网络借贷风险管控。

第一节 中国网络借贷监管现状

中国对网络借贷的监管处于不断探索之中，其监管历程大致可以分为以下几个阶段。

一是监管探索期（2007年至2014年）。在该时期，网络借贷是一种新生事物，政府对其发展以支持和包容为主，同时探索是否监管及如何监管，但尚未形成统一的监管法规及办法。因此，在该时期，网络借贷在中国一直处于无监管、无立法、无门槛的“三无”状态，其直接后果是：网络借贷平台数量庞大，但资质良莠不齐，平台频频出现跑路欺诈、经营不善倒闭等现象，大量网络借贷出借人资金受损，造成恶劣的社会影响，网络借贷行业声誉和发展也受到严重质疑。

二是监管法规形成期（2015年至2017年）。2015年出台的《最高人民法院关于审理民间借贷案件适用法律若干问题的规定》首次涉及P2P网络借贷行业，结束了P2P网络借贷平台的运营和监管无法可依状态。2016年8月中国政府颁布了《管理暂行办法》，标志着网络借贷在中国正式纳入政府监管范围。随后，中国银行业监督管理委员会又先后发布《备案登记管理指引》《资金存管指引》《信息披露指引》。由此，中国网络借贷行业形成了“一个办法，三个指引”的监管制度框架。“三个指引”分别对平台登记备案、资金存管和信息披露涉及的具体事项和权责进行了界定和明晰，是对《管理暂时办法》的细化和补充。

《管理暂行办法》将网络借贷平台定位为借贷信息中介，而非金融中介，由此使中国网络借贷行业监管主体呈现多元化。例如，中国银行保险监督管理委员会负责制定网络借贷业务规范、目标指引和监督管理制度；工业和信息化部负责对平台涉及的电信增值业务进行核准和监督；公安部负责互联网安全监管，防范利用网络借贷从事洗钱的不法行为；中华人民共和国国家互联网信息办公室负责对平台发布的信息内容进行监管。从上述多元化的监管主体来看，中国政府既强调网络借贷平台的信息中介地位，也认识到网络借贷业务的金融属性。

在网络借贷平台准入方面，《管理暂行办法》将网络借贷平台定位为信息服务中介，要求开展网络借贷业务的平台必须取得电信业务经营许可证。按照中国的《电信业务经营许可管理办法》，网络借贷平台申请经营增值电信业务许可证，对其注册资本有一定要求，如果其业务范围仅涉及省内，注册资本只需达到100万元，如果其业务范围跨省，则注册资本需要1000万元及以上。但是，目前中国多数网络借贷平台注册资本都能达到该要求，因此该准入条件的资本门槛效果可能并不明显。另外，《管理暂行办法》规定地方金融监管部门负责对所在地区网络借贷平台进行登记备案，还可按照相关监管规则对备案的平台进行评估分类，但并不涉及对备案平台的资质审查。《备案登记管理指引》细化了网络借贷平台备案登记的相关程序，并规定平台须在地方金融办备案登记完成后，才能申请电信增值业务经营许可证，与银行签订资金存管协议。这些条款主要侧重事中事后监管，而非对平台资质审查的事前控制。因此，现有中国网络借贷监管政策尚未对平台实施严格的准入控制和资质审查。

在用户资金管理方面，《管理暂行办法》要求网络借贷平台将用户资金交给银行存管，进行隔离保护。《资金存管指引》进一步具体化了网络借贷资金存管相关方的责任和义务，而且强调银行仅履行资金存管业务，既不审核借贷交易信息真实性，也不为借贷交易提供担保。《管理暂行办法》还明确提出客户资金所有权归属客户，即使平台破产清算，也不计入清算财产目录。这些规定明晰了客户资金的所有权，能够有效防范网络借贷平台自融资、挪用或者侵吞客户资金等恶性风险事件的发生，保障用户投资资金安全。另外，《管理暂行办法》还要求平台破产或停业前，妥善处理已经签订的借贷合同，保证平台破产或停业不影响借贷合约的执行。但是，如何保证网络借贷合约执行的连续性，还缺乏具体的可行措施。

在借贷限额方面，《管理暂行办法》主要对借款上限进行了规定，对出借人的投资额尚未有明确规定。具体而言，《管理暂行办法》规定个人在单个网络借贷平台上的贷款额不超过 20 万元，在多个平台的贷款总额不超过 100 万元；而企业或其他组织在单个平台的贷款额不超过 100 万元，在多个平台的贷款总额不超过 500 万元。《管理暂行办法》通过对单个借款人在单个平台和多个平台上借款金额设置上限，一方面可强制借款人将大额借款在多个平台间分散，规避单个平台上借款人集中而可能导致的信用风险，将单个借款项目失败对平台的影响限定在可控范围内，有利于保障平台运营的稳健性。

在信息披露方面，《管理暂行办法》规定网络借贷平台需要向公众披露与借款相关的信息。《信息披露指引》进一步细化了网络借贷平台需要披露的两大类信息内容：一是向出借人披露的相关借款信息，如借款人及其借款项目的基本信息，借款项目的风险评估及潜在风险等。该类信息能够有助于投资者间接了解借款人与借款项目，辅助其做出理性的投资决策。二是向公众披露的平台经营管理相关信息，如平台备案信息、组织结构信息、外部机构对平台机构的审计结果和报告、撮合交易信息，以及其他关于平台经营状况的重大信息等。其中，《管理暂行办法》和《信息披露指引》要求平台披露上一年度财务审计和“合规”审计报告，这些报告具有法律效力，其真实性和可靠性较高。因此，该类关于平台的信息，不仅能够让公众及时了解平台的业务运行及经营状况，还能够在一定程度上间接反映平台的经营能力、资信状况等，有助于投资者甄别和选择可信任的平台。

三是行业合规整治期（2018 年至今）。2018 年中国网络借贷监管层一方面从平台放贷、讨债和业务涉及主体信用入手，发布了《关于加大通过互联网开展资产管理业务整治力度及开展验收工作的通知》《关于报送 P2P 平台借款人逃废债信息的通知》《关于进一步做好网贷行业失信惩戒有关工作的通知》《关于对失信主体加强信用监管的通知》等一系列法规，对网络借贷风险进行综合治理；另一方面明确了进行合规检查的全国统一标准，即 108 条检查要求、10 项检查内容和 3 个检查程序。地方互联网金融监管机构在开展网贷合格检查工作时，一方面坚决清退不合规平台，另一方面也制定了各具特色的网贷平台退出指引。2019 年网络借贷监管以风险出清为目标，出台了《关于启动网络借贷信息中介机构运营数据实时接入工作的通知》《关于加强 P2P 网贷领域征信体系建设的通知》《关于网络借贷信息中介机构转型为小额贷款公司试点的指导意见》等法规，既可实时防控网络借贷平台违规操作，又可引导不合规平台良性退出或转型，有效避免大量平台清退下的风险积聚释放。

中国的网络借贷已经正式进入严格监管时期，原有网络借贷风险已基本出清，网络借贷环境得到净化，如何重塑网络借贷模式真正服务实体经济将具有重要意义。因此，有必要充分了解国际网络借贷监管现状，从而更好展望未来中国网络借贷及监管发展。

第二节　其他国家网络借贷监管现状

一、法国网络借贷监管现状

法国将网络借贷视为传统金融业务信息化的延伸产物，因此并未制定专门的网络借贷监管法令，而是作为参与性金融纳入传统金融监管框架。2014 年 10 月 1 日法国正式实施《参与性融资法令》，成为全世界最早制定关于网络借贷法令的国家之一。该法令将“参与性融资”定义为通过网络向公众募集资金，为中小企业或者创新项目融资的一种金融机制。法国的参与性融资定义体现了吸引公众参与融资的特点，其出发点是改善中小企业融资和鼓励公众创业。

按照《参与性融资法令》规定，网络借贷平台的监管主体会因其涉及业务类型的不同而存在差异。由于现有法国金融监管实施二元监管模式，即法国审慎监管与处置局负责对银行业和保险业进行统合监管；而法国金融市场管理局单独负责监管证券市场。因此，按照《参与性融资法令》规定，平台的网络借贷业务在法国审慎监管与处置局的监管范畴，平台的证券发行业务则处于法国金融市场管理局的监管领域，而平台的支付服务业务都属于法国审慎监管与处置局的监管范围。

针对网络借贷业务的金融属性，《参与性融资法令》还规定了平台的准入条件。这些准入条件涉及四个方面：平台经营管理者的声誉和专业能力条件、平台的最低资本要求、职业保险。法国关于网络借贷平台的准入要求能够从源头上控制进入网络借贷行业的平台质量，避免不合格平台和经营者可能对金融服务消费者造成的潜在伤害，从而维持网络借贷行业秩序和稳定。

法国还对网络借贷限额进行了相关规定。《参与性融资法令》不仅规定了单个借款项目的最高借款额度为 100 万欧元，还规定了单个投资者在不同类型借款项目上的投资限额（有息和无息借款项目的个人投资上限分别为 1000 欧元和 4000 欧元）。这些网络借贷限额的设置有助于分散投资者出借资金的风险，既可将单个投资者因单个项目失败而导致的损失控制在一定范围，又可限制单个借款人或项目可能导致的损失。

《参与性融资法令》还强制平台提供标准借贷合同，并披露相关信息。由法国审慎监管与处置局对网络借贷标准合同的形式和内容做出具体规定，这既能规范网络借贷合同的形式，也有助于增强网络借贷合同的流动性。法国审慎监管与处置局还要求网络借贷平台披露必要的关键信息，主要包括年度业绩报告，向出借人提供一定的评估工具，向借款人提供关于借贷金额、利率、期限、总成本等信息，向法国审慎监管与处置局主动提供有关借款项目信息。这些规定能够强制网络借贷平台公开其服务和运营信息，有助于增加借款人和平台的信息公开透明程度，能够对其行为形成有效约束，从而降低公众和政府对其监督的成本，有利于形成对网络借贷监督的社会氛围和环境。

《参与性融资法令》也对网络借贷平台的经营和退出行为进行了规范性要求。例如，要求平台在运营过程中遵守产品推销和广告宣传的限制性规定，避免误导投资者；平台还要承担网络借贷相关信息披露和风险提示责任等。另外，还规定网络借贷平台破产或停止提供服务时，必须妥善安排其仍在进行中的借贷项目后续服务问题。这些关于平台经营和退出行为的规定一方面能够避免因平台倒闭对已成交网络借贷业务造成冲击，保障网络借贷业务的连续性和稳定性；另一方面以法律形式明确了网络借贷平台的主体责任和行为规范，规避平台倒闭、欺诈、不实宣传等行为对用户权益的损害，从而有效保护投资者。

除了颁布正式法令外，法国还成立 P2P 网络借贷协会，制定行业自律规范，要求平台完善内部监管、规范交易手续、监控交易过程、实施自我监管，在一定程度上有助于防范平台操作风险和信用风险。以法国唯一专注消费贷的 Younited Credit 为例，截至 2016 年 8 月 31 日，Younited Credit 提供的贷款总额约为 3.37 亿欧元，其中违约涉及金额约为 1600 万欧元，违约率大致为 4.8%①。法国最大的商业贷款提供平台 Lendix 自从 2015 年 4 月成立以来，每月平均贷款 400 万欧元，截至 2016 年 7 月未发生违约事件，仅出现一例欺诈事件，但是平台已经成功追回资金。法国提供票据网络贷款的平台 Finexkap 自成立以来，完成了 5000 多件交易，仅有 1 个交易出现违约②。另外，法国政府主导型的征信体系的权威性和完备性，也为网络借贷业务开展奠定了坚实的基础，为平台控制网络借贷风险提供了便利，降低了网络借贷的违约风险。

二、英国网络借贷监管现状

英国作为网络借贷的发源地，政府对网络借贷的监管同样处于探索阶段。英国关于网络借贷的监管大致经历了为两个时期，一是 2014 年 4 月以前的网络借贷监管真空期；二是 2014 年 4 月后政府正式监管网络借贷行业。

在 2014 年 4 月以前，英国的网络借贷处于监管真空期，网络借贷被视为民间消费信贷，由英国公平交易管理局依据《消费信贷法》进行监管。英国公平交易管理局主要负责保护出借人免受违规借款人的损害，对网络借贷平台行为规范和约束较少，更缺乏对平台资金和风险控制等方面的规定。这导致英国公平交易管理局的监管难以稳定网络借贷市场，保护借贷双方利益。在该时期，

---

① Younited Credit 的数据来源于该平台网站的统计数据，违约率是据相关交易数据进行简单计算而来。

② Lendix 和 Finexkap 的数据来源于 Lend Academy 的调查报告。

英国出现了较严重的网络借贷借款人违约现象，其中最为典型的例子是：由于借款人几乎全部违约，2011 年成立的网络贷款平台 Quakle 仅运营几个月就破产关闭。为避免监管缺失，动摇消费者对网络借贷行业的信心，许多英国 P2P 平台自发地采取了不同措施来防范网络借贷风险，并建立借贷违约风险补偿机制，为网络借贷的还款提供保障。例如，RateSetter 建立了贷款拨备机制；Zopa 对网络借贷业务进行商业投保；Zopa、RateSetter 和 Funding Circle 等平台还发起成立了英国 P2P 金融协会①，制定网络借贷的运作规范和基本原则，以规范平台经营行为，增强消费者保护，维护行业声誉。2014 年 4 月后网络借贷被英国政府纳入正式监管范畴。按照网络借贷平台的业务性质，英国将 P2P 网络借贷划归证券业务，P2P 平台也被界定为证券经纪商，网络借贷监管就归属于英国金融行为监管局。英国金融行为监管局于 2014 年 4 月正式实施《监管规则》。该规则对网络借贷平台最低资本、客户资金管理权限、平台破产处置、客户取消权利、信息披露和定期报告等作了相关规定。这些规定既有规范性要求，也有定量指标要求。在 2016 年，英国金融行为监管局又出台了《FCA 手册变更》②，对网络借贷平台客户资金隔离保护，进行了更加细致的规定。

《监管规则》对网络借贷平台最低审慎资本设置了具体量化要求。英国的最低审慎资本指标有静态和动态之分，单个平台的最低审慎资本取两者中较高值。其中，2017 年 4 月 1 日前为过渡期，静态最低审慎资本要求为 2 万英镑，2017 年 4 月 1 日后静态最低审慎资本标准提高至 5 万英镑。而动态最低审慎资本是根据网络借贷平台借贷业务的交易规模，采取差额累计制，要求平台达到的最低资本限额。最低审慎资本要求能够促使网络借贷平台保留风险缓冲资金，以满足偿付要求，降低平台破产时对客户权益的损害程度。

客户资金管理方面，《监管规则》要求网络借贷平台持有与投资业务有关的客户资金应符合英国金融行为监管局关于《客户资产规范》的监管要求，并将客户资金存入银行，实施隔离保护。《监管规则》还规定如果网络借贷平台破产，所有客户资金应返还给投资人，执行破产程序所涉及的费用也由投资人按比例承担。另外，《监管规则》还明确平台客户对平台用户资金的所有权，银行不得使用客户的银行账户资金抵消平台自身债务。《FCA 手册变更》明确了平台客户资金属于客户持有的资金，在平台破产时客户资金不在平台清算范畴。这些规定通过对用户资金隔离保护和明确客户资金所有权的方式来保障客户权益。但是，网络借贷公司破产保护条款明确提出：目前英国金融行为监管局尚未制定有关 P2P 网络借

① 英国 P2P 金融协会于 2020 年 1 月 14 日正式宣布关闭。由英国金融科技市场组织 Innovate Finance 成立 36H Group，接替英国 P2P 金融协会来履行行业自律职能。

② 《FCA 手册变更》是 FCA Handbook changes regarding the segregation of client money on loan-based crowdfunding platforms，the Innovative Finance ISA，and the regulated activity of advising on peer-to-peer agreements 的简称。

贷公司破产的执行标准，具体破产系统和方法由公司自己依据其商业模式及消费者特征制定。这一规定明确了网络借贷平台破产或运营失败时，出借人资金会遭受损失的可能性。

在信息披露方面，《监管规则》要求网络借贷平台披露的信息主要涉及两个方面：一方面是平台自身经营管理信息，另一方面是平台提供的服务信息。其中，英国金融行为监管局要求平台披露的自身经营管理信息主要包括财务运行、贷款分布、客户资金持有及投诉等方面信息。这些信息能够方便英国金融行为管理局及时了解网络借贷平台风险情况，更好地采取监管措施，保障用户权益。披露平台提供的服务信息则要求平台定期向公众披露其借贷业务的历史违约率、预期违约率及计算方法和投资保障机制等，以方便投资者能够获得足够的、准确有效的信息，充分认识网络借贷投资风险，并做出理性的投资决策。

与法国金融监管体系相似，除政府监管外，网络借贷在英国还有行业自律监管。其中，政府监管主体——英国金融行为监管局负责监管政策制定、目标规划及指引等宏观层面的统筹协调，而英国 P2P 金融协会则承担业务运作规范制定等微观层面的自律监管。

在网络借贷纳入监管后，尽管英国政府对其监管相对宽松，但在严格的法律框架和规范的行业自律下，英国网络借贷平台运营较为规范，在一定程度上有助于控制信用风险。2018 年英国有 40 多家网络借贷平台，其中 Zopa、RateSetter、Funding Circle 及 MarketInvoice 是四家最大的平台，其交易金额之和占据了市场份额的 81.9%。表 7-1 显示了这四家平台的实际违约率和收益率数据。其中，专注于提供个人消费贷款的 Zopa 和 RateSetter，实际收益率在 2013 年后一直维持在低于 5%的水平，实际违约率水平在 2014 年前较低，但在 2014 年后违约率有显著上升。侧重中小企业贷款的 Funding Circle 和 MarketInvoice，前者的实际收益率从 2012 年的 7.15%下降到 2018 年的 4.6%，实际违约率也从 2012 年的 1.3%上升到 2018 年的 4.15%；后者的实际收益率从 2015 年的 2.75%上升到 2019 年的 6.18%，实际违约率也从 2015 年的 5.23%下降到 2019 年的 0.35%。另外，英国虽然也存在网络借贷平台破产或停业的情况，但是由于存在规范的平台破产处置程序和最低审慎资本要求，出借人的权益基本得到保障。

表 7-1　英国主要网络借贷平台贷款实际违约率和收益率

年份	Zopa		RateSetter		Funding Circle		MarketInvoice	
	实际违约率	实际收益率	实际违约率	实际收益率	实际违约率	实际收益率	实际违约率	实际收益率
2011	0.6%	5.88%	0.54%	5.37%	—	—	—	—
2012	0.6%	5.73%	0.82%	4.47%	1.3%	7.15%	—	—

续表

年份	Zopa		RateSetter		Funding Circle		MarketInvoice	
	实际违约率	实际收益率	实际违约率	实际收益率	实际违约率	实际收益率	实际违约率	实际收益率
2013	0.2%	4.7%	1.59%	4.5%	1.55%	6.1%	—	—
2014	0.5%	4.5%	3.54%	4.79%	1.8%	7.3%	4.61%	4.66%
2015	1.3%	4.6%	3.6%	4.26%	2.05%	6.7%	5.23%	2.75%
2016	2%	4.7%	3.4%	4.3%	3.4%	5.25%	4.46%	3.84%
2017	2.9%	4.3%	3.3%	4.1%	4.4%	4.3%	2.94%	4.83%
2018	1.9%	4.1%	4.4%	4.41%	4.15%	4.6%	1.62%	6.12%
2019	3.8%	4%	2%	4.4%	3.05%	6%	0.35%	6.18%

数据来源：根据 Zopa、RateSetter、Funding Circle 和 MarketInvoice 官网公布的数据汇总

注：由于 Funding Circle 公布的是项目年化违约率和收益率区间，而非平均实际违约率和收益率，为与其平台一致，采用项目年化违约率和收益率区间中值表示 Funding Circle 的实际违约率和实际收益率；MarketInvoice 的实际收益率为 MarketInvoice 公布的贷款净收益率

第三节　国内外网络借贷监管政策比较

从英国、法国、中国政府关于网络借贷的监管政策来看，既存在共性，也存在差异。表 7-2 从监管法则、准入要求等方面显示了英国、法国、中国三国监管政策的异同。下面将具体讨论比较其共性与差异。

表 7-2　英国、法国、中国三国监管政策比较

项目	具体信息		
国家	英国	法国	中国
监管机构	英国金融行为监管局	法国审慎监管与处置局	中国银行保险监督管理委员会及相关金融监管部门
监管法则	《监管规则》；《FCA 手册变更》	《参与性融资法令》	《管理暂行办法》 “三个指引”
准入要求	静态最低审慎资本和动态最低审慎资本取其高值	平台须满足最低资本额要求； 取得“借贷众筹中介”牌照； 满足经营管理人信誉和专业能力要求； 办理职业保险	工商登记注册； 到地方金融监管部门备案登记； 取得电信业务经营许可
客户资金管理	客户资金银行存管	客户资金银行存管	客户资金银行存管
信息披露	一是平台信息； 二是平台提供的服务信息	一是平台信息； 二是平台提供的服务信息	一是平台信息； 二是平台提供的服务信息； 三是平台审计和评估认证信息

续表

项目	具体信息		
破产处置	建立一套处理平台倒闭或银行倒闭时客户资金处置程序	职业保险； 破产应对措施	平台破产清算时，用户资金不属于平台财产，不列入清算财产；平台业务暂停或者终止，已经签订的借贷合同继续有效
借贷限额	无明确规定	借款人最高贷款额不超过100万欧元；有息借款，每人每个项目投资额不超过1000欧元；无息借款，每个项目不超过4000欧元	每人单个平台贷款额不超过20万元，每人多个平台贷款总额不超过100万元；每法人单个平台贷款额不超过100万元，每法人多个平台贷款总额不超过500万元
业务边界	无明确规定	根据平台持有的牌照决定业务范围	网络借贷信息中介； 业务负面清单
衔接法律	《金融服务与市场法》	《货币与金融法典》《刑法典》	《中华人民共和国民法典》《中华人民共和国公司法》

资料来源：根据英国、法国、中国政府出台的相关监管政策文件整理而来

纵观三个国家的网络借贷监管政策，可以看出其共同点主要体现在：一是注重网络借贷中客户资金权益保护。英国、法国和中国政府都规定平台需要将自有资金和用户资金隔离，并明确了平台破产或停业时，平台客户资金归属与分配问题，以最大限度降低出借人可能出现的损失。二是重视信息披露。英国、法国和中国政府都要求平台既披露平台运营信息，也披露提供服务信息，使平台客户能够充分了解借款成本、贷款风险和平台经营状况，然后做出理性选择。但是三个国家监管政策的差别之处同样明显，主要表现在以下几个方面。

一是对网络借贷平台地位的认定存在差异。英国和法国在监管中都更强调网络借贷平台的金融本质属性，因此，在英法两国的监管中，一方面增加了对平台的资本要求，如英国对网络借贷平台有审慎资本规定，法国则对平台有最低资本要求；另一方面增加了对平台准入专业能力的要求，如法国要求平台取得专业牌照，满足经营管理人信誉和专业能力要求，英国也对平台主要管理者资格进行了规定，要求其董事会至少有一位成员获得了英国金融行为监管局认可的代理人资格。虽然早期中国政府监管更强调网络借贷平台的信息中介地位，平台只需取得电信业务经营许可，在地方金融监管部门备案登记即可，对平台高管专业能力水平和进入资金门槛要求都较低。但是，当前中国高度重视网络借贷平台的金融属性及潜在的风险，大幅度提高进入门槛，全面清退不合规平台，做好了网络借贷平台风险的事前防控。

二是平台业务边界有区别。按照法国监管政策规定，如果网络借贷平台只要取得了某种类型金融机构牌照，就可兼营相应的金融业务；英国对网络借贷平台

业务涉及范围尚未有明确规定；中国政府则规定网络借贷平台业务主要围绕网络借贷信息中介展开，同时将股权众筹、销售或代售理财产品等 13 项禁止的业务以负面清单形式列举出来。

三是借贷限额规定不同。英国关于网络借贷限额没有明确的规定，法国对个人借入和借出上限总额都进行了明确规定，中国监管政策仅规定了借入金额的上限。

四是平台破产或停业的处理程序有区别。按照法国政策规定，网络借贷平台破产时，一方面平台购买的职业保险可在一定程度上补偿平台运营失败导致的经济损失；另一方面还需要安排好其未到期项目管理的交接工作。英国规定更为细致，充分考虑了平台破产后管理未到期借贷、分配偿还出借人资金、追踪延迟支付或违约支付等细节，并进行了相关规定。中国监管同样指出网络借贷平台破产或业务终止，已经签订但未到期的借贷合同当事人有关权利义务仍然有效，并且各级政府还出台了平台破产和退出的具体操作细则。

五是信息披露具体内容及程度存在差异。从服务信息内容来看，中国规定平台应披露借款人及其项目的基本信息，还有项目风险评估及可能产生的风险等信息；法国要求披露项目及其发起人的信息，以及其他与项目有关的风险警示；英国则规定不仅要披露项目及发起人信息，还要披露平台过去和未来投资的实际违约率和预期违约率、计算预期违约率的方法、借贷风险评估、担保情况等信息。

六是相关衔接法律类型存在差异。由于英国和法国将网络借贷平台认定为金融中介，与监管规则衔接的法律分别为《金融服务与市场法》《货币与金融法典》等金融领域相关法规。中国将网络借贷平台认定为信息中介，与监管规则衔接的法律则为《中华人民共和国民法典》《中华人民共和国公司法》。另外，三个国家对网络借贷中违规行为及处罚界定的清晰程度差异明显。中国的《管理暂行办法》中表述为“违反法律法规和网络借贷有关监管规定，依照有关规定给予处罚；构成犯罪的，依法追究刑事责任”。英国的《监管规则》中的表述为“我们所参考的规则不会影响或限制现有立法的适用性。寻求通过发行股票或债券筹集资金的公司有责任遵守所有相关立法，包括禁止公开发行私人公司股份的《公司法》”。法国的《参与性融资法令》中的表述则为“下列行为按照《刑法典》第 313-1 条的规定进行处罚：1° 任何从事参与性投资顾问业务的主体违反第 L.547-1 条至第 L.547-3 条的规定；2° 任何从事参与性投资顾问业务的主体在接受客户资金方面违反第 L.541-6 条的禁止性规定”。通过比较可以发现英国和中国主要以市场为基础打击欺诈等违规行为，对违规行为及处罚界定较为模糊。而法国则对违规行为及处罚进行了清晰的界定，可避免处置违规行为时无法可依或难以量刑。

第四节　我国网络借贷监管展望

2020 年突如其来的新型冠状病毒肺炎疫情席卷全球，对世界经济形成了严重冲击。在新型冠状病毒肺炎疫情下，虽然网络借贷方式的便利性和优势显露无遗，但是各国政府对其潜在风险已有充分认识。因此，亟须合理设置监管规则，既要发挥网络借贷的普惠金融优势，又要降低网络金融欺诈风险。结合当前英国、法国和中国监管现状及监管政策比较，对我国网络借贷监管展望如下。

一是回归金融本质的网络借贷服务持牌化监管。网络借贷作为互联网金融的重要成员，是以网络为载体的一种金融交易，其本质功能仍然是以信用为基础进行资金融通。金融交易中存在公认的信息不对称，以及由信息不对称引发的信用风险。而网络借贷不仅面临传统金融领域的信用风险，还会面临网络借贷平台不规范运营引发的风险。网络借贷的这些风险会通过网络媒介快速传播，制造社会不稳定因素，甚至传染其他金融机构，引发系统性金融风险。因此，监管时理应重视网络借贷本质的金融属性，实行行业牌照管理，设置行业进入门槛，筛选合格的网络借贷服务供给方。比如：①设定平台最低资本要求。网络借贷平台是借贷信息中介，其收入来源于出借人和借款人借贷的中介费和管理费。这要求网络借贷平台逐步积累信誉，一旦建立了良好的信誉，平台成交量会急剧增长，形成规模效应，平台就可能实现盈利。因此，运营网络借贷平台需要有雄厚的资本实力，支持其积累信誉，坚持长期发展规划。为保证进入者质量，阻止潜在不合格的参与人进入，有必要设置适当的资本门槛，如既可考虑设置实有注册资本门槛，也可以考虑按照平台成交量一定比例设置最低审慎资本，并由第三方银行存管该审慎资本。②对平台高管资质和声誉设定要求。网络借贷平台的运营和风险控制都离不开专业金融人才，因此可规定平台高管必须具有一定专业资质，具备多年的金融领域从业经验，以提高平台的风险识别能力。网络借贷业务涉及借贷交易撮合，出借人面临着来自借款人和平台的双重道德风险，平台是否能够尽职尽责地对借款人的审查和评估，将直接关系出借人投资收益及网络借贷市场的正常有序运行。因此，有必要将不合格的管理人员排除在网络借贷市场之外，否则将付出高昂的金融风险代价。

二是继续深化网络借贷业务合规化监管。网络借贷的客户主要是缺乏专业投资知识和技能的小散群体。客户数量多寡是网络借贷生存的基础，保护小散投资者利益是网络借贷重塑信誉的关键。由于在网络借贷中，平台与小散群体之间仍然会存在严重的信息不对称，不合格借款人、平台挪用资金、平台虚假宣传等都会直接或间接损害小散投资者利益。因此，监管机构有必要规范网络借贷机构经营行为，保护小散投资者利益。具体包括如下几个方面：①强化平台业务能力和违约风险等核心指标的信息披露，并介绍这些指标计算方法，以避免平台业务宣传“打擦边球”欺骗投资者。该举措的目的是使投资者在投资决策前了解平台资质和业务能力，同时感受到金融活动中存在的风险。②规范平台借贷项目相关的信息披露。披露该信息有助于投资者了解借贷项目资金使用及借款人相关信息，使投资人逐步形成自主判断风险的意识，合理控制投资份额。③增加平台资金来源、使用及投向的透明度。该举措不仅能够从资金来源角度穿透识别平台投资者是否为合格投资人，而且能从投资范围角度穿透识别最终投资标的资产是否合格。④细化平台破产后的应对措施。为维护网络借贷行业正常秩序，需要保证网络借贷业务的连续性。虽然《暂行管理办法》规定平台破产或业务终止不影响已经签订的借贷合同有效性，但是出借人数量多而分散，维护权益成本较高，难以对借款人形成有效的监督。因此，将网络借贷合约标准化，有利于平台破产前妥善安排其未到期的借贷合约，转交其他有资质的网络借贷平台或债务管理人进行后续管理。

三是网络借贷监管法治化趋势。融入了互联网元素的金融违法犯罪呈现更加隐蔽和复杂的趋势。如何区分合法的网络借贷行为与利用网络借贷资金从事违法犯罪的行为，对依法打击非法网络集资犯罪，保护合法的网络借贷行为来说尤为重要。网络借贷监管法治化可从如下三个方面展开：①细化网络借贷监管条例与中国法律体系的深度衔接。以现有法律为基石，系统梳理网络借贷监管条例涉及的国家法律法规，在网络借贷监管法规的正文或条文注释中明确指出相关联的国家法律法规条目及具体内容，并且公开发布网络借贷监管相关法律法规的官方解读。②修订与互联网金融配套的法规。针对网络借贷监管条例中缺乏与之相关法律法规的内容，需要完善相关规定，对现有法律法规进行补充或修订；对于滞后于互联网金融发展的法律条文，需用进行系统性清理。③将法律和法治思维逐步融入网络借贷日常监管。系统整合互联网金融法律法规，明确网络借贷合规模式，使各监管主体和网络借贷参与者能够明晰合法和非法金融的界线，从而网络借贷相关主体能够依法享有权利和履行义务，监管机构也可依法对网络借贷机构进行日常监管。

四是提升网络借贷的金融监管科技及其应用基础。以网络借贷为代表的互联网金融是网络信息技术与传统金融的融合，其风险更加复杂和隐蔽，传播速度也更快。传统金融监管以“人工监管”为主，难以覆盖总交易规模大、单笔交易额小、风险复杂、物理位置分散的网络借贷机构或平台。因此，有必要利用大数据、云计算、人工智能和区块链等高科技提高金融监管效率。具体而言可能涉及：①推广高新技术在网络借贷监管中的应用。高新技术应用于网络借贷监管领域，一方面可丰富监管手段，增强监管机构对网络借贷行业风险识别和防范能力；另一方面可实现监管信息随时随地的高度共享，有利于各级监管机构行为协调一致，保证其监管的权威性和公平性。②完善金融市场基础设施。大数据、云计算、人工智能等高新技术在金融监管中应用，必须依赖强大的金融市场基础设施。因此，一方面要增加金融市场基础设施的供给，另一方面要完善金融基础设施使用的法律基础，从司法层面统一规范金融信息采集、统计和使用，保护个人金融信息。

五是逐步转变网络借贷监管理念。随着中国网络借贷行业专项整治的推进和深化，绝大多数平台将最终退出，仅有少部分平台能够成功转型为助贷公司、网络小额贷款公司。金融市场是动态的，未来与网络借贷相关的产品、模式和服务创新依然会层出不穷，监管机构需要快速了解这些新产品、新模式或新服务，还要能快速识别其潜在风险，才能在必要时采取有效的风险应对或缓释举措。因此，有必要在网络借贷监管中采取动态、适应性理念，使监管手段、方式能够依据网络借贷发展而做出快速调整。具体而言：①从单一式监管向分层式监管转换。传统“一刀切”式监管，虽然有利于确保监管的一致性和公平性，但是可能在一定程度上阻碍金融创新，背离监管的初衷。根据平台业务类型及风险水平，实施分层式监管，能够更好地平衡监管与金融创新的关系。②从静态监管向动态适应型监管转换。传统的“命令-控制”型的静态监管理念，方法单一，难以适应网络借贷形式不断推陈出新的发展趋势。动态适应型监管中，金融监管机构能够与网络借贷平台持续交流看法与诉求，彼此调整适应。同时，动态适应型监管本质是一个监管机构和网络借贷平台不断试验和试错的过程，有利于形成适应性的监管政策和行业规范，更好地平衡创新、监管与风险的关系。

参 考 文 献

艾金娣. 2012. P2P 网络借贷平台风险防范[J]. 中国金融，（14）：79-81.

安德森 C. 2009. 长尾理论 2.0[M]. 2 版. 乔江涛，石晓燕，译. 北京：中信出版社.

陈晔峰. 2010. 我国风险投资最优退出方式及退出时机研究[J]. 科技管理研究，30（14）：261-263.

陈志武. 2014. 互联网金融到底有多新[J]. 新金融，（4）：9-13.

迪克西特 A K，平迪克 R S. 2002. 不确定条件下的投资[M]. 朱勇，黄立虎，丁新娅，等译. 北京：中国人民大学出版社.

樊云慧. 2014. P2P 网络借贷的运营与法律监管[J]. 经济问题，（12）：53-58.

冯果，蒋莎莎. 2013. 论我国 P2P 网络贷款平台的异化及其监管[J]. 法商研究，30（5）：29-37.

郭峰. 2016. 金融央地关系视角下的 P2P 网络借贷监管[J]. 新金融评论，（4）：114-137.

郭田勇，李虹润. 2016. 互联网金融时代的金融融合发展展望[J]. 中国农村金融，（15）：38-40.

何光辉，杨咸月，蒲嘉杰. 2017. 中国 P2P 网络借贷平台风险及其决定因素研究[J]. 数量经济技术经济研究，34（11）：44-62.

胡滨，郑联盛，王寿菊. 2016. 网络借贷的风险及应对之策：基于信用利差的分析[J]. 社会科学辑刊，（5）：92-98.

黄震，邓建鹏，熊明，等. 2014. 英美 P2P 监管体系比较与我国 P2P 监管思路研究[J]. 金融监管研究，（10）：45-58.

拉丰 J J，马赫蒂摩 D. 2002. 激励理论（第 1 卷）：委托—代理模型[M]. 陈志俊，李艳，单萍萍，译. 北京：中国人民大学出版社.

蓝紫文. 2016. 中国 P2P 网络借贷平台倒闭原因的实证研究[J]. 财经问题研究，（S2）：27-31.

黎日荣. 2016. 企业融资约束、退出与资源误配[J]. 财贸研究，27（3）：126-137.

李炳，赵阳. 2014. 互联网金融对宏观经济的影响[J]. 财经科学，（8）：21-28.

李敬，冉光和，温涛. 2007. 金融影响经济增长的内在机制——基于劳动分工理论的分析[J]. 金融研究，（6）：80-99.

李善民，李昶. 2013. 跨国并购还是绿地投资？——FDI 进入模式选择的影响因素研究[J]. 经济研究，48（12）：134-147.

李先玲. 2015. P2P 网络借贷平台倒闭原因的实证分析[J]. 金融发展研究，（3）：51-55.

李先玲. 2016. 资本充足、从业背景与平台倒闭——来自中国 231 个 P2P 网络借贷平台的证据[J]. 经济经纬，33（6）：137-142.

李先玲，康海媛，王彦. 2018. 基于实物期权的网络借贷平台退出行为研究[J]. 中国流通经济，32（7）：83-92.

李先玲，王彦. 2017. 风险投资对互联网金融平台的偏好及影响因素分析[J]. 贵州财经大学学报，（3）：84-92.

李先玲，王彦，康海媛. 2017. 基于非定向 SBM-DEA 模型的网络借贷平台效率分析及启示[J].

金融发展研究，（6）：10-17.
李真. 2014. 互联网金融体系：本质、风险与法律监管进路[J]. 经济与管理，28（5）：51-57.
刘彬，陈涛. 2016. 外资银行在华分支机构组织形式研究[J]. 商业研究，（8）：83-90.
刘海二，石午光. 2015. 互联网金融的理论焦点与理论分歧[J]. 经济学家，（5）：62-67.
柳向东，李凤. 2016. 大数据背景下网络借贷的信用风险评估——以人人贷为例[J]. 统计与信息论坛，31（5）：41-48.
卢馨，李慧敏. 2015. P2P 网络借贷的运行模式与风险管控[J]. 改革，（2）：60-68.
陆松新，兰虹. 2015. 风险投资和第三方资金托管能否促进 P2P 网络借贷的发展？[J]. 南方金融，（10）：19-27.
罗斯丹，王苒. 2014. 我国加强 P2P 风险的监管研究[J]. 经济纵横，（9）：28-31.
牛锋，杨育婷，徐培文. 2013. 当前我国网络借贷发展中存在的问题与对策[J]. 西南金融，（9）：20-24.
裴平，郭永济. 2017. 基于贝叶斯网络的 P2P 网贷借款人信用评价模型[J]. 中国经济问题，（2）：29-41.
苏诚. 2017. 循环型结构证券化中提前摊还的制度安排——兼论 P2P 网贷平台为何破产[J]. 证券市场导报，（2）：55-61.
孙国茂. 2012. 中国式庞氏融资的成因及治理研究[J]. 山东社会科学，（2）：134-139.
谈儒勇. 1999. 中国金融发展和经济增长关系的实证研究[J]. 经济研究，（10）：53-61.
汪炜，郑扬扬. 2015. 互联网金融发展的经济学理论基础[J]. 经济问题探索，（6）：170-176.
王倩，吴承礼. 2016. 互联网金融风险的生成机理分析[J]. 社会科学辑刊，（5）：86-91.
王媛. 2015. 预期、不确定性与房地产销售策略——来自杭州的经验证据[J]. 中国经济问题，（4）：46-61.
王志强，孙刚. 2003. 中国金融发展规模、结构、效率与经济增长关系的经验分析[J]. 管理世界，（7）：13-20.
武志. 2010. 金融发展与经济增长：来自中国的经验分析[J].金融研究，（5）：58-68.
谢平，邹传伟，刘海二. 2015. 互联网金融的基础理论[J]. 金融研究，（8）：1-12.
许荣，刘洋，文武健，等. 2014. 互联网金融的潜在风险研究[J]. 金融监管研究，（3）：40-56.
杨立，赵翠翠，陈晓红. 2018. 基于社交网络的 P2P 借贷信用风险缓释机制研究[J]. 中国管理科学，26（1）：47-56.
杨胜刚，朱红. 2007. 中部塌陷、金融弱化与中部崛起的金融支持[J]. 经济研究，（5）：55-67，77.
姚斌. 2014. 英国 P2P 网络借贷的发展，监管和启示[J]. 清华金融评论，（9）：102-104.
叶茜茜. 2016. 基于金融脆弱性理论的区域金融风波形成机制与防范研究——以温州为例[J]. 管理世界，（6）：170-171.
臧成伟. 2017. 市场化有助于提高淘汰落后产能效率吗？——基于企业进入退出与相对生产率差异的分析[J]. 财经研究，43（2）：135-146.
张成虎，武博华. 2017. 中国 P2P 网络借贷信用风险的测量[J]. 统计与信息论坛，32（5）：110-115.
张军，金煜. 2005. 中国的金融深化和生产率关系的再检测：1987—2001[J]. 经济研究，（11）：34-45.
张李义，涂奔. 2017. 互联网金融发展对中国经济增长影响的实证[J]. 统计与决策，（11）：143-147.

张晓玫，王博，周玉琴. 2016. 非完全利率市场化下网络借贷的利率定价有效吗——来自“人人贷”的微观借贷证据[J]. 南开管理评论，19（4）：98-110.

张学勇，廖理. 2011. 风险投资背景与公司 IPO：市场表现与内在机理[J]. 经济研究，46（6）：118-132.

赵丹妮，汤子隆，李镔. 2017. 中国 P2P 网络借贷省际金融监管强度竞争及其实证分析[J]. 会计与经济研究，31（2）：115-126.

赵勇，雷达. 2010. 金融发展与经济增长：生产率促进抑或资本形成[J]. 世界经济，33（2）：37-50.

郑联盛. 2014. 中国互联网金融：模式、影响、本质与风险[J]. 国际经济评论，（5）：103-118，6.

周斌，朱桂宾，毛德勇，等. 2017. 互联网金融真的能够影响经济增长吗？[J]. 经济与管理研究，38（9）：45-53.

邹欣. 2017. 监管政策如何影响 P2P 网贷行业的发展？[J]. 金融理论与实践，（7）：25-31.

Aghion P，Bacchetta P，Banerjee A. 2004. Financial development and the instability of open ecnomies[J]. Journal of Monetary Economics，51：1077-1106.

Aitken R. 2010. Regulation of fringe credit：payday lending and the borders of global financial practice[J]. Competition and Change，14（2）：80-99.

Allen F，McAndrews J，Strahan P. 2002. E-finance：an introduction[J]. Journal of Financial Services Research，22（1）：5-27.

Amit R，Glosten L，Muller E. 1990. Entrepreneurial ability，venture investments，and risk sharing[J]. Management Science，36（10）：1232-1245.

Anderson A，Tushman M L. 2001. Organizational environments and industry exit：the effects of uncertainty，munificence and complexity[J]. Industrial and Corporate Change，10（3）：675-711.

Avkiran N K，Rowlands T. 2008. How to better identify the true managerial performance：state of the art using DEA[J]. Omega，36（2）：317-324.

Barry C B，Muscarella C J，Peavy III J W，et al. 1990. The role of venture capital in the creation of public companies：evidence from the going-public process[J]. Journal of Financial Economics，27（2）：447-471.

Bartelsman E，Scarpetta S，Schivardi F. 2005. Comparative analysis of firm demographics and survival：evidence from micro-level sources in OECD countries[J]. Industrial and Corporate Change，14（3）：365-391.

Battese G E，Coelli T J. 1995. A model for technical inefficiency effects in a stochastic frontier production function for panel data[J]. Empirical Economics，20：325-332.

Beck T，Levine R，Loayza N. 2000. Finance and the sources of growth[J]. Journal of Financial Economics，58（1/2）：261-300.

Berger A N，Hasan I，Klapper L F. 2004. Further evidence on the link between finance and growth：an international analysis of community banking and economic performance[J]. Journal of Financial Services Research，25：169-202.

Berger S C，Gleisner F. 2009. Emergence of financial intermediaries in electronic markets：the case of online P2P lending[J]. Business Research，2（1）：39-65.

Bertoni F，Colombo M G，Grilli L. 2011. Venture capital financing and the growth of high-tech start-ups：disentangling treatment from selection effects[J]. Research Policy，40（7）：1028-1043.

Boulila G，Trabelsi M. 2004. The causality issues in the finance and growth nexus：emperical evidence from Middle East and North African countries[J]. Review of Middle East Economics and Finance，2（2）：35-50.

Brandt L，van Biesebroeck J，Zhang Y F. 2011. Creative accounting or creative destruction？Firm-level productivity growth in Chinese manufacturing[J]. Journal of Development Economics，97（2）：339-351.

Bruton G D，Rubanik Y. 2002. Resources of the firm，Russian high-technology start-ups and firm growth[J]. Journal of Business Venturing，17（6）：553-576.

Bulan L，Mayer C，Somerville C T. 2008. Irreversible investment，real options，and competition：evidence from real estate development[J]. Journal of Urban economics，65（3）：237-251.

Calderón C，Liu L. 2003. The direction of causality between financial development and economic growth[J]. Journal of Development Economics，72（1）：321-334.

Chaffee E C，Rapp G C. 2012. Regulating on-line peer-to-peer lending in the aftermath of Dodd-Frank：in search of an evolving regulatory regime for an evolving industry[J]. Washington and Lee Law Review，69（2）：485-533.

Croce A，Martí J，Murtinu S. 2013. The impact of venture capital on the productivity growth of European entrepreneurial firms：“screening” or “value added” effect？[J]. Journal of Business Venturing，28（4）：489-510.

Cunningham C R. 2006. House price uncertainty，timing of development，and vacant land prices：evidence for real options in seattle[J]. Journal of Urban Economics，59（1）：1-31.

Davila A，Foster G，Jia N. 2015. The valuation of management control systems in start-up companies：international field-based evidence[J]. European Accounting Review，24（2）：207-239.

Diamond D W. 1993. Seniority and maturity of debt contracts[J]. Journal of Financial Economics，33（3）：341-368.

Dimov D，Shepherd D A，Sutcliffe K M. 2007. Requisite expertise，firm reputation，and status in venture capital investment allocation decisions[J]. Journal of Business Venturing，22（4）：481-502.

Emekter R，Tu Y B，Jirasakuldech B，et al. 2015. Evaluating credit risk and loan performance in online peer-to-peer（P2P）lending[J]. Applied Economics，47（1）：54-70.

Espenlaub S，Khurshed A，Mohamed A. 2014. Does cross-border syndication affect venture capital risk and return？[J]. International Review of Financial Analysis，31（1）：13-24.

Fan Y，Zhu L. 2010. A real options based model and its application to China’s overseas oil investment decisions[J]. Energy Economics，32（3）：627-637.

Freedman S，Jin G Z. 2008. Do social networks solve information problems for peer-to-peer lending？Evidence from prosper. com[R]. New York：NET Institute.

Freixas X，Laffont J J. 1990. Optimal Banking Contracts[M]//Champsaur P，Deleau M，Grandmont J M，et al. Essays in Honor of Edmond Malinvaud，Volume 2：Macroeconomics. Cambridge：MIT Press：33-61.

Fried H O，Lovell C A K，Schmidt S S，et al. 2002. Accounting for environmental effects and statistical noise in data envelopment analysis[J]. Journal of Productivity Analysis，17（1/2）：

157-174.

Godlewski C J，Weill L. 2011. Does collateral help mitigate adverse selection? A cross-country analysis[J]. Journal of Financial Services Research，40（1）：49-78.

Guo Y H，Zhou W J，Luo C Y，et al. 2016. Instance-based credit risk assessment for investment decisions in P2P lending[J]. European Journal of Operational Research，249（2）：417-426.

Herzenstein M，Dholakia U M，Andrews R L. 2010. Strategic herding behavior in peer-to-peer loan auctions[J]. Journal of Interactive Marketing，25（1）：27-36.

Honjo Y. 2000. Business failure of new firms：an empirical analysis using a multiplicative hazards model[J]. International Journal of Industrial Organization，18（4）：557-574.

Hopenhayn H A. 1992a. Entry，exit，and firm dynamics in long run equilibrium[J]. Econometrica，60（5）：1127-1150.

Hopenhayn H A. 1992b. Exit，selection，and the value of firms[J]. Journal of Economic Dynamics and Control，16（3/4）：621-653.

Hsu D H，Ziedonis R H. 2013. Resources as dual sources of advantage：implications for valuing entrepreneurial-firm patents[J]. Strategic Management Journal，34（7）：761-781.

Jensen M C. 1993. The modern industrial revolution，exit，and the failure of Internet control systems[J]. The Journal of Finance，48（3）：831-880.

Jondrow J，Lovell C A K，Materov I S，et al. 1982. On the estimation of technical inefficiency in the stochastic frontier production function model[J]. Journal of Econometrics，19（2/3）：233-238.

Kale S，Arditi D，1998. Business failures：liabilities of newness，adolescence，and smallness[J]. Journal of Construction Engineering and Management，124（6）：458-464.

Kregel J A. 1997. Margins of safety and weight of the argument in generating financial fragility[J]. Journal of Economic Issues，31（2）：543-548.

Laffont J J，N'Guessan T. 2000. Group lending with adverse selection[J]. European Economic Review，44（4/5/6）：773-784.

Laffont J J，Tirole J. 1991. Auction design and favoritism[J]. International Journal of Industrial Organization，9（1）：9-42.

Lee E，Lee B. 2012. Herding behavior in online P2P lending：an empirical investigation[J]. Electronic Commerce Research and Applications，11（5）：495-503.

Lin C T，Lin T T，Yeh L C. 2005. The entry/exit real options model for Internet securities trading business[J]. Journal of Economics and Business，57（1）：61-74.

Lin T T，Huang S L. 2010. An entry and exit model on the energy-saving investment strategy with real options[J]. Energy Policy，38（2）：794-802.

Luo B J，Lin Z X. 2013. A decision tree model for herd behavior and empirical evidence from the online P2P lending market[J]. Information Systems and e-Business Management，11（1）：141-160.

Megginson W L，Weiss K A. 1991. Venture capitalist certification in initial public offerings[J]. The Journal of Finance，46（3）：879-903.

Mollick E. 2014. The dynamics of crowdfunding：an exploratory study[J]. Journal of Business Venturing，29（1）：1-16.

Ozmel U，Robinson D T，Stuart T E. 2013. Strategic alliances，venture capital，and exit decisions in early stage high-tech firms[J]. Journal of Financial Economics，107（3）：655-670.

Razi M A，Tarn J M，Siddiqui F A. 2004. Exploring the failure and success of Dotcoms[J]. Information Management and Computer Security，12（3）：228-244.

Rioja F，Valev N. 2004. Finance and the sources of growth at various stages of economic development[J]. Economic Inquiry，42（1）：127-140.

Rogers C，Clarke C. 2016. Mainstreaming social finance：the regulation of the peer-to-peer lending marketplace in the United Kingdom[J]. The British Journal of Politics and International Relations，18（4）：930-945.

Sahlman W A. 1990. The structure and governance of venture-capital organizations[J]. Journal of Financial Economics，27（2）：473-521.

Schenone C. 2010. Lending relationships and information rents：do banks exploit their information advantages？[J]. The Review of Financial Studies，23（3）：1149-1199.

Slattery P. 2013. Square pegs in a round hole：SEC regulation of online peer-to-peer lending and the CFPB alternative[J]. Yale Journal on Regulation，30（1）：233-243.

Stiglitz J E，Weiss A. 1981. Credit rationing in markets with imperfect information[J]. The American Economic Review，71（3）：393-410.

Stokes D，Blackburn R. 2002. Learning the hard way：the lessons of owner-managers who have closed their businesses[J]. Journal of Small Business and Enterprise Development，9（1）：17-27.

Stuart T E，Hoang H，Hybels R C. 1999. Interorganizational endorsements and the performance of entrepreneurial ventures[J]. Administrative Science Quarterly，44（2）：315-349.

Sullivan R. 2000. Entrepreneurial learning and mentoring[J]. International Journal of Entrepreneurial Behaviour and Research，6（3）：160-175.

Tirole J. 1994. On banking and intermediation[J]. European Economic Review，38（3/4）：469-487.

Tirole J. 2012. Overcoming adverse selection：how public intervention can restore market functioning[J]. American Economic Review，102（1）：29-59.

Verstein A. 2011. The misregulation of person-to-person lending[J]. University of California Davis Law Review，45（2）：445-530.

Wang J Y，Shen Y，Huang Y P. 2016. Evaluating the regulatory scheme for Internet finance in China：the case of peer-to-peer lending[J]. China Economic Journal，9（3）：272-287.

Weiss G N F，Pelger K，Horsch A，2010. Mitigating adverse selection in P2P lending-empirical evidence from prosper. com[J]. SSRN Electronic Publishing，23（3）：253-286.

附　录　一

以漂移率为例的平台永久退出实物期权模型数值模拟程序如下。

1. 绘制漂移率与临界值关系图的主函数

```
sig=0.2;
r=0.05;
theta=0.03;
E=10;
C=0.08;
Q=2;
gama=0;
EV=30;
a=(0:0.005:0.1)';
n=length(a);
beta1=zeros(n,1);
 w=zeros(n,1);
 y=ones(n,1);
 xstar1=zeros(n,1);
 Vstar1=zeros(n,1);
 FVstar1=zeros(n,1);
 A1=zeros(n,1);
 wVstar1=zeros(n,1);
for k=1:n
    w(k)=0.5-a(k)/(sig^2);
    beta1(k)=w(k)-sqrt(w(k)^2+2*r/(sig^2));
     xstar1(k)=beta1(k)*(r-a(k))*(EV-E+C*Q/r)/((beta1(k)-
1)*Q^(1-gama));
     A1(k)=-(Q^(1-gama))*(xstar1(k)^(1-beta1(k)))/(beta1
(k)*(r-a(k)));
    FVstar1(k)=A1(k)*(xstar1(k)^(beta1(k)));
    Vstar1(k)=A1(k)*(xstar1(k)^(beta1(k)))+xstar1(k)*(Q^
```

```
(1-gama))/(r-a(k))-C*Q/r;
        wVstar1(k)=xstar1(k)*(Q^(1-gama))/(r-a(k))-C*Q/r;
    end
    set(gcf,'Position',[100 100 270 220]);%设置图大小为 7cm
    set(gca,'Position',[.175.18.78.78]);%设置 xy 轴在图中的位置和比例
    figure_FontSize=5;
    set(get(gca,'XLabel'),'FontSize',figure_FontSize,'Vertical',
'top');
    set(get(gca,'YLabel'),'FontSize',figure_FontSize,'Vertical',
'middle');
    set(findobj('FontSize',5),'FontSize',figure_FontSize);%
设置图中字体为 5 号
    set(findobj(get(gca,'Children'),'LineWidth',0.5),'LineWidth',
1);%将线宽设置为 1
    plot(a,xstar1);%绘制临界值曲线
    legend('\itX_H','\itX_L','Fontsize',6,'Orientation',
'horizon');%给绘制曲线加标注
    legend('boxoff');%取消标注的外框
    ylabel('需求临界值\itx^*','FontSize',8);%设置纵轴标签
    xlabel('漂移率\it\alpha','FontSize',8);%设置横轴标签
```

2. 绘制漂移率与平台价值关系图的主函数

```
    sig=0.2;
    r=0.05;
    theta=0.03;
    E=10;
    C=0.08;
    Q=2;
    gama=0;
    EV=30;
    a=(0:0.005:0.1)';
    n=length(a);
    beta1=zeros(n,1);
     w=zeros(n,1);
     y=ones(n,1);
```

```
 xstar1=zeros(n,1);
 Vstar1=zeros(n,1);
 FVstar1=zeros(n,1);
 A1=zeros(n,1);
 wVstar1=zeros(n,1);
for k=1:n
    w(k)=0.5-a(k)/(sig^2);
    beta1(k)=w(k)-sqrt(w(k)^2+2*r/(sig^2));
     xstar1(k)=beta1(k)*(r-a(k))*(EV-E+C*Q/r)/((beta1(k)-
1)*Q^(1-gama));
     A1(k)=-(Q^(1-gama))*(xstar1(k)^(1-beta1(k)))/(beta1
(k)* (r-a(k)));
    FVstar1(k)=A1(k)*(xstar1(k)^(beta1(k)));
    Vstar1(k)=A1(k)*(xstar1(k)^(beta1(k)))+xstar1(k)*(Q^
(1-gama))/(r-a(k))-C*Q/r;
    wVstar1(k)=xstar1(k)*(Q^(1-gama))/(r-a(k))-C*Q/r;
end
 set(gcf,'Position',[100 100 270 220]);%设置图大小为7cm
set(gca,'Position',[.175.18.78.78]);%设置xy轴在图中的位置和比例
figure_FontSize=5;
set(get(gca,'XLabel'),'FontSize',figure_FontSize,'Vertical',
'top');
set(get(gca,'YLabel'),'FontSize',figure_FontSize,'Vertical',
'middle');
set(findobj('FontSize',5),'FontSize',figure_FontSize);
%设置图中字体为5号
set(findobj(get(gca,'Children'),'LineWidth',0.5),'LineWidth',
1);%将线宽设置为1
plot(a,FVstar1,'k-+',a,Vstar1,'k-*',a,wVstar1,'k-o');
%绘制平台价值曲线
legend('\itX_H','\itX_L','Fontsize',6,'Orientation',
'horizon');%给绘制曲线加标注
legend('boxoff');%取消标注的外框
ylabel('平台价值','FontSize',8);%设置纵轴标签
xlabel('漂移率\it\alpha','FontSize',8);%设置横轴标签
```

附　录　二

以漂移率为例的平台暂时退出实物期权模型数值模拟程序如下。

1. 绘制漂移率与临界值关系图的主函数

```
clear;
x0=[0.1;0.1;1;0.4];
options=optimset('Display','off');
k=0.01:0.002:0.04;% 设置取值范围为[0.01 0.04]
 for i=1:1:length(k)
kk=k(i);
x=fsolve(@(x)mypaperfuna(x,kk),x0,options);% 调用子函数 mypaperfuna,求解非线性方程组
x1(i)=x(1);
x2(i)=x(2);
x3(i)=x(3);
x4(i)=x(4);
end
set(gcf,'Position',[100 100 270 220]);%设置图大小为 7cm
set(gca,'Position',[.175.18.78.78]);%设置 xy 轴在图中的位置和比例
figure_FontSize=5;
set(get(gca,'XLabel'),'FontSize',figure_FontSize,'Vertical','top');
set(get(gca,'YLabel'),'FontSize',figure_FontSize,'Vertical','middle');
set(findobj('FontSize',5),'FontSize',figure_FontSize);%设置图中字体为 5 号
set(findobj(get(gca,'Children'),'LineWidth',0.5),'LineWidth',1);%将线宽设置为 1
%绘制临界值曲线
```

```
plot(k,x3,'k-+',k,x4,'k-o');
%给绘制曲线加标注
legend('\itX_H','\itX_L','Fontsize',6,'Orientation',
'horizon');
%取消标注的外框
legend('boxoff');
ylabel('需求临界值\itx^*','FontSize',8);%设置纵轴标签
xlabel('漂移率\it\alpha','FontSize',8);%设置横轴标签
```

2. 绘制漂移率与平台价值关系图的主函数

```
clear;
r=0.06;
I=20;
E=2;
Q=1;
sig=0.2;
C=0.8;
K=1.5;
gama=0;% gama=0 代表完全竞争市场,gama=1 代表垄断市场
a=(0.01:0.002:0.04)';%设置取值范围为[0.01 0.04]
n=length(a);
 x=zeros(n,4);
 Vlstar1=zeros(n,1);
 FVlstar1=zeros(n,1);
 beta1=zeros(n,1);
 beta2=zeros(n,1);
 w=zeros(n,1);
 xlstar1=zeros(n,1);
 wlstar1=zeros(n,1);
 xlstar2=zeros(n,1);
 Vlstar2=zeros(n,1);
 FVlstar2=zeros(n,1);
 wlstar2=zeros(n,1);
for k=1:n
    w(k)=0.5-a(k)/(sig^2);
```

```
        beta1(k)=w(k)+sqrt(w(k)^2+2*r/(sig^2));
        beta2(k)=w(k)-sqrt(w(k)^2+2*r/(sig^2));
        x0=[0.1;0.1;1;1];
       options=optimset('Display','off');
        x(k,:)=fsolve(@(x)mypaperfuna(x,a(k)),x0,options);%调用子函数 mypaperfuna,求解非线性方程组。
        xlstar1(k)=x(k,4);%取退出临界值
        FVlstar1(k)=x(k,2)*(x(k,4)^(beta2(k)));%计算退出期权价值
         Vlstar1(k)=FVlstar1(k)+x(k,4)*(Q^(1-gama))/(r-a(k))-C*Q/r;%计算拥有退出期权的平台价值
        wlstar1(k)=x(k,4)*(Q^(1-gama))/(r-a(k))-C*Q/r;
        xlstar2(k)=x(k,3);% 取进入临界值
        FVlstar2(k)=x(k,1)*(x(k,3)^(beta1(k)));% 计算进入期权价值
    end
    set(gcf,'Position',[100 100 270 220]);set(gca,'Position',[.175.18.78.78]);
    figure_FontSize=5;
    set(get(gca,'XLabel'),'FontSize',figure_FontSize,'Vertical','top');
    set(get(gca,'YLabel'),'FontSize',figure_FontSize,'Vertical','middle');
    set(findobj('FontSize',5),'FontSize',figure_FontSize);
    set(findobj(get(gca,'Children'),'LineWidth',0.5),'LineWidth',1);
    %绘制进入和退出期权价值,以及平台价值曲线
    plot(a,FVlstar1,'k-+',a,FVlstar2,'k-*',a,wlstar1,'k-o');
    legend('\itF_L','\itF_H','\itV_L','Fontsize',6,'Orientation','horizon');
    legend('boxoff');
    ylabel('平台价值','FontSize',8);%设置纵轴标签
    xlabel('漂移率\it\alpha','FontSize',8);%设置横轴标签
```

3. 绘制漂移率的临界值、平台价值图时调用的子函数

%定义一个变系数的非线性方程组

```
function F=mypaperfuna(x,a)
r=0.06;
%a=0.02;
I=20;
E=2;
Q=1;
C=0.8;
sigm=0.2;
gama=0;%gama=0 代表完全竞争市场;gama=1 代表垄断市场
beta1=1/2-(a/sigm^2)+sqrt((a/sigm^2-1/2)^2+2*r/sigm^2);
beta2=1/2-(a/sigm^2)-sqrt((a/sigm^2-1/2)^2+2*r/sigm^2);
%x(1)--A1,x(2)---B2,x(3)--xH,x(4)---xL;
F=[-x(1)*(x(3)^beta1)+x(2)*(x(3)^beta2)+x(3)*(Q^(1-gama))/
(r-a)-C*Q/r-I;
-beta1*x(1)*(x(3)^(beta1-1))+beta2*x(2)*(x(3)^(beta2-1))+
(Q^(1-gama))/(r-a);
-x(1)*(x(4)^beta1)+x(2)*(x(4)^beta2)+x(4)*(Q^(1-gama))/
(r-a)-C*Q/r+E;
-beta1*x(1)*(x(4)^(beta1-1))+beta2*x(2)*(x(4)^(beta2-1))+
(Q^(1-gama))/(r-a)];
end
```

附 录 三

以漂移率为例的风险投资机构对平台投资偏好实物期权模型数值模拟程序如下。

1. 绘制漂移率对利润和投资回报临界值的影响相图

```
I=100;
sig=0.2;
r=0.05;
theta=0.03;
a=(0:0.005:0.1)';
  n=length(a);% 取 sig 数值中元素个数
% 生成元素个数为 n 的列向量
 beta1=zeros(n,1);
 w=zeros(n,1);
 pstar1=zeros(n,1);
 Vstar1=zeros(n,1);
 FVstar1=zeros(n,1);
 A1=zeros(n,1);
for k=1:n
      w(k)=0.5-a(k)/(sig^2);
      beta1(k)=w(k)+sqrt(w(k)^2+2*r/(sig^2));
      pstar1(k)=beta1(k)*(r-a(k))*(1-theta)*I/(beta1(k)-1);
      Vstar1(k)=pstar1(k)/(r-a(k));
      A1(k)=((beta1(k)-1)^(beta1(k)-1))*(((1-theta)*I)^(1-
beta1(k)))/(beta1(k)*(r-a(k)))^beta1(k);
      FVstar1(k)=Vstar1(k)-(1-theta)*I;
end
set(gcf,'Position',[100 100 270 220]);%设置绘图的大小,图的
大小是 7cm
set(gca,'Position',[0.164,.165.64,.75]);%设置 xy 轴在图片中
占的比例。
```

```
figure_FontSize=5;
set(get(gca,'XLabel'),'FontSize',figure_FontSize,'Vertical',
'top');
set(get(gca,'YLabel'),'FontSize',figure_FontSize,'Vertical',
'middle');
set(findobj('FontSize',5),'FontSize',figure_FontSize);%
这 4 句是将字体大小改为 5 号字
set(findobj(get(gca,'Children'),'LineWidth',0.5),'Line-
Width',1);%将线宽改为 1
 [AX,H1,H2]=plotyy(a,pstar1,a,Vstar1);%画双纵坐标曲线
%设置曲线颜色,外形
set(H1,'linestyle','-','marker','+','color','k');
set(H2,'linestyle','-');
set(H2,'color','k');
ylabel(AX(1),' 利 润 临 界 值 \it\pi*','FontSize',8);% left
y-axis
ylabel(AX(2),'投资回报临界值\itV*','FontSize',8);% right
y-axis
xlabel('漂移率\it\alpha','FontSize',8);%设置横轴 V,斜体
legend([H1,H2],{'\it\pi*','\itV*'},'Location','best');
legend('boxoff');
box on;%加上框和右框
```

2. 绘制平台利润与期权价值、投资回报价值的关系图

```
I=100;
theta=0.03;
sigm=0.2;
r=0.05;
a=0.01;
 N=200;
%求 Vstar 和 A、beta
 T=100;%T 越大,曲线现状越精确
    t=(0:1:N)'/N;% t is the column vector [0 1/N 2/N...1]
   W=[0;cumsum(randn(N,1))]/sqrt(N);% S is running sum of
N(0,1/N)variables
```

```
    t=t*T;
    W=W*sqrt(T);
     p=zeros(N+1,1);
     Fp=zeros(N+1,1);
     s=zeros(N+1,1);
     v=zeros(N+1,1);
      z=0.5-a/(sigm^2);
     beta1=z+sqrt(z*z+2*r/(sigm^2));
     Y=(a-(sigm^2)/2)*t+sigm * W;
    for k=1:N+1
     p(k)=10*exp(Y(k));
    end
  pstar1=beta1*(r-a)*(1-theta)*I/(beta1-1);
  A1=((beta1-1)^(beta1-1))*(((1-theta)*I)^(1-beta1))/(beta1*
(r-a))^beta1;
  Vstar1=pstar1/(r-a);
  FVstar1=A1*pstar1^beta1;
  for k=1:N+1
     v(k)=p(k)/(r-a);
     if(p(k)<pstar1)Fp(k)=A1*p(k)^beta1;
     else Fp(k)=v(k)-(1-theta)*I;
     end
      s(k)=v(k)-(1-theta)*I;
  end
  set(gcf,'Position',[100 100 270 220]);%设置绘图的大小,图的
大小是 7cm
  set(gca,'Position',[0.18,.175.78,.78]);%设置 xy 轴在图片中
占的比例。
  figure_FontSize=5;
  set(get(gca,'XLabel'),'FontSize',figure_FontSize,'Vertical',
'top');
  set(get(gca,'YLabel'),'FontSize',figure_FontSize,'Vertical',
'middle');
  set(findobj('FontSize',5),'FontSize',figure_FontSize);
%这 4 句是将字体大小改为 5 号字
```

```
set(findobj(get(gca,'Children'),'LineWidth',0.5),'Line-
Width',1);%将线宽改为1
set(gca,'XTick',0:2:10);%横轴和纵轴的刻度范围
set(gca,'YTick',0:50:200);
plot(p,Fp,'k-',p,s,'k:');
xlabel('利润\it\pi','FontSize',8);%设置横轴V,斜体
ylabel('价值\itF,\itR','FontSize',8);%设置横轴F(V),斜体
text(1,100,'\alpha=0.01','FontSize',8);
text(7,50,'\alpha=0.03','FontSize',8);

a=0.03;
 N=200;
%求Vstar和A、beta
 T=100;%T越大,曲线现状越精确
   t=(0:1:N)'/N;% t is the column vector [0 1/N 2/N...1]
   W=[0;cumsum(randn(N,1))]/sqrt(N);% S is running sum of
N(0,1/N)variables
   t=t*T;
   W=W*sqrt(T);
    p2=zeros(N+1,1);
    Fp2=zeros(N+1,1);
    s2=zeros(N+1,1);
    v2=zeros(N+1,1);
    z=0.5-a/(sigm^2);
    beta2=z+sqrt(z*z+2*r/(sigm^2));
    Y=(a-(sigm^2)/2)*t+sigm * W;
   for k=1:N+1
    p2(k)=10*exp(Y(k));
   end
pstar2=beta2*(r-a)*(1-theta)*I/(beta2-1);
A2=((beta2-1)^(beta2-1))*(((1-theta)*I)^(1-beta2))/(beta2*
(r-a))^beta2;
Vstar2=pstar2/(r-a);
FVstar2=A2*pstar2^beta2;
for k=1:N+1
```

```
        v2(k)=p2(k)/(r-a);
        if(p2(k)<pstar2)Fp2(k)=A2*p2(k)^beta2;
        else Fp2(k)=v2(k)-(1-theta)*I;
        end
         s2(k)=v2(k)-(1-theta)*I;
       end
     hold on;
    plot(p2,Fp2,'k-',p2,s2,'k:');
    axis([0 10 0 250]);
    legend('\itF(\pi)','\itR(\pi)','Orientation','horizon',
'Location','North');
    legend('boxoff');
    hold off;
```